Le pouvoir des plantes

ANAGRAMME
éditions

Sommaire

Traduit de l'anglais par Annie Hubert

Dépôt légal 4ème trimestre 2002
ISBN 2-914571-31-3

Imprimé et relié en Espagne
par Impression Design F-92100 Boulogne

Le royaume végétal

Tout au long du développement des cultures humaines, l'homme a entretenu avec son environnement végétal une relation très intime et d'importance vitale. Il a réellement vécu avec les plantes, et sa vie en dépendait. Logiquement donc, pendant toute la préhistoire et une grande partie de la période historique, *botanique* et *médecine* ont été synonymes. Le chaman ou guérisseur, qui était souvent un botaniste accompli, représente sans doute le plus ancien rôle professionnel de l'évolution sociale. La plupart des remèdes et aliments que nous tirons aujourd'hui du royaume végétal ne furent pas découverts par la science moderne, mais trouvés par tâtonnement, au cours des millénaires, dans des cultures sans écriture. L'archéologie nous a montré que certains de nos médicaments les plus précieux sont en fait un héritage du lointain passé de la préhistoire.

LES PLANTES QUI GUÉRISSENT

Leur découverte fut un des résultats logiques et inévitables de l'intense expérimentation menée par les premiers hommes sur leur environnement végétal.

Ils goûtèrent très vraisemblablement à la plupart des plantes. Nombreuses d'entre elles s'avérèrent inoffensives, quelques-unes étaient nourrissantes, un certain nombre les rendaient malades ou les faisaient mourir. Il y en avait cependant qui soulageaient les symptômes désagréables de la maladie ; parmi celles-ci quelques-unes provoquaient des hallucinations qui les emportaient loin de l'existence quotidienne vers des royaumes surnaturels et merveilleux. Ces deux types de végétaux devinrent leurs remèdes.

Il n'y a pas une culture au monde où l'on ne puisse trouver un individu prêt à profiter de la crédulité de ses semblables. Depuis les temps les plus reculés, la connaissance des vertus présumées de certaines plantes fut le privilège d'une certaine catégorie d'hommes : les guérisseurs. Grâce à ce savoir, ils se trouvèrent investis d'un grand pouvoir et purent exercer une sorte de chantage primitif reposant sur la crainte qu'ils inspiraient. L'usage des plantes médicinales en vint à être lié à la magie et à la superstition donnant naissance à la Doctrine Démonologique : la santé ne revenait qu'une fois expulsé le démon ayant provoqué la maladie. Donc, ce qui était mauvais pour le démon était bon pour le malade. Plus le médicament était nauséabond, plus on le croyait efficace et ce n'est pas un hasard si les premières plantes médicinales furent des remèdes à action directe (émétiques ou purgatifs par exemple). Très tôt, l'homme découvrit des végétaux aux curieux effets psychiques : les hallucinogènes. Ces « super-remèdes », principaux outils des chamans, devinrent le médicament par excellence, celui qui permettait aux guérisseurs non seulement de diagnostiquer la cause de la maladie, mais également de la traiter par un contact direct avec le surnaturel.

Toutes les sociétés primitives ont cru à la guérison par « ressemblance ». Une résine rouge, par exemple, voulait dire que la plante était bonne pour le sang. A partir de la Grèce puis Rome, cette curieuse théorie se développa dans l'Europe du Moyen Age où elle fut formulée par Paracelse dans la célèbre *Doctrine des Signatures*. On pensait que toutes les plantes avaient été créées pour le plus grand bien de l'humanité. Sur chacune d'entre elles le Créateur avait mis un signe qui indiquait son usage. Une feuille en forme de cœur soignait les

Le chaman ou Saint Homme était souvent aussi médecin dans bien des sociétés dites primitives, Il connaissait parfaitement les diverses vertus des plantes. Nous voyons ici un chaman sibérien.

troubles cardiaques, une autre en forme de foie était bonne pour la jaunisse. Porta poursuivit cette théorie jusqu'à l'absurde ; il découvrit les signatures les plus invraisemblables, associant la botanique médicinale à l'astrologie.

Les concepts de la phytothérapie moderne ne firent leur apparition en Europe qu'au 16e siècle, en même temps que les premiers ouvrages de botanique. Ces très nombreux livres donnaient une foule de renseignements, faux ou vrais, sur les propriétés curatives de divers végétaux. Le progrès fut lent et graduel, mais la connaissance de bon nombre de plantes, encore estimées aujourd'hui, date de cette époque. Pour certaines d'entre elles on peut même remonter beaucoup plus loin dans le temps jusqu'aux sociétés primitives.

L'IMPORTANCE DES HERBIERS, DES JARDINS BOTANIQUES ET DES EXPLORATIONS

Les cent cinquante ans qui suivirent la mort de Linné furent une période d'intense exploration botanique de territoires encore vierges. Aujourd'hui encore, les recherches s'orientent de plus en plus sur des régions fort lointaines, plus particulièrement tropicales, et chaque année près de 5 000 nouvelles espèces et variétés sont répertoriées.

Ce grand élan botanique postlinéen fut en partie causé par certains facteurs sociopolitiques : le développement de moyens de transport nouveaux et plus rapides, la pression démographique en Europe, la demande grandissante de produits exotiques. Mais on le doit avant tout à l'intérêt intellectuel et commercial que cette époque porta au domaine végétal. On créa de grands jardins botaniques et des herbiers qui ont évolué avec le temps. Il n'est pas habituel de considérer ces jardins comme un élément essentiel et vital de l'étude des plantes médicinales. Le plus souvent on ne les imagine que

Certaines femmes de la campagne maintiennent la vieille tradition de cueillette des plantes médicinales.

sous l'angle horticole, comme des institutions permettant l'introduction et le développement de plantes nouvelles d'un intérêt purement esthétique. Rappelons-nous cependant, que, depuis les temps les plus reculés, ils se sont progressivement développés à partir d'oliveraies et de terrains entourant les temples. Quinze cents ans avant Jésus-Christ, les Égyptiens en cultivaient déjà un à Karnak. A Athènes, trois cent cinquante ans avant notre ère, Théophraste fut directeur d'un jardin botanique qui reçut des graines de plantes utiles envoyées par Alexandre au cours de ses lointaines conquêtes. En Europe, depuis les premières années de notre ère jusqu'au Moyen Age, les moines s'occupèrent activement de cultiver les simples. Avec la parution des premiers livres sur les plantes, de nombreux botanistes se mirent à créer et soigner leurs propres jardins. Celui de John Gerald, à Londres, fut l'un des plus célèbres du 17e siècle. Datant de la même époque, le « Chelsea Physic Garden of London » fonctionne toujours. A l'extérieur de Mexico, les anciens Aztèques avaient un jardin où les plantes médicinales tenaient une grande place. Il disparut après la conquête espagnole. En 1788 Charles III d'Espagne fonda un nouveau jardin botanique ; à la même époque trois célèbres expéditions furent chargées d'explorer les possessions espagnoles d'Amérique latine pour y étudier tout particulièrement la flore utile. Sessé et Mocino se rendirent au Mexique ; Mutis dirigea l'expédition royale en Nouvelle-Grenade (Colombie et Équateur) tandis que Ruiz et Pavon exploraient le Pérou et le Chili. Ceux qui se rendirent en Amérique du Sud furent tout particulièrement chargés de l'étude de la Cinchona, source de

Le naturaliste suédois Cari Linaeus (1707-1778) établit le système binomial de nomenclature biologique et prépara la voie pour le développement d'une nouvelle science : l'écologie. Sa classification botanique fut adoptée à l'échelon international en 1905 et les zoologues acceptèrent son *Systema Naturae* (1758) comme base de nomenclature scientifique des plantes et des animaux.

quinine, remède contre le paludisme.

Aujourd'hui, le monde compte plus de 400 jardins botaniques dont plusieurs sont spécialisés dans la culture des plantes médicinales.

Quelques exemples nous suffiront à illustrer la très grande importance que revêtent ces institutions pour l'étude de la pharmacopée végétale et des plantes économiques. Le café, originaire d'Abyssinie, fut introduit au Brésil au 17e siècle à partir du Jardin des Plantes de Paris. Ce pays

d'Amérique fournit aujourd'hui plus de 75 % de la demande mondiale. Sans les jardins botaniques anglais et hollandais, qui avaient recueilli des spécimens sauvages de Cinchona en Amérique latine, il n'y aurait pas eu de plantations d'arbres à quinine en Asie. Ceux de Kew et de Ceylan permirent, sur ce même continent, l'introduction massive de caoutchoutiers originaires d'Amérique du Sud.

Les contributions de Linné à l'étude des plantes furent très nombreuses, mais deux sont fondamentales : il établit un système de nomenclature binomiale en même temps qu'il créa un herbier permettant de déterminer les plantes.

Cet herbier fit de la classification botanique une science exacte. Pour la première fois dans l'histoire on put standardiser le nom des plantes et utiliser dans le monde entier un seul et même mot pour désigner une espèce végétale. Les spécimens authentifiés sur lesquels se basèrent le nom de l'espèce et les premières descriptions, classés dans des collections permanentes, sont encore à la disposition des chercheurs présents et à venir.

En Europe, les plantes rares et les nouvelles variétés de fruits et de légumes provenant du monde entier furent étudiées et cultivées dans les jardins botaniques et les grands herbiers. Le Physical Garden de Chelsea en Angleterre, fondé au milieu du 18e siècle, fonctionne toujours (à droite). En bas à droite : le jardin botanique de Leiden en Hollande, vers 1610.

Avant Linné, on décrivait les plantes par de longues phrases en plusieurs langues. Il choisit d'utiliser le latin, langue scientifique de son époque et initia la pratique pour décrire les espèces, attribuant chacune d'elles à une plus grande catégorie d'organismes apparentés : le genre. Chaque végétal reçut ainsi un nom d'espèce, suivi d'un nom de genre. La digitale, par exemple, du genre *Digitalis* et représentant l'espèce *purpurea* est connue sous le nom de *Digitalis purpurea*. On la distingue donc aisément d'une autre plante appartenant au même genre, la *Digitalis lanata,* aux feuilles velues. Par un accord international, le latin, langue morte et non sujette à des changements de sens comme le sont les langues vivantes, demeure la langue officielle pour toute classification botanique.

Linné ne fut pas le premier à constituer un herbier, mais c'est lui qui eut l'idée de se baser sur

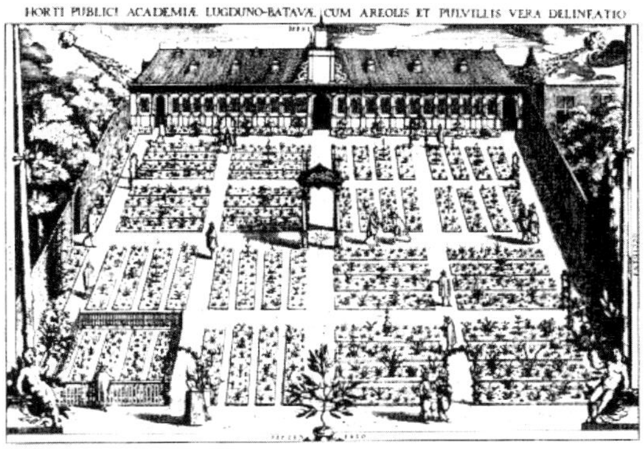

des spécimens pour décrire et nommer les espèces. Son *Species Plantarum,* publié en 1753, marque le début de la nomenclature botanique moderne. Les botanistes contemporains suivent toujours les paramètres établis par Linné lorsqu'ils décrivent des plantes récemment découvertes. On peut encore aller consulter son herbier conservé par la Linnaean Society de Londres, pour vérifier l'usage d'un binôme ou pour trouver une documentation historique permettant de classer les très grands groupes végétaux.

L'herbier est devenu un appareil essentiel à toute institution botanique, non seulement pour des recherches théoriques de classification et d'évolution, mais aussi comme source encore à peine exploitée d'une masse de notes de collecteurs traitant de l'usage de plantes dans les sociétés primitives rencontrées au cours des explorations. Ce sont des témoignages directs accompagnés de renseignements très précis sur la localité et les gens ; par comparaison avec les nombreuses descriptions littéraires traitant de l'usage indigène, l'intérêt de ces notes est qu'elles s'accompagnent de spécimens permettant l'identification de la plante. De récentes recherches « en herbier » ont eu des résultats extrêmement prometteurs. Un projet a permis de mettre à jour plus de 7 500 rapports dont plusieurs sont examinés en détail, suivant des méthodes phytochimiques et pharmacologiques modernes.

Comme sources potentielles de découvertes d'intérêt ethnopharmacologique à partir de notes de collecteurs, certains grands herbiers se révèlent extrêmement précieux. Le plus important est sans doute l'Herbier de Paris avec ses 7 200 000 spécimens. Ceux de Leningrad et de Genève en comptent chacun 5 millions, puis viennent ceux des Royal Botanic Gardens d'Angleterre avec 4 à 5 millions et de l'Université de Harvard qui en comporte environ 4 millions.

LES PLANTES : DE VÉRITABLES PETITES USINES CHIMIQUES

Grâce à l'énergie solaire, la photosynthèse permet la transformation de l'oxyde de carbone et de l'eau en sucres : à partir de ces derniers, l'action métabolique crée des composés organiques secondaires. On a isolé plus de 12 000 de ces composés dont beaucoup se sont avérés très utiles en médecine. De ce point de vue, les plus importants sont les alcaloïdes et les glucosides. Les alcaloïdes forment un groupe assez varié de composés alcalins ayant une activité physiologique marquée. Leur structure en anneau, géné-

ralement complexe, comprend toujours du nitrogène. On en connaît plus de 5 500 dont la morphine, isolée pour la première fois en 1805, la cocaïne, la nicotine et la quinine. Près de 90% proviennent de plantes à fleurs.
Les familles végétales qui contiennent le plus d'alcaloïdes sont celles de la belladone, des pois, de la garance, des Logania, des lis et amaryllis ; celle de l'aconit renferme à elle seule 18% de tous les alcaloïdes connus. Parmi les genres les plus riches en cette substance il y a les *Nicotinia, Vinca,* source des composés antileucémiques vincristine et vinclastine et *Strychnos.* Les espèces les plus intéressantes sont le pavot, *Papayer somniferum,* source d'opium, avec ses 25 alcaloïdes, et la *Rauvolfia serpentina* source de la réserpine, un tranquillisant, qui en compte une trentaine. Les glucosides sont des composés qui, soumis à l'hydrolyse, donnent deux composants : le glycone, formé de un ou plusieurs sucres, et l'aglycone, sans sucre.
Il existe 11 types de glucosides classés selon leur moitié aglycone. Parmi les plus importants pour la médecine, il y a les glucosides cardiotoniques présents dans les familles de l'aconit, du laiteron, du lis, de la mûre, du bouton d'or et de la ficaire. C'est aussi à ces derniers que la digitale, remède végétal des plus utilisés, doit son efficacité. Des glucosides cyanogènes, produisant de l'acide cyanhydrique, ont été signalés dans plus de 2 000 espèces recouvrant 112 familles d'angiospermes. Récemment, des sapogénines stéroïdes ont été découvertes dans près de 2 000 espèces recouvrant également 112 familles d'angiospermes dont les pois, les ficaires, la belladone, le charbon étoilé, l'amaryllis, le lis, et l'igname.
Pour ceux qui travaillent en ethnopharmacologie et en phytochimie, la découverte des merveilleux remèdes de la nature ne fait que commencer.

COMPOSÉS CHIMIQUES VENANT DES PLANTES

ANTIBIOTIQUES
Un quart des ordonnances délivrées en France comprennent des antibiotiques. Ce mot signifie « contre la vie » et il décrit l'activité destructrice ou inhibante qu'exercent ces produits sur le métabolisme de certains micro-organismes. La pénicilline, produite par le *Penicillium notatum* et le *P. chrysogenum*, fut le premier antibiotique et l'un des plus importants. Ce n'est pas un composé pur, mais un mélange de plusieurs fractions.
Moisissures (*Aspergillus herbariorum*)

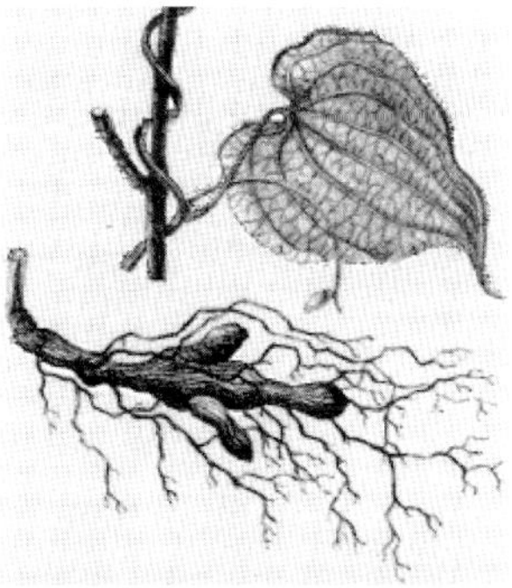

STÉROÏDES
On trouve des stéroïdes dans des végétaux et des animaux : ils peuvent également être produits par synthèse. Leurs structures sont complexes ; tous possèdent un système en anneau à hydrocarbone : le perdhydrocyclopenta phénanthrène. Ce sont des solides cristallins, incolores, qui diffèrent selon la substitution de groupes attachés au noyau.
Igname (Dioscorea villosa)

ALCALOÏDES
L'écorce de plusieurs espèces de cinchona, arbre de la famille de la garance originaire des Andes, contient quelques 25 alcaloïdes apparentés comprenant tous un noyau de quinoline. Les principaux sont la quinine, la quinidine, la cinchonine et la cinchonidine. Ces alcaloïdes ont des propriétés fébrifuges; depuis des années on les utilise dans le traitement de la malaria. La totaquine est un mélange de tous les alcaloïdes du cinchona ; il coûte moins cher à produire et remplace parfois la quinine ou la quinidine purifiée.
Quinquina (Cinchona succirubra)

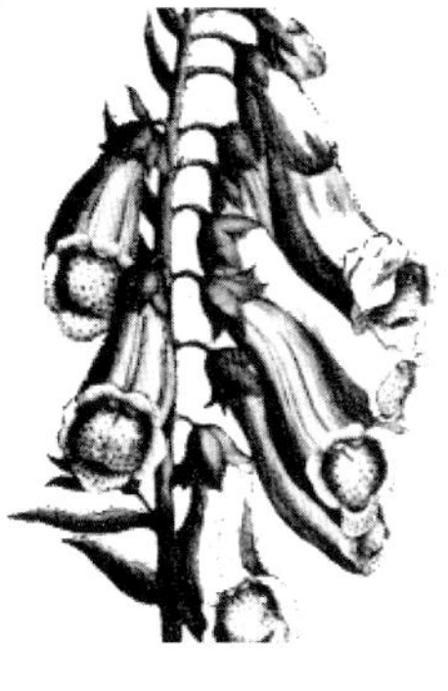

GLUCOSIDES
La digitale, *Digitalis purpurea,* tonique cardiaque, doit son activité à plusieurs glucosides dont la digitoxine, poudre blanche micro-cristalline, qui intensifie le tonus du muscle cardiaque, permettant au cœur de se vider plus complètement. C'est un produit extrêmement toxique. Ce même glucoside et bien d'autres encore (gitaline, digoxine, lanatoside C, deslanoside, etc.) se retrouvent dans d'autres espèces, particulièrement la *D. lanata,* d'importance commerciale. La digitonine, glucoside de la digitale, se combine avec le cholestérol.
Digitale *(Digitalis purpurea)*

DES PLANTES
ET DE LEURS MULTIPLES USAGES

MÉDECINE
Depuis des temps immémoriaux, le cannabis a été apprécié pour ses effets psychotropes et physiologiques. On lui attribuait des vertus curatives. Ce fut une importante plante médicinale en Europe du Moyen Age et jusqu'en 1937 elle figura officiellement comme tranquillisant dans la pharmacopée des États-Unis. De nos jours. on a découvert environ 50 composants du cannabis dont certains fort prometteurs pour la médecine.

ALIMENTATION
En période de disette ou de famine, l'akène du cannabis, c'est-à-dire le fruit, malgré son goût assez déplaisant, fut un aliment pour hommes et bêtes. Aujourd'hui, c'est un important ingrédient des mélanges de graines pour oiseaux. Il est vraisemblable qu'à l'origine cette plante ait été domestiquée dans un but alimentaire.

HUILE
L'akène du cannabis contient beaucoup d'huile. D'un vert jaunâtre, on l'extrait depuis des siècles en Asie centrale pour un usage domestique, entre autres comme combustible pour les lampes. Elle rentre dans la composition de peinture, de vernis, du savon ; on l'emploie aussi dans l'industrie du cuir. Proche de l'huile de coton, elle renferme 75 pour cent d'acides non saturés et 25 pour cent d'acides gras.

FIBRE
Les fibres du chanvre, obtenues par rouissage, sont un des produits les plus utiles du monde végétal. On en a retrouvé dans les plus anciens sites archéologiques d'Asie Mineure. Plusieurs variétés ont été développées pour leurs longues fibres solides qui servaient à faire des cordages.

NARCOTIQUE
Dans certaines régions d'Asie, les effets narcotiques du cannabis le placèrent très tôt parmi les plantes cérémonielles. Cet usage était répandu en Inde et en Chine dès 1500 av. J-C. ; apparemment les pays de la Méditerranée classique et l'Europe médiévale ne connaissaient pas ces effets. Les anciens Scythes qui l'utilisaient en bain de vapeur aux effets psychotropes en répandirent l'usage.

L'AVENIR DES PLANTES EN MÉDECINE

On estime que seuls 10 pour cent des composants organiques du monde végétal ont été découverts. La phytochimie moderne, grâce à des techniques nouvelles et sophistiquées, nous promet d'étonnantes découvertes pour les années à venir une fois que de plus grands secteurs auront été systématiquement examinés. Jusqu'à présent, les recherches chimiques ont été conduites sans méthode, irrégulièrement et de manière incomplète.

Il est impératif pour l'avenir de la médecine que soient entreprises des recherches plus intensives. Si par le passé un fort pourcentage des remèdes avaient une origine végétale, quelques statistiques sur le présent nous donneront une idée des brillantes possibilités à venir pour la botanique médicale. En 1973, 38 pour cent du milliard et demi d'ordonnances délivrées aux États-Unis comprenaient des composants actifs issus de plantes ou de produits microbiens. Les produits pharmaceutiques d'origine végétale représentaient un chiffre d'affaires de près de 3 milliards de dollars.

La période allant de 1930 à 1960 fut particulièrement fructueuse. Les découvertes de « médicaments miracle » aux effets étonnamment efficaces se succédèrent. Ce furent tout d'abord des alcaloïdes aux propriétés relaxantes pour les muscles, tirés de poisons à flèches d'Amérique du Sud. Puis vinrent la pénicilline et d'autres antibiotiques produits par des moisissures, actinomycètes, bactéries, lichens et autres plantes... Ensuite apparurent les précurseurs de la cortisone tirés des sapogénines, puis des agents hypotenseurs extraits des *Veratrum* et des principes cytotoxiques provenant du *Podophyllum,* de la *Vinca* et autres végétaux. Suivirent alors la Rhelline, issue de *l'Ammi visnaga,* la resperpine tirée de la *Rauvolfia serpentina* et bien d'autres, sans compter de nombreux composés psychotropes d'une valeur potentielle en psychiatrie expérimentale. Il n'y eut pas seulement découverte de nouveaux produits, mais aussi de nouveaux usages de remèdes très anciens.

Ces dernières années ont vu tant de découvertes révolutionnaires qu'aujourd'hui tous les espoirs sont permis surtout si l'on tient compte des techniques de plus en plus sophistiquées employées par les chimistes et les pharmacologues. L'exploration chimique du domaine végétal ne fait que commencer, comme Linné l'avait prédit il y a deux siècles...

« L'homme, dans son insatiable soif de Connaissance, a déjà exploré bien des domaines ; mais d'autres, et des plus vastes, demeurent encore cachés, réservés peut-être aux générations futures qui poursuivront dans des pays lointains l'examen de l'œuvre du Créateur. Elles feront alors des découvertes pour le plus grand bien de l'humanité. La postérité verra grandir ses Musées en même temps que sa connaissance de la Sagesse divine. Les sciences pratiques en seront enrichies. Nous ne pouvons nous empêcher de penser que ce que nous savons de l'Œuvre de Dieu est infime à côté de ce que nous en ignorons. »

Linné

Les meilleures plantes médicinales

Cette gravure sur bois (à droite), tirée d'un ouvrage botanique intitulé *Das kreuterbuch oder Herbarius* publié en 1543 à Augsburg (Allemagne), montre quelques-uns des divers usages des plantes médicinales. Dans le jardin on peut voir des gens cultiver des arbres fruitiers et récolter des fruits. A l'intérieur, un personnage fait sécher des herbes dans un coffre, un autre est en train de manger tandis que le troisième se lotionne la tête.

Dans les pages suivantes le lecteur trouvera une liste par ordre alphabétique des 247 plantes médicinales les plus importantes. Pour chacune d'elles sont indiqués les maladies et petits troubles divers (maux de gorge, toux ou migraines) qu'elles peuvent soigner ou soulager. Il y trouvera également des informations concernant les vertus préventives de ces végétaux, permettant par exemple de mieux résister aux rhumes, d'accroître le tonus, etc.

NOTE : Tout traitement nécessite une grande prudence. Si les symptômes persistent ou empirent, si l'état général s'aggrave (forte fièvre ou douleurs aiguës), il faut immédiatement consulter un médecin.

Pour ce volume nous n'avons choisi que quelques plantes, qui nous offrent déjà un extraordinaire tableau d'ensemble du pouvoir de guérison caché dans la nature. Les informations que nous vous présentons sont basées sur l'expérience accumulée au cours des siècles. Ce savoir fut acquis durement, par tâtonnement, et transmis de génération en génération. La profession médicale telle qu'elle existe aujourd'hui est le résultat d'une longue évolution qui a débuté avec les premiers praticiens de l'art de guérir. Il est donc logique que les recueils de pharmacopées, se soient surtout intéressés aux remèdes végétaux, indiquant les doses, les préparations, les sources et les diverses manières de tester leur pureté ou leur activité. A notre époque totalement obnubilée par la science moderne, nous avons tendance à oublier que jusqu'au début de ce siècle, les plantes thérapeutiques et remèdes « naturels » occupaient la première place dans les pharmacopées du monde. Rappelons-nous, par exemple, que l'aspirine ne fut synthétisée qu'en 1899...

Au cours de ces dernières années, il est malheureusement arrivé que des scientifiques produisent un remède à la fois moins efficace et plus toxique que le traitement par les plantes. C'est pour cette raison qu'un nombre croissant de médecins pensent que les végétaux ont un rôle important et utile à remplir en médecine moderne. Nous aurions tort de rejeter les « remèdes de bonnes femmes » et les simples d'antan. Ils reposent souvent sur une solide base médicale et ont subi avec succès l'épreuve du temps.

Le royaume végétal peut aider l'humanité à triompher des maladies et ceci s'applique tout particulièrement aux affections mineures comme l'indigestion, la toux ou les douleurs. Il est donc logique que ce soit ce genre de troubles bénins qui figure en majorité sur le tableau suivant. Ce qui est « bénin » pour le médecin ne l'est peut-être pas du tout pour le malade qui en souffrira au point que la vie lui paraisse insupportable. La nature nous offre une telle quantité de remèdes que nous ne pourrions tous les inclure ici. Ceux que nous vous proposons, utilisés depuis des siècles, sont là pour témoigner du grand pouvoir des herbes qui guérissent.

Numéro de la plante	Nom de la plante	Principaux usages médicinaux
28	ABSINTHE	Flatulence Indigestion États bilieux Fatigue
1	ACHILLÉE	Anorexie Flatulence Indigestion Diarrhée Coliques hépatiques Hémorroïdes Troubles menstruels Cicatrisation des plaies Ulcères
2	ACONIT NAPEL	Arthrite et fibrose Sciatique Névralgies
3	ACORE VRAI	Anorexie Indigestion Insuffisance biliaire Faiblesse générale
4	ADONIDE DE PRINTEMPS	Hypotension Insuffisance cardiaque Troubles cardiaques fonctionnels
103	AGAR-AGAR	Constipation chronique Remplace la gélatine Adjuvant pharmaceutique pour la fabrication de pilules, suppositoires et lotions
137	AGRIPAUME CARDIAQUE	Troubles cardiaques d'origine nerveuse Ménopause
6	AIGREMONE COMMUNE	Diarrhée Maladies du foie et de la vésicule biliaire Indigestion Maux de gorge Laryngite
9	AIL	Artériosclérose Hypertension Dyspepsie Renforce les résistances naturelles aux infections Vers intestinaux
10	AIL DES OURS	Flatulence Désordres digestifs Hypertension
8	ALCHEMILLE COMMUNE ALCHEMILLE ALPINE	Diarrée Sénilité Troubles menstruels Inflammation de la bouche et du pharynx Plaies suppurentes
11	ALOÈS	Constipation
183	AMANDIER	Toux Gastrites et entérites Maux d'oreilles Sert à faire des émulsions
187	ANÉMONE PULSATILLE	Maladie des yeux Troubles menstruels
15	ANETH ODORANT	Condiment aromatique Flatulence Hémorroïdes
16	ANGÉLIQUE ARCHANGÉLIQUE	Anorexie Flatulence Rhumatismes Épuisement
169	ANIS VERT	Bronchites Toux sèches Flatulences
19	ANTHYLLIDE VULNÉRAIRE	Troubles gastriques Blessures, plaies lentes à cicatriser
20	APOCYNUM	Insuffisance cardiaque Hypertension Hydropisie
21	ARALIA	Toux Flatulence Rhumatismes
24	ARÉQUIER	La noix d'arec fait partie de la chique de bétel. Très appréciée en Asie du Sud-Est, elle stimule la sécrétion salivaire Vers intestinaux
122	ARGOUSIER FAUX NERPRUN	Tonique et fortifiant
25	ARISTOLOCHE COMMUNE	Plaies suppurantes Fistules Furoncles et ulcères Brûlures
130	AUNÉE (GRANDE)	Anorexie Asthme Bronchite chronique Utilisée dans la fabrication d'aliments pour diabétiques (remplace le sucre)
33	AVOINE	Eczéma Indigestion Diarrhée Troubles des reins et de la vessie Névralgies Rhumatismes Troubles du sommeil
29	ARMOINE COMMUNE	Anorexie Plante condimentaire (elle aide à digérer les aliments très gras)

Numéro de la plante	Nom de la plante	Principaux usages médicinaux
27	ARNICA	Ecchymoses Rhumatismes Entorses Gingivite Névralgies Maux de gorge Phlébites Plaies lentes à cicatriser
74	ARTICHAUT	Calculs biliaires Troubles hépatiques Nausées
30	ASARET	Maux de gorge Laryngite Hydropisie
31	ASCLÉPIADE	Catarrhe bronchique Fièvre
100	ASPÉRULE ODORANTE	Insomnie Angoisses Troubles digestifs
70	AUBÉPINE	Angine de poitrine Insuffisance cardiaque Hypertension Chez les vieillards, troubles cardiaques et circulatoires d'origine nerveuse
22	BARDANE (GRANDE)	Rhumatismes Maladies de peau Séborrhée Pellicules Cicatrisation des plaies Ulcères
32	BELLADONE	Maladies des yeux Coliques hépatiques Ulcères gastriques Excès de transpiration Maladie de Parkinson Calculs rénaux
107	BENOÎTE COMMUNE	Diarrhée Nausées et vomissements Gingivite Maux de dents
61	BIGARADIER	Nausées Troubles gastriques d'origine nerveuse Insomnies Nervosité
164	BOLDO	Troubles de la vésicule biliaire Coliques hépatiques dues à des calculs
170	BOUCAGE SAXIFRAGE (PETIT)	Bronchite Laryngite Maux de gorge
240	BOUILLON BLANC (GRAND)	Bronchite Inflammation des voies respiratoires supé-rieures Toux irritantes
36	BOULEAU BLANC	Cystites Rhumatismes Pellicules Chute des cheveux
190	BOURDAINE	Constipation, colites chroniques et spasmodiques
41	BOURSE-À-PASTEUR	Troubles menstruels Hémorragies utérines
39	BRYONE DIOÏQUE	Bronchite Coqueluche Diurétique
34	BUCHU	Cystite Pyélite
155	BUGRANE ÉPINEUSE	Troubles des reins et de la vessie Calculs des reins et de la vessie Hydropisie
23	BUSSEROLE OFFICINALE	Cystite Pyélite
64	CAFÉ	Fatigue Maux de tête Hydropisie Troubles circulatoires
17	CAMOMILLE ROMAINE	Troubles digestifs Inflammations de la bouche Catarrhe nasal Maux de gorge Troubles menstruels Cicatrisation des plaies
146	CAMOMILLE (PETITE)	Insomnies Indigestions Inflammations des yeux Eczéma Inflammations de la bouche Catarrhe nasal Maux de gorge Hémorroïdes Troubles menstruels Cicatrisation des plaies
60	CANNELLE	Flatulence Troubles digestifs
230	CAPUCINE	Bronchites Grippes Rhumes
	CARLINE ACAULE	Troubles urinaires Nettoyage et cicatrisa-tion des plaies

Numéro de la plante	Nom de la plante	Principaux usages médicinaux
46	CARVI OFFICINAL	Flatulence Troubles intestinaux Lactation insuffisante
191	CASCARA SAGRADA	Constipation
193	CASSIS	Manque de vitamine C Rhumes Maux de gorge
50	CENTAURÉE (PETITE)	Brûlures d'estomac Troubles digestifs
212	CEREUS	Troubles cardiaques
63	CHARDON BÉNI	Anorexie Indigestion Flatulences Maladies du foie et de la vésicule biliaire
215	CHARDON-MARIE	Troubles de la vésicule biliaire
48	CHÂTAIGNIER	Bronchites Coqueluche Rhumatismes Diarrhée
53	CHÉLIDOINE	Inflammations de la vésicule biliaire Calculs biliaires Douleurs gastriques Verrues
188	CHÊNE-ROUVRE	Eczéma Transpiration des pieds Engelures Diarrhée Hémorroïdes Indigestions Saignement des gencives
57	CHICORÉE SAUVAGE	Indigestions Calculs biliaires Remplace le café
7	CHIENDENT (PETIT)	Troubles de la vessie Maladies de peau Indigestions Rhumatismes
54	CHIONANTHUS	Troubles hépatiques et biliaires Plaies lentes à cicatriser
222	CHIRATA	Troubles digestifs
38	CHOU POTAGER	Ulcères gastriques Troubles névralgiques ou rhumatismaux Plaies lentes à cicatriser
58	CIMIFUGA	Toux et rhumes Bronchites Indigestions Manque d'appétit
86	COCA	Anesthésie locale Stimulant
64	COCHLEARIA OFFICINAL	Dépuratif Saignement des gencives
73	COGNASSIER COMMUN	Inflammations de la bouche et de la gorge Toux irritantes Constipation
86	COLA	États de faiblesse et de fatigue Insuffisances circulatoires Migraines Stimulant (dans les pays d'origine)
67	COLCHIQUE D'AUTOMNE	Goutte
223	CONSOUDE (GRANDE)	Bronchites Toux Rhumatismes Névralgies Phlébites Ulcères chroniques Plaies lentes à cicatriser
69	CORYDALLE BULBEUSE	Maladie de Parkinson Préparation à l'anesthésie
110	COTON	Entre dans la fabrication de bandages et pansements
71	COURGE	Vers
152	CRESSON DE FONTAINE	Rhumatismes chroniques Calculs des reins et de la vessie Troubles métaboliques Taches cutanées
72	CURCUMA	Épice Troubles hépatiques et biliaires Indigestions
75	CYNOGLOSSE OFFICINAL	Troubles névralgiques ou rhumatismaux Toux irritantes Phlébites Diarrhée Cicatrisation des plaies Ulcères
231	DAMIANA	Épuisement Nervosité

Numéro de la plante	Nom de la plante	Principaux usages médicinaux
78	DIGITALE POURPRE	Insuffisances cardiaques Hydropisie
217	DOUCE-AMÈRE	Eczéma chronique Psoriasis Rhumatismes Démangeaisons chroniques
80	DROSÉRA À FEUILLES RONDES	Asthme Bronchites Aphonie Toux irritantes Coqueluche
195	ÉGLANTIER	Manque de vitamine C Troubles de la vessie
83	ÉPHÉDRA	Asthme Bronchites Rhume des foins Piqûres d'orties Coqueluche Insuffisances circulatoires Maladie des yeux Hypotension
35	ÉPINE-VINETTE	Fièvre Troubles hépatiques et biliaires Calculs rénaux Calculs biliaires Constipation
62	ERGOT DE SEIGLE	Migraines Utilisé en obstétrique Hémorragies utérines Troubles menstruels
87	ESCHSCHOLTZIA DE CALIFORNIE	Insomnies États nerveux et agités Nervosité Énurésie
88	EUCALYPTUS	Rhumes Maux de gorge Catarrhe nasal Bronchites Refroidissements Rhumatismes
89	EUPATOIRE CHANVRINE	Refroidissements Maladies de peau Troubles hépatiques Hydropisie
90	EUPHRAISE OFFICINALE	Blépharite Conjonctivite Fatigue oculaire Orgelets Hématome oculaire
239	FAUX HELLÉBORE	Hypertension Maladies de cœur
104	FAUX JASMIN	Névralgies faciales Crampes Migraines Asthme
93	FENOUIL	Flatulence Troubles digestifs Bronchites Toux Conjonctivite Inflammation des paupières
228	FENUGREC	Mains et lèvres gercées Indigestions Stimule la lactation
166	FÈVE DE CALABAR	Glaucome
91	FIGUIER	Constipation Toux Remplace le café
18	FLOUVE ODORANTE	Sciatique Rhumatismes Coliques
81	FOUGÈRE MÂLE	Ver solitaire
94	FRAISIER SAUVAGE	Diarrhée Calculs des reins et de la vessie
95	FRÊNE	Troubles des reins et de la vessie Fièvre Rhumatismes Constipation Hydropisie
97	FUMETERRE OFFICINALE	Coliques dues à des calculs biliaires Constipation Migraines Maladies de peau
112	GAÏAC	Troubles des reins et de la vessie Goutte Rhumatismes Maladies de peau
101	GAILLET JAUNE	Troubles de la vessie Maladies de peau Hydropisie
98	GALÉGA OFFICINAL	Lactation insuffisante
99	GALLOPSIS BLANC JAUNÂTRE	Bronchites Asthme
197	GARANCE	Calculs des reins et de la vessie Énurésie
245	GATTILIER	Saignements anormaux Règles douloureuses Lactation insuffisante

Numéro de la plante	Nom de la plante	Principaux usages médicinaux
102	GAULTHÉRIE DU CANADA	Sciatique Lumbago Rhumatismes Névralgies
76	GENÊT À BALAIS	Troubles du rythme cardiaque Hydropisie
132	GENÉVRIER COMMUN	Arthrite Rhumatismes musculaires et névralgies Troubles des reins et de la vessie Hydropisie
105	GENTIANE JAUNE	Anorexie Indigestions
106	GÉRANIUM HERBE-À-ROBERT	Inflammations de la bouche et de la gorge Diarrhée Maladies de peau Saignements de nez
225	GERMANDRÉE PETIT-CHÊNE	Indigestions Plaies lentes à cicatriser
247	GINGEMBRE	Anorexie Diarrhée Indigestion Flatulence Médecine vétérinaire
108	GINKGO	Troubles de la circulation cérébrale Troubles périphériques de la circulation artérielle
158	GINSENG	Hypotension Dépressions États de fatigue, épuisement
111	GRATIOLE	Goutte Maladies de peau Troubles menstruels Constipation Hydropisie
244	GUI	Hypertension Rhumatismes chroniques
13	GUIMAUVE OFFICINALE	Bronchites Toux Maux de gorge Inflammations de la bouche Indigestions Diarrhée
113	HAMAMELIS	Hémorroïdes Entorses et contusions Plaies lentes à cicatriser Saignements de nez
165	HARICOT	Arthrite Hydropisie
114	HARONGA	Maladies inflammatoires du pancréas Troubles de la vésicule biliaire Dyspepsie
115	HARPAGOPHYTUM	Articulations douloureuses Troubles du foie et de la vésicule biliaire
119	HELLÉBORE NOIR	Insuffisance cardiaque Hydropisie
14	HERBE AUX CURE-DENTS	Angine de poitrine Asthme Coliques hépatiques Coliques néphrétiques Troubles menstruels
173	HERBE AUX PUCES	Bronchites Toux Calmant pour les irritations cutanées Indigestions Constipation
120	HERNIAIRE COMMUNE	Troubles des reins et de la vessie Calculs des reins et de la vessie Psoriasis
203	HIÈBLE	Troubles des reins et de la vessie Constipation
123	HOUBLON	Anxiété Troubles gastriques d'origine nerveuse Insomnies
128	HOUX	Grippes et refroidissements Fièvre
124	HYDNOCARPUS	Lèpre
125	HYDRASTIS DU CANADA	Hémorragies intestinales Hémorragies utérines Troubles menstruels
79	IGNAME	Asthme Coqueluche Névralgies Rhumatismes Coliques hépatiques S'utilise dans la fabrication d'hormones
118	IMMORTELLE	Troubles de la vésicule biliaire

Numéro de la plante	Nom de la plante	Principaux usages médicinaux
163	IMPÉRATOIRE	Anorexie Asthme Catarrhe bronchique Indigestions
51	IPECACUANHA	Bronchites Dysenteries amibiennes
168	JABORANDI	Glaucome Hydropisie
126	JUSQUIAME NOIRE	Asthme Bronchites Névralgies Rhumatismes
172	KAVA	Maladies de peau Insomnies Nervosité Troubles de la vessie
43	LAÎCHE DES SABLES	Arthrite Maladies de peau
134	LAMIER BLANC	Plaies cutanées Troubles de la vessie
135	LAURIER	Anorexie Troubles digestifs Maladies de peau Rhumatismes Épice
153	LAURIER-ROSE	Insuffisance cardiaque Troubles circulatoires
136	LAVANDE	Troubles cardiaques Insuffisance circulatoire Migraines Nervosité Neurasthénie Névralgies États d'épuisement Insomnies
117	LIERRE GRIMPANT	Bronchites Coqueluche Rhumatismes
139	LIN USUEL	Zona Aphonie Ulcères et furoncles Inflammations de la bouche Maux de gorge Calculs biliaires Hyperacidité gastrique Constipation Douleurs rhumatismales Psoriasis
138	LIVÈCHE	Condiment Maladies des reins et de la vessie Hydropisie Goutte et rhumatismes Indigestions
140	LOBÉLIA	Asthme (cigarettes et poudre à fumer pour asthmatiques) Bronchites Coqueluche
141	LYCOPE DE VIRGINIE	Troubles cardiaques d'origine nerveuse
5	MARRONNIER D'INDE	Diarrhée Rhumatismes Maladies des veines
144	MARRUBE BLANC	Plaies lentes à cicatriser Bronchites chroniques Maladies de la vésicule biliaire
145	MARSDÉNIA	Troubles gastriques
129	MATÉ	Infusion, boisson nationale dans toute l'Amérique du Sud. Fatigue Rhumatisme
143	MAUVE (GRANDE)	Bronchites Inflammations de la bouche et de la gorge Laryngites Eczéma Indigestions
147	MÉLILOT OFFICINAL	Contusions Douleurs articulaires Troubles de la vésicule biliaire Indigestions Varices Phlébites
148	MÉLISSE OFFICINALE	Flatulence Troubles gastriques Migraines Névralgies Insomnies Nervosité
149	MENTHE POIVRÉE	Flatulence Nausées Troubles de la vésicule biliaire
184	MERISIER	Bronchites Catarrhe des voies respiratoires supérieures Coqueluche
127	MILLEPERTUIS OFFICINAL	Douleurs névralgiques et rhumatismales Varices Gastrites Ménopause Troubles menstruels

Numéro de la plante	Nom de la plante	Principaux usages médicinaux
151	MONARDE ÉCARLATE	Flatulence Troubles digestifs Diurétique Troubles menstruels Remplace le thé
55	MOUSSE D'IRLANDE	Bronchites Coqueluche Catarrhe des voies respiratoires supérieures Indigestions Constipation
52	MOUSSE D'ISLANDE	Bronchites Toux irritantes Catarrhe des voies respiratoires supérieures Épuisement, états de fatigue Gastrites Anorexie
37	MOUTARDE NOIRE	Bronchites Pleurésies Arthrite Sciatique Rhumatismes
68	MUGUET	Insuffisance cardiaque Hydropisie
237	MYRTILLE	Inflammations de la bouche Maux de gorge Troubles digestifs chez les enfants Diarrhée
221	NOIX VOMIQUE	Tonique Anorexie
131	NOYER	Eczéma Blépharite Indigestions
154	OLIVIER D'EUROPE	Calculs biliaires Maladies de la vésicule biliaire Indigestions Constipation Hypertension
156	ORIGAN	Toux Inflammations de la bouche Maux de gorge Indigestions Règles douloureuses
233	ORME	Diarrhées Hémorroïdes Eczéma Inflammations de la bouche Maux de gorge Plaies lentes à cicatriser
235	ORTIE (GRANDE ET PETITE)	Rhumatismes Lumbago Chute des cheveux Troubles de la vessie Hydropisie Maladies de peau
199	OSEILLE (GRANDE) ET PATIENCE CRÉPUE	Constipation Maladies de peau
44	PAPAYE	Maladies du foie et de la vésicule biliaire Troubles de la digestion des corps gras Dyspepsie
160	PASSIFLORE	Insomnies Sédatif nerveux Troubles cardiaques d'origine nerveuse
159	PAVOT	Forte diarrhée Douleurs
243	PENSÉE SAUVAGE	Eczéma
162	PERSIL	Inflammations de la vessie et des reins Troubles digestifs
161	PETASITE	Bronchites Inflammations des voies urinaires Troubles du foie et de la vésicule Maladies de peau Troubles menstruels
179	PEUPLIER NOIR	Rhumatismes Fièvre Hémorroïdes Maladies de la vessie
167	PHYTOLACCA	Maladies de peau Rhumatismes Constipation
42	PIMENT	Arthrite Rhumatismes Indigestion Épice
171	PIN SYLVESTRE	Bronchite Catarrhe des voies respiratoires supérieures Sinusites Névralgies Rhumatismes Insomnies
224	PISSENLIT	Rhumatismes Maladies de peau chroniques Troubles du foie

Numéro de la plante	Nom de la plante	Principaux usages médicinaux
		et de la vésicule biliaire Troubles digestifs Calculs rénaux Hydropisie
174	PLANTAIN LANCÉOLÉ	Bronchites Piqûres d'insectes Catarrhe des voies respiratoires supérieures Indigestions Contusions Plaies saignantes et superficielles
175	PODOPHYLLUM	Maladies de la vésicule biliaire Constipation Cancer de la peau
177	POIVRE D'EAU	Hémorroïdes
176	POLYGALA	Bronchites Catarrhe des voies respiratoires supérieures
178	POLYPODE VULGAIRE	Bronchites Aphonie Toux Constipation
180	POTENTILLE ANSÉRINE	Inflammations de la bouche Diarrhée Hémorroïdes Indigestion Cicatrisation des plaies
181	POTENTILLE TORMENTILLE	Petites brûlures Diarrhée Inflammation des gencives Maux de gorge
116	POU LIOT D'AMÉRIQUE	Flatulence Troubles digestifs
84	PRÊLE DES CHAMPS	Engelures Rhumatismes Maladies de peau Troubles circulatoires localisés Troubles des reins et de la vessie
182	PRIMEVÈRE OFFICINALE PRIMEVÊRE ÉLEVÉE	Bronchites Rhumes et refroidissements Toux Maux de tête d'origine nerveuse Insomnies
185	PRUNELIER	Constipation Troubles de la vessie Maladies de peau
186	PULMONAIRE OFFICINALE	Bronchites Aphonie Catarrhe des voies respiratoires supérieures
59	QUINQUINA	Perturbations du rythme cardiaque Fièvre, refroidissements Crampes musculaires Indigestion
26	RAIFORT (GRAND)	Condiment Indigestion Troubles des reins et de la vessie Catarrhe bronchique Névralgies et douleurs rhumatismales
189	RAUVOLFIA	Anxiété Dépression Hypertension
109	RÉGLISSE GLABRE	Ulcères gastriques Toux
92	REINE DES PRÉS	Maladies des reins et de la vessie Fièvre Maux de tête Rhumatismes Hydropisie
133	RHATANIA	Maux de gorge Inflammations de la bouche Laryngites Diarrhée Engelures
192	RHUBARBE OFFICINALE	Diarrhée (petites doses) Constipation (doses plus élevées)
194	RICIN COMMUN	Constipation Purgatif
196	ROMARIN	Hypotension États de faiblesse, épuisement Troubles circulatoires Troubles cardiaques d'origine nerveuse Indigestion Névralgies et douleurs rhumatismales
198	RONCE DES BUISSONS	Infusion pouvant remplacer le thé Manque de vitamine C Diarrhées Indigestions
121	ROSELLE	Infusion pouvant remplacer le thé Constipation

Numéro de la plante	Nom de la plante	Principaux usages médicinaux
82	RUDBECKIA	Abcès Rhumes, refroidissements Grippes Petites brûlures Plaies lentes à cicatriser
200	RUE FÉTIDE	Varices Phlébites Anxiété, nervosité Dyspepsie
142	SALICAIRE COMMUNE	Diarrhée Indigestion Cicatrisation des plaies
216	SALSEPAREILLE	Maladies de peau Rhumatismes
205	SANGUINARIA	Bronchites Maladies de peau
206	SANICLE D'EUROPE	Plaies lentes à cicatriser Contusions Bronchites Maux de gorge
207	SAPONAIRE OFFICINALE	Bronchites Toux Maladies de peau
208	SASSAFRAS	Maladies de peau Rhumatismes
202	SAUGE OFFICINALE	Maux de gorge Inflammations de la bouche Aphonie Toux du fumeur
201	SAULE BLANC	Grippes et refroidissements Fièvre Névralgies et douleurs

Numéro de la plante	Nom de la plante	Principaux usages médicinaux
		rhumatismales Maux de tête, migraines
234	SCILLE MARITIME	Insuffisance cardiaque Hydropisie
209	SCOPOLIA	Troubles biliaires Constipation Insomnies
210	SCROPHULAIRE NOUEUSE	Maladies de peau chroniques particulièrement l'eczéma facial
211	SEDUM ACRE	Hémorroïdes Plaies lentes à cicatriser
47	SÉNÉ	Constipation
213	SENEÇON	Troubles menstruels Saignements de nez et des gencives
214	SERENOA	Troubles de la vessie Bronchites
219	SOPHORA	Maladies des veines Hémorragies (capillaires)
40	SOUCI COMMUN	Ecchymoses Entorses et contusions Plaies lentes à cicatriser Ulcères Maladies de peau Indigestions Troubles de la vésicule biliaire
77	STRAMOINE	Asthme Maladie de Parkinson
220	STROPHANTUS	Faiblesse cardiaque
204	SUREAU NOIR	Grippes et refroidissements Fièvre Névralgies Rhumatismes Constipation
56	TANAISIE COMMUNE	Troubles digestifs Vers intestinaux
157	THÉ DE JAVA	Pyélite Hydropisie
226	THYM	Bronchites Coqueluche Aphonie Rhumes et refroidissements Troubles digestifs
224	TILLEUL À GRANDES FEUILLES, TILLEUL DES BOIS	Coups de froid Rhumes Grippes
150	TRÈFLE D'EAU	Migraines Indigestions Maladies du foie et de la vésicule biliaire Fièvre Anorexie
229	TRILLIUM	Maladies de peau Plaies lentes à cicatriser Troubles menstruels
232	TUSSILAGE	Bronchite Toux chronique Catarrhe de l'appareil respiratoire supérieur Inflammation de la peau
236	USNÉE	Refroidissements Grippes Pharyngites Angines Maladies intestinales
238	VALÉRIANE OFFICINALE	Épuisement nerveux Dyspepsie Maux de tête d'origine nerveuse Troubles cardiaques d'origine nerveuse Insomnies
96	VARECH	On en tire l'iode (pour le traitement et la prévention du goitre) Obésité
218	VERGE D'OR	Inflammations de la vessie Calculs rénaux Cicatrisation des plaies
85	VERGERETTE DU CANADA	Bronchites Diarrhée
12	VERVEINE CITRONELLE	Indigestion Flatulence Insomnies d'origine nerveuse
246	VIGNE CULTIVÉE	Troubles hépatiques Constipation Obésité
242	VIOLETTE ODORANTE	Bronchites Toux Catarrhe des voies respiratoires supérieures
241	VIORNE	Règles douloureuses Asthme

Lexique

Les anciens herbiers continuent de nous charmer et de nous fasciner. Leurs illustrations méticuleusement dessinées et peintes (par des artistes anonymes) sont souvent plus claires et plus explicites que les schémas et dessins modernes.

Ci-dessous, une rose de Noël *(Helleborus niger)* et à droite une vraie rose *(Rosa centifolia)* telles qu'on peut les admirer dans *Les Plantes Médicinales* du Dr F. Losch, publié à Bienne, Suisse, en 1888.

Vous trouverez dans cette section les descriptions botaniques des 247 plantes médicinales dont traite cet ouvrage.

CRITÈRES DE SÉLECTION

Nous avons tout d'abord donné priorité aux plantes dont la valeur thérapeutique a été démontrée. A ce groupe de base sont venues s'ajouter celles dont l'efficacité a été prouvée empiriquement, bien que nous ignorions encore les raisons et le fonctionnement de leur action bénéfique.

Nous n'avons mentionné des plantes vénéneuses que lorsqu'il a été impossible de trouver leur équivalent thérapeutique. En règle générale, à quelques exceptions près, nous n'avons pas traité de végétaux dont on ne trouve des extraits qu'en préparations commerciales ou pharmaceutiques. Ne sont pas incluses les plantes alimentaires ou condimentaires ayant une valeur médicinale mineure ou secondaire.

D'autres, encore fréquemment utilisées en médecine traditionnelle, n'ont pas trouvé place dans cet ouvrage parce que les vertus qu'on leur attribue sont des plus vagues et qu'elles sont avantageusement remplacées par d'autres végétaux plus efficaces.

CONTENU DU LEXIQUE

Chaque plante est désignée par son nom latin suivi de son nom français quand il existe. Sont également indiquées sa famille végétale et sa distribution géographique. La classification botanique n'est plus aussi simple qu'elle l'était du temps de Linné et bien que tous les botanistes aient essayé, dans la mesure du possible, de suivre au plus près son système, il leur arrive parfois d'avoir recours à d'autres types de nomenclature (leurs auteurs sont cités dans l'index latin-français en fin d'ouvrage).

Chaque plante est suivie d'un texte expliquant l'origine de son nom et donnant de nombreux détails sur son aspect et ses caractéristiques (croissance, floraison, graines, etc.). On y trouvera également des indications sur ses principes actifs et son usage médicinal. Pour bien reconnaître et identifier une plante dans son milieu naturel il est indispensable d'avoir sous la main une bonne illustration. Nous avons donc porté une attention toute particulière au choix des photographies et des dessins en couleurs tirés d'herbiers datant du siècle dernier, de manière à ce qu'ils soient à la fois précis et beaux.

COMMENT TROUVER UNE PLANTE DANS LE LEXIQUE

Les noms vernaculaires étant toujours très variés et changeant souvent selon les régions, les 247 plantes du lexique sont classées par ordre alphabétique d'après leur nom latin. Chacune est dotée d'un numéro que l'on retrouvera dans l'index des noms français à la page suivante. Si le lecteur n'y trouve pas le nom vernaculaire qu'il cherche il peut se reporter à l'index général en fin de volume qui lui indiquera, de toutes manières, le numéro de référence désiré.

Index des noms vernaculaires

Les noms français des 247 plantes sont précédés du chiffre indiquant leur position dans le lexique. Comment utiliser le lexique ?
Vous y trouverez le nom latin de chaque plante, suivi de son nom français, sa famille, son numéro (dans un encadré bleu) et sa distribution géographique indiquée sur deux lignes. La première donne son habitat d'origine et la seconde, en italique, les endroits où elle a été introduite par l'homme et où elle s'est naturalisée.
Nous avons utilisé les abréviations suivantes:

Af	Afrique
Aus	Australie
Eur	Europe
Am N	Amérique du Nord
Am S	Amérique du Sud
C-Am S	Parties centrales de l'Amérique du Sud
C + SW Am N	Parties centrales et Sud-Ouest de l'Amérique du Nord
E-Am N	Est de l'Amérique du Nord
N-Am N	Nord de l'Amérique du Nord
NE-Am N	Nord-Est de l'Amérique du Nord
S-Am N	Sud de l'Amérique du Nord
SE-Am N	Sud-Est de l'Amérique du Nord
0-Am S	Ouest de l'Amérique du Sud

Lexique des plantes médicinales

ACHILEA MILLEFOLIUM
ACHILLEE MILLE-FEUILLE
Astéracées/composées

1 Eur, Am N, Asie N *Aus S*

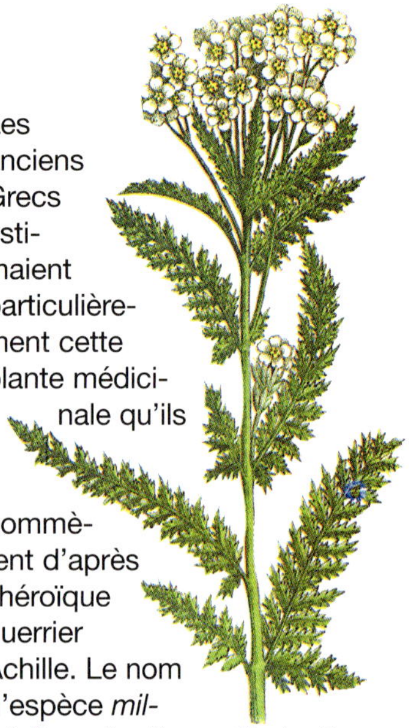

Les anciens Grecs estimaient particulièrement cette plante médicinale qu'ils nommèrent d'après l'héroïque guerrier Achille. Le nom d'espèce *millefolium* signifie « mille feuilles ». son feuillage étant très finement découpé. Elle se remarque surtout par les groupes de minuscules petites fleurs rassemblées en ombelle aplatie. Son rhizome souterrain est assez étendu. Les tiges angulaires portent des petites fleurs d'un blanc neigeux. Pour pouvoir développer dans ses feuilles et plus particulièrement dans ses fleurs une huile essentielle amère aux propriétés thérapeutiques, l'achillée a besoin de chaleur et de lumière. On la trouve le long des chemins, dans les prés, sur les coteaux secs et ensoleillés. En montagne, sa fleur prend une teinte rose ou lilas clair. Au-dessus de trois mille mètres apparaît la mille-feuille musquée *(Achilea moscata).*

ACONITUM NAPELLUS
ACONIT NAPEL
Renonculacées

2 Eur, Asie N, Am N

Les grandes colonies d'aconit sont un des plus beaux ornements des prairies de montagne. Il en existe plusieurs variétés, entre autres l'aconit jaune et l'aconit bleu d'Angleterre *(Aconitum anglicum).*
Cette plante médicinale des plus toxiques porte des fleurs d'un bleu profond à la forme rappelant un peu les casques des chevaliers du Moyen Age. La tige, assez forte, peu ramifiée, peut atteindre jusqu'à 1 m 50 de hauteur. Les feuilles sont profondément découpées et d'un beau vert. L'inflorescence en épi est tout à fait remarquable. Chaque année, une nouvelle racine se forme à côté de l'ancienne qui meurt. C'est dans cette partie de la plante que se trouvent les plus hautes concentrations de principes actifs (alcaloïdes). On la cultive dans les Balkans, en Espagne et en Italie.

ACORUS CALAMUS
ACORE VRAI
Aracées

3 Asie SE
Eur, AfE, AmN

Cette plante aquatique affectionne les fossés d'eau stagnante. Son rhizome peut atteindre 1 m 50 et porte de longues racines. De nouvelles pousses apparaissent constamment, assurant ainsi la continuation de l'espèce. Des gerbes compactes de longues feuilles droites, un peu comme des lames d'épée, hautes de 1 m. entourent une tige florale portant un épi massif, cylindrique, en éperon, long de 10 cm et entièrement couvert de toutes petites fleurs verdâtres. En Europe centrale cette plante ne produit pas de graines. Le rhizome renferme une huile essentielle, parfumée et amère, qui lui donne son goût aromatique et ses vertus thérapeutiques.

ADONIS VERNALIS
ADONIDE DE PRINTEMPS
Renonculacées

4 Eur, SE, Asie W
NAm N

Cet annonciateur du printemps se fait hélas de plus en plus rare. C'est aujourd'hui une plante protégée. Les boutons floraux duveteux apparaissent en avril sur de petites tiges courtes et dressées. On le trouve sur les pentes ensoleillées des vallées rocheuses. La fleur, d'un jaune vif, forme une étoile un peu satinée de 4 à 7 cm de diamètre. Elle ne s'épanouit que lorsque la tige atteint 20 à 30 cm. Les feuilles de couleur vert pâle sont très finement divisées, jusqu'à former des filaments. A l'automne, les fourmis se chargent de répartir les toutes petites graines. Les principes actifs, présents dans toute la plante, agissent sur le cœur comme le *Strophantus.* Il n'est pas possible de cultiver l'adonis. Bien que très toxique, il est fréquemment utilisé en Europe de l'Est et en médecine homéopathique.

AESCULUS HIPPOCASTANUM
MARRONIER D'INDE

Hippocastanacées

5 Eur, SE, Asie W
Eur, C, N Am N

On ne saura jamais à quel moment de l'histoire cet arbre, originaire d'Asie de l'Ouest, traversa le Caucase pour trouver le chemin de l'Europe et de l'Amérique du Nord. Il se peut que les Croisés et les marchands vénitiens aient rapporté chez eux, comme une curiosité, ces marrons ronds et brillants. Cultivé tout d'abord dans les jardins des châteaux et des palais comme arbre ornemental, le marronnier d'Inde était courant à Vienne au 16_e siècle.

Aujourd'hui tout le monde connaît et apprécie son ombre fraîche. Au début du printemps, les bourgeons bruns et poisseux s'ouvrent pour libérer de petites feuilles tendres et velues, vert pâle, qui deviennent ensuite de grandes feuilles vert foncé à long pétiole, étalées comme les doigts de la main et formant des parasols, Les fleurs blanches et rosées, dressées en épi, ressortent comme des bougies sur un arbre de Noël. Leur parfum est entêtant. Les fruits mûrissent dans des capsules charnues d'où ils tombent, une fois mûrs. En temps de disette on donnait ces marrons à manger aux chevaux. Plusieurs principes actifs sont concentrés dans le fruit (saponines). On s'en sert pour fortifier les vaisseaux sanguins endommagés.

AGRIMONIA EUPATORIA
AIGREMOINE COMMUNE
EUPATOIRE Rosacées

6 Eur, Af N, Asie W
Am N

L'aigremoine aime les prés ensoleillés et les terrains vagues. Cette plante vivace a une tige velue, peu ramifiée, haute de 40 à 90 cm. Les feuilles longues et dentées, très velues, sont souvent un peu gluantes. Les extrémités florales, en épi, portent de nombreux boutons qui, en commençant par le bas, s'ouvrent les uns après les autres, de juin jusqu'en automne. Les principes aromatiques amers de ce végétal stimulent la fonction hépatique. Pour un membre de la famille des roses, l'aigremoine a un aspect assez particulier (même si l'on compte 2 000 espèces de rosacées d'une grande diversité de formes). Certains principes actifs sont caractéristiques de cette famille des sucres dans le fruit, des tannins dans la plante fleurie et de l'acide prussique très toxique dans certains fruits à noyau (amandes douces et amères).

AGROPYRUM REPENS
PETIT CHIENDENT
Graminacées

7 Eur, Af N, Asie
Régions tempérées

Le chiendent rampant (repens) est membre d'une grande famille de plantes au sein de laquelle se trouve rassemblée la majorité de nos céréales. En tant que mauvaise herbe, il est tenace, difficile à éliminer. On le trouve sur des terrains un peu argileux, les lieux incultes, le long des murs, en montagne comme en plaine. Ses rhizomes blancs et rampants s'accrochent au sol, produisant de petites radicelles brunes. Les tiges dressées, verticales, hautes de 50 à 80 cm, portent des feuilles étroites, lancéolées, d'un vert vif. Fleurs et fruits se groupent en épis plats et lâches. Contrairement à son proche parent, le blé, qui concentre des réserves dans sa graine, le chiendent les place dans son rhizome. Contenant divers hydrates de carbone, de l'acide silicique et des substances antibiotiques, il est très utilisé en phytothérapie.

ALCHEMILLA VULGARIS
ALCHEMILLE COMMUNE
Rosacées

8 Eur, Af N, Am N

Souvent, cette plante forme d'épais tapis sur les pâturages humides, les forêts claires et les terrasses rocheuses des montagnes. Au-dessus de 1 000 mètres, elle est remplacée par une variété alpine. Sa racine ligneuse porte des tiges fleuries et ramifiées, hautes de 10 à 30 cm. Ses très modestes petites fleurs sont d'un jaune verdâtre. On la remarque surtout par ses belles feuilles vertes, arrondies, à 7 ou 11 lobes semi-circulaires, légèrement plissés et dentés. Celles de l'A.vulgaris sont velues, celles de l'A.alpina, à 5 ou 7 lobes, sont soyeuses et lustrées.

ALLIUM SATIVUM
AIL
Liliacées

9 Asie C

Régions chaudes et tempérées
L'ail est surtout utilisé comme condiment. Il est aussi très estimé pour ses vertus thérapeutiques. Le bulbe mère, d'un ovale allongé, repose sur une racine aplatie entourée de petits bulbes indépendants (gousses). La tige florale, haute de 1 m, apparaît au printemps. De longues feuilles plates, étroites et pointues, en gainent la base. Les inflorescences terminales forment comme une sorte de gros pompon blanc violacé entouré à sa base d'une bractée parcheminée. Chez l'ail cultivé, les graines ne mûrissent pas. Le jus extrait du bulbe contient plusieurs principes actifs d'une grande utilité.
L'oignon (Allium cepa) est plus gros que l'ail. Son bulbe et sa tige florale sont plus charnus et ses propriétés médicinales moins marquées. En médecine populaire on l'utilise en applications locales et dans certains régimes à base de jus.

ALLIUM URSINUM
AIL DES OURS
Liliacées

10 Eur.

L'ail des ours pousse en grandes colonies dans le sol riche en humus des forêts feuillues et dans les vallées fertiles. Au début du printemps, son bulbe composé laisse apparaître deux ou trois feuilles lancéolées. Leur vert franc et l'odeur aillée qu'elles dégagent attirent l'attention et on les ramasse souvent pour des salades de printemps. Les tiges florales portent une ombelle de petites fleurs étoilées, à six pétales, d'un blanc neigeux. Ce sont les fourmis qui transportent les petites graines noires, assurant ainsi la distribution de cette précieuse plante médicinale. Il vaut mieux l'utiliser fraîche, sous forme de jus. Séchée, elle perd rapidement ses vertus.

ALOE FEROX
ALOES
Liliacées

11 Af S Eur S, Af N, N Am S

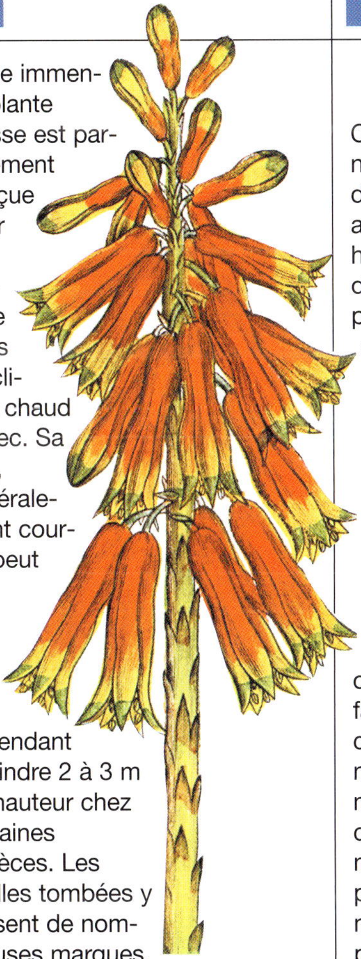

Cette immense plante grasse est parfaitement conçue pour survivre dans un climat chaud et sec. Sa tige, généralement courte, peut cependant atteindre 2 à 3 m de hauteur chez certaines espèces. Les feuilles tombées y laissent de nombreuses marques.
Elle porte une immense rosette de feuilles charnues et pointues, longues de 50 cm, portant des épines rouge foncé ou blanchâtres. La tige florale croît de janvier à avril. Haute de 1 m, elle est entièrement recouverte de fleurs en bouquets cylindriques. Selon les espèces, elles varient du violet vif à l'orange, en passant par le rouge pâle. Pour recueillir le suc laiteux de la plante, on en coupe les feuilles.

ALOYSIA TRIPHYLLA
LIPPIA CITRIODORA
VERVEINE CITRONNELLE

12 Verbénacées
Am S, Eur S, Am N

Cet arbuste originaire d'Amérique du Sud peut atteindre 2 m de haut. Il fut introduit dans les pays plus nordiques comme plante ornementale. Il ne faut pas confondre la verveine citronnelle avec une autre verveine (Verbena officinalis), de la même famille, mais ayant peu de choses en commun. Cette dernière est une modeste petite plante vivace qui de nos jours n'est plus guère utilisée pour ses propriétés médicinales. Les arbustes de verveine citronnelle portent de belles feuilles en verticilles, étroites, longues de 6 à 8 cm et nervurées. D'un vert-jaune, elles sont légèrement recourbées en arrière. Si on les froisse entre les doigts il s'en dégage un délicieux parfum citronné. Les petites fleurs rose pâle se groupent en fins épis terminaux. L'huile essentielle, très aromatique, est concentrée dans les feuilles.

ALTHAEA OFFICINALIS
GUIMAUVE OFFICINALE
Malvacées

13 Eur SE, Eur S+W,
Asie W,NE-Am N

Aimant les terrains saumâtres, la guimauve pousse surtout sur des terres incultes et humides. Elle est fréquemment cultivée. Sa grosse racine jaune pâle porte une tige charnue souvent ligneuse à sa base et peu ramifiée. Les feuilles au court pétiole comportent de 3 et 5 lobes aux bords dentés. Tige et feuilles sont finement velues. Les fleurs axillaires portent 5 pétales d'un blanc rosé. La rose trémière, plante de la même famille, a des fleurs qui varient du blanc au mauve. Les étamines, très nombreuses, ont des anthères jaunes ou mauves. Les feuilles et la racine sont très riches en mucilage, émollient et adoucissant. Les pigments des fleurs violettes de la rose trémière (Aithaea rosea) ont aussi des propriétés médicinales.

AMMI VISNAGA
HERBE AUX CURE-DENTS
Apiacées/Ombellifères

14 Eur S, Af N, Asie W
Régions tempérées

Les Arabes connaissent cette plante médicinale depuis des siècles. En Europe, Fuchs la mentionne au 16e siècle. Oubliée pendant des années, on ne s'y intéressa à nouveau qu'à la fin du 19e siècle, pour en isoler les principes actifs.
Cette annuelle à la longue racine blanche porte une tige droite, cylindrique et striée. Ramifiée au sommet, elle peut atteindre 80 à 120 cm. Les feuilles délicates sont très divisées, un peu comme celles de la carotte ou du fenouil. Ses grandes ombelles comportent plus de 100 rayons longs de 4 à 5 cm. Chacun d'eux porte une plus petite ombelle formée de petites fleurs blanches. En fin de floraison, ces rayons se dessèchent, deviennent ligneux, et ressemblent effectivement à des cure-dents. Les fruits ellipsoïdes, comme un petit oeuf, sont lisses et d'un gris brun. En séchant, ils s'ouvrent en deux parties.

ANLIHUM GRAVEOLENS
ANETH ODORANT

Apiacées/Ombellifères

15 Eur SE. Asie SW
Régions tempérées

L'aneth est souvent cultivé comme herbe condimentaire. Originaire des pays méridionaux, il fut très tôt introduit dans les régions nordiques. Il est mentionné, parmi d'autres, dans les papyrus égyptiens. Son nom anglais dill est dérivé du nordique dilil signifiant apaiser, connotant ses propriétés médicinales. Sa tige creuse, finement striée de blanc et de vert fait de 60 cm à 1 m de hauteur. Ses feuilles très divisées gainent la tige à leur base. Elles ont un peu l'aspect du fenouil, mais en plus luxuriant. Les tiges portent de grandes ombelles bombées, à plusieurs rayons, aux petites fleurs jaunes. Les petits fruits ovales et bruns ont des côtes proéminentes.
Ils se divisent en deux à maturité. L'aneth est une des plantes « réchauffantes », surtout pour ses graines qui ont un goût tout à fait différent de celui de ses feuilles.

ANGELICA ARCHANGELICA
ANGÉLIQUE ARCHANGÉLIQUE

Apiacées/Ombellifères

16 ur N+E. Asie N
N-Am N

L'angélique aime les en-droits humides, les ravins, les bois et les régions côtières. On la cultive souvent et dans ce cas, son système de racines se développe particulièrement bien. La première année, une belle rosette de feuilles apparaît. Les seconde et troisième années, une tige creuse et striée croît. Longues de 50 cm vers le pied, les feuilles s'amenuisent au fur et à mesure qu'elles se rapprochent du sommet de la tige. Une gaine enflée recouvre l'aisselle des feuilles supérieures. L'ombelle hémisphérique porte des fleurs d'un vert-blanc, constamment visitées par les insectes. Les racines renferment des principes aromatiques amers. Au Moyen Age on pensait que cette plante avait des pouvoirs surnaturels et qu'elle protégeait des maladies contagieuses.

ANTEMIS NOBILIS
CAMOMILLE ROMAINE

Astéracées/Composées

17 Eur SW, Af NW
Eur, AmN

La camomille préfère les sols secs et sablonneux, riches en silice. La variété sauvage porte des fleurs simples. Cultivée, ses fleurs deviennent doubles. Un petit rhizome produit de nombreux rejets. Les tiges sont droites, ramifiées et fleuries. Les feuilles finement divisées sont d'un vert pâle. Les fleurs sont nombreuses, les capitules se composent de toutes petites fleurs blanches ou teintées de jaune, entourant un cône central. La plante peut atteindre 30 à 40 cm. Elle dégage une odeur forte, aromatique et agréable. L'huile volatile concentrée dans les fleurs a des propriétés médicinales semblables à celle de la petite camomille ou camomille d'Allemagne (Matrica ria Chamomilla).

ANTHOXANTHUM ODORATUM
FLOUVE ODORANTE
Graminacées
18 Eur C+N, Asie N
Régions tempérées

Ce type d'herbe odorante recouvre plusieurs espèces. Elles contiennent toutes de la coumarine, substance qui ne se développe qu'au séchage (comme dans le cas de l'aspérule odorante) donnant au foin son odeur caractéristique. Mélangées au fourrage des animaux, elles stimulent leur digestion. Les tiges, hautes de 25 à 40 cm, portent des feuilles courtes et étroites, engainantes. L'inflorescence terminale, pointue comme un épi de maïs, est d'un brun verdâtre. Les fleurs latérales sont stériles et portent une petite barbe. La flouve odorante est représentative des espèces formant les Flores graminis (le foin). En Europe, on a souvent utilisé des bains et des compresses de foin pour soigner les rhumatismes et stimuler la circulation.

ANTHYLLIS VULNERARIA
ANTHYLLIDE VULNÉRAIRE
Fabacées/Papilionacées
19 Eur Af N, As W
Am N

Très commune sur les sols secs et crayeux, dans les prés et les terrains vagues, cette plante pousse jusqu'à 2 200 m d'altitude. La racine porte des tiges rougeâtres longues de 10 à 30 cm. Les feuilles de la base sont indivises et d'un beau vert, sur la tige elles deviennent pennées. L'inflorescence terminale comprend 5 à 8 fleurs d'un jaune vif, ressemblant aux fleurs de pois. Elles sont très visitées par les bourdons et les abeilles. Le nom d'espèce vulneraria se rapporte au fréquent emploi de la plante en médecine populaire comme cicatrisant des blessures. On a trouvé récemment que le pigment des fleurs renfermait des flavonosides, principes actifs très intéressants au grand éventail thérapeutique, présents dans plusieurs espèces et dans différentes parties des plantes.

APOCYNUM CANNABINUM
APOCYNUM
Apocynacées
20 Am N

Ces plantes poussent dans les forêts tropicales. Dans les forêts plus septentrionales, elles sont tout de même représentées par la modeste pervenche (Vinca minor). Des fibres très solides et parfois un suc laiteux sont caractéristiques de cette famille. L'Apocynum cannabinum doit son nom de « Chanvre indien » à la nature très fibreuse de ses tiges. Il n'a en réalité rien à voir avec la famille du chanvre. On le trouve souvent dans les prairies, les forêts claires et le long des rivières sur tout le nord du continent américain. Chaque année, il donne naissance à des tiges minces, hautes de 1 m, portant des branches opposées. Les feuilles simples et pointues, longues de 10 cm, ont des nervures proéminentes. Les inflorescences terminales sont blanches et ressemblent un peu au lilas.

ARALIA RACEMOSA
ARALIA
Araliacées
21 E, Am N

Dans les régions du nord, les Araliacées ne sont représentées que par le lierre. Mais en Amérique et en Asie ce sont des arbustes et des buissons aux branches solides,Certaines espèces sont cultivées comme plantes d'intérieur. L'Aralia racemosa est une herbacée vivace à épais rhizome noueux. Ses tiges, en partie ligneuses, forment un buisson haut de 1m 20 à 1m 50. Ses grandes feuilles, cordées à la base, sont épaisses et vert foncé. Ses fleurs d'un blanc verdâtre se groupent en grappe. Les fruits sont des baies rouges ou violettes. Les principes actifs de la plante (des saponines principalement) sont surtout concentrés dans son rhizome charnu, épais de 3 à 5 cm, dont le tissu spongieux contient un jus jaune et laiteux, qui lui confère son odeur et son goût aromatiques.

ARCTIUM LAPPA
BARDANE COMMUNE

Astéracées/Composées

22 Eur, Asie N W
Régions tempérées

La première année, la racine qui peut atteindre 1 m de long, ne produit qu'une rosette de feuilles. L'année suivante, apparaissent de solides tiges herbacées, velues et cannelées, hautes de 1 m50. Les feuilles alternes, largement ovales, ont des extrémités piquantes. Leur surface supérieure est verte en dessous, elles sont couvertes d'un épais duvet. Les inflorescences comprennent des petites fleurs tubulaires d'un rouge violacé, se divisant en 5 lobes. Elles sont entourées de bractées vertes et crochues, généralement plus longues que les fleurs. Cette plante affectionne les sols lourds et riches en azote. On la trouve surtout dans les prairies alpines, les prés, les clairières, et le long des chemins. Ses vertus médicinales sont concentrées dans sa racine qui a des propriétés antiseptiques.

ARCTOSTAPHYLOS UVA-URSI
BUSSEROLE OFFICINALE, RAISIN D'OURS

23 Ericacées
Eur, Asie N, Am N

Il est vrai que les ours adorent ces baies et c'est sans doute pourquoi les Grecs leur ont donné ce nom. Cet arbrisseau de la famille des bruyères aime les sols riches en humus, on le trouve souvent couvrant de grandes surfaces dans les forêts de conifères jusqu'à 3 000 mètres d'altitude. Ses branches courtes et rampantes portent de petites feuilles ovales, coriaces, vert foncé. Les petites fleurs en clochette, d'un blanc rosé, apparaissent au printemps. Les baies rouges mûrissent à l'automne : acides et astringentes elles n'ont pas très bon goût, convenant plutôt aux oiseaux et aux ours. Ses feuilles ont des propriétés intéressantes, elles désinfectent les voies urinaires. Les canneberges ressemblent beaucoup au raisin de l'ours, mais leurs tiges sont dressées et elles portent des petits points blancs sur la face inférieure des feuilles.
Il existe, sur le versant pacifique des Etats-Unis, plus de 100 espèces de raisin de l'ours. La busserole alpine, espèce arctique que l'on retrouve au-dessus de 2 000 m, a des feuilles fines et non coriaces. Dentées et peu velues, elles deviennent d'un rouge vif avant de tomber en automne. Les diverses espèces de busserole forment souvent de grands tapis sur les landes du nord. Contribuant à la formation d'humus, elles créent des conditions favorables au développement d'autres végétaux.

ARECA CATECHU
AREQUIER

Arécacées

24 Asie S

Ce très joli palmier, au stipe mince et droit, épais de 50 cm, mesure entre 15 et 25 m de hauteur. Il porte un bouquet de grandes palmes longues de 1 m 50 comprenant plusieurs côtes de 30 à 60 cm. Une gaine renflée se trouve à la base des palmes, juste au-dessous partent les branches portant les inflorescences. Les fleurs mâles, parfumées, sont groupées sur la partie supérieure et les fleurs femelles se trouvent en dessous, comme formant la base du cylindre. L'ovaire se développe en un fruit ovale, jaune-orange long de 5 cm. Les graines de 3 cm sont hémisphériques ou largement coniques. Depuis l'Antiquité, les peuples malais chiquent ces graines. Leurs principes actifs (des alcaloïdes) activent les sécrétions salivaires, intestinales et sudoripares. Vermifuges, ils sont souvent employés en médecine vétérinaire.

ARISTOLOCHIA CLEMA
ARISTOLOCHE COMMUNE

Aristolochiacées

25 Eur C+S, Asie SW
AmN

L'aristoloche (du Grec « qui aide à la naissance ») fut une des plantes médicinales des femmes de l'antiquité. La phytothérapie moderne l'a tirée de l'oubli dans lequel elle était tombée. On la trouve couramment dans les vignobles, le long des haies et en bordure des champs. Sa tige souterraine, longue et rampante, porte des tiges droites, hautes de 30 à 70 cm, d'un vert pâle, aux feuilles profondément cordées, à l'aisselle desquelles apparaissent les inflorescences composées de fleurs jaunes et tubulaires. Les insectes, en particulier les mouches, assurent la pollinisation en pénétrant dans le tube floral où ils restent emprisonnés par de longs poils recourbés vers la base, ne parvenant à se libérer qu'une fois le pollen répandu. Les principes actifs de l'aristoloche ne sont utilisables qu'en préparations pharmaceutiques.

ARMORACIA RUSTICANA
GRAND RAIFORT

Brassicacées/Crucifères

26 Eur, E
Régions tempérées

Le raifort, au goût piquant et moutardé, est très apprécié comme condiment dans les pays du nord. Ses propriétés thérapeutiques sont moins bien connues. Sa racine, longue de 50 cm fait de nombreux rejets. Les feuilles de la base, d'un beau vert foncé, pointues et dentées, peuvent atteindre 1 m de long. Sur les tiges, les feuilles sont beaucoup plus petites et étroites. Les inflorescences terminales forment des épis de fleurs blanches. Immédiatement après ces dernières se développent de petites gousses, caractéristiques de la famille de la moutarde. La racine fraîche est utilisée en phytothérapie et les feuilles rentrent dans certaines préparations pharmaceutiques.

ARNICA MONTANA
ARNICA

Astéracées/Composées

27 Eur

L'arnica, apprécié du monde entier, est une des plus belles plantes de la montagne. Elle affectionne les sols acides et tourbeux, tout comme les pâturages alpins n'ayant subi aucun apport d'engrais. Son long rhizome produit tout d'abord une rosette de feuilles d'un vert jaune, ovales et velues. L'année suivante, apparaissent des tiges florales hautes de 60 cm, légèrement velues et portant de 1 à 3 paires de feuilles oblongues et posées. Chaque tige présente à son extrémité une seule fleur composée dont les petites ligules recourbées vers l'arrière entourent un calice vert bien en évidence. Toute la plante dégage une agréable odeur aromatique. Son huile essentielle ainsi que les pigments des fleurs ont de nombreuses propriétés médicinales. Goethe, dit-on, prenait des gouttes d'arnica pour soigner sa maladie de cœur. Des préparations à base d'extrait de cette plante sont courantes en Europe où on les utilise comme stimulant cardiaque et circulatoire. Bien d'autres végétaux à fleurs jaunes, composées, aux pétales en rayon (ligule comme les marguerites, partagent le même habitat (entre autres l'épervière, le pissenlit, le doronic et plusieurs Jacobées mais on reconnaît facilement l'arnica à ses feuilles opposées et aux ligules de la fleur, toujours irrégulièrement recourbées vers l'arrière. Tous les autres membres de cette famille portent des feuilles alternes.

ARTEMISIA ABSINTHIUM
ABSINTHE

Astéracées/Composées

28 C+S Eur, Af N, Asie C
Régions tempérées

Les Grecs anciens avaient dédié cette plante médicinale à Artémis, déesse de la fécondité.
C'est une herbe très amère à la racine vivace et ligneuse. A l'état sauvage elle ne se plaît que sur des coteaux ensoleillés et des pentes rocheuses. Formant un buisson haut de 1 m environ, elle porte des feuilles très découpées, aux extrémités pointues. D'un beau gris vert et très finement velue, cette plante a des petites fleurs jaunes et hémisphériques au calice gris vert, groupées à l'extrémité des branches. On la trouve jusqu'à 2 000 m, mais d'autres membres de la même famille se rencontrent à des altitudes supérieures. Tous ces végétaux renferment des amers très forts, mais aussi hélas de la thujone, substance qui peut altérer la fonction cérébrale. Il ne faut donc boire des infusions d'absinthe qu'en toutes petites quantités et peu souvent.

ARTEMISIA VULGARIS
ARMOISE COMMUNE

Astéracées/Composées

29 Eur, Af N, Asie
Régions tempérées

Proche parente de l'absinthe, l'armoise est une plante vivace qui forme des buissons très courants le long des chemins, sur les terrains vagues, les déblais et le bord des rivières. Ses fortes tiges cannelées, rougeâtres, portent des feuilles très découpées, vert foncé, moins velues que celles de l'absinthe. L'Artemisia abrotanum, plus petite, est cultivée dans les régions méditerranéennes et en Asie mineure pour ses amers très aromatiques. L'Artemisia mutellina se plaît en altitude et l'Artemisia maritima comme son nom l'indique, peuple les bords de mer. Les fleurs de l'Artemisia cina qui contiennent de la santonine étaient très appréciées comme vermifuge. D'autres membres de cette famille contiennent également de la santonine.

ASARUM EUROPAEUM
ASARET

Aristolochiacées

30 Eur, Asie W

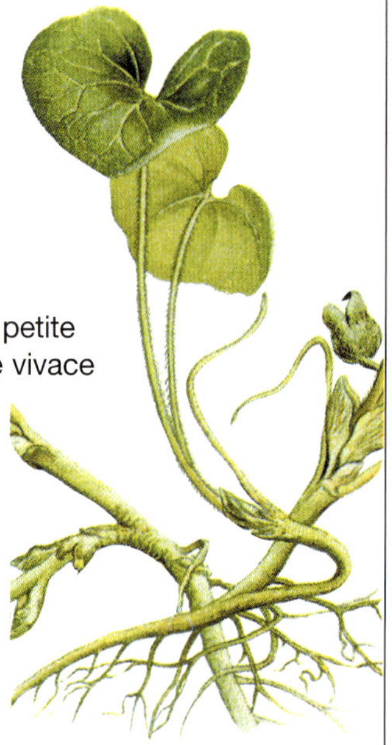

Cette petite plante vivace haute de 15 cm forme de grands tapis dans les forêts feuillues riches en humus. Elle se plaît aussi le long des haies et dans les buissons. Son rhizome très divisé, se développe dans un sol mou, et porte de nombreuses petites racines. La tige florale, courte et rampante, est garnie de deux feuilles épaisses en forme de rognon, d'un beau vert foncé qui, comme leur pétiole, sont légèrement velues. Les jeunes tiges arborent de modestes petites fleurs en clochette à trois lobes, refuge très apprécié des insectes. L'asaret a une odeur et un goût poivrés. Le rhizome et les feuilles renferment une huile essentielle et d'autres substances d'intérêt médicinal. On l'emploie encore très souvent comme purgatif pour animaux.

ASCLEPIAS TUBEROSA
ASCLEPIADE

Asclépiadacées

31 Am N

Le genre Asclépias comprend de nombreuses espèces, toutes des plantes au suc laiteux dont les graines portent des petites touffes de poils soyeux. C'est pour cette raison qu'aux Etats-Unis, l'A. syriaqua reçut le nom de « pinceau des Indiens ». En Europe, on en cultive certaines espèces comme plantes ornementales. La tige droite, haute de 1 m de l'A. tuberosa porte des feuilles étroites, lancéolées, longues de 10 à 20 cm, disposées en spirale. La tige se ramifie vers le sommet et l'inflorescence terminale comporte de nombreuses fleurs à 5 lobes, le plus souvent orange, mais parfois aussi rouges ou jaunes. Les sépales se recourbent vers le bas. Le fruit velu et allongé se présente comme une sorte de gousse pleine de graines aux touffes de poils soyeux. Les principes actifs ressemblent à ceux de la digitale.

ATROPA BELLADONNA
BELLADONE
Solanacées

32 Eur. Af N, Asie
Am N

Une mystérieuse atmosphère entoure cette plante des forêts feuillues et des clairières. Atropos, dans la mythologie grecque, était la Parque qui coupait le fil de la vie. Belladonna par contre se rapporte plutôt aux jolies femmes de la Renaissance qui utilisaient le jus de ses baies pour faire davantage briller leurs yeux. Cette plante vivace à l'épaisse racine mesure entre 50 cm et 1 m 50. Sa tige, grossièrement angulaire et ramifiée, est velue sur sa partie supérieure. Les grandes feuilles oblongues, vert foncé sur le dessus, plus pâles en dessous, se présentent par paires. Les fleurs axillaires, en clochettes, longues d'environ 2 cm sont d'un brun pourpré un peu passé. A la fin de l'été apparaissent des baies de la taille d'une cerise. Vertes au début, elles deviennent noires et brillantes à maturité et renferment de nombreuses graines ainsi qu'un jus noir pourpré. Toute la plante est extrêmement toxique, mais d'une très grande valeur thérapeutique. Les principes actifs concentrés dans les feuilles et la racine entrent dans la préparation de nombreux produits pharmaceutiques. Les empoisonnements par les baies de belladone sont encore très fréquents, il faut expressément signaler ce danger aux enfants. En cas d'intoxication, faire immédiatement vomir le malade avant de lui administrer du charbon.

AVENA SATIVA
AVOINE
Graminacées

33 Régions tempérées

L'avoine est une des grandes plantes alimentaires. Les végétaux cultivés pour la consommation ont souvent des propriétés médicinales, ainsi les fleurs et la paille de cette graminée ont des qualités thérapeutiques certaines. L'avoine diffère du blé et du seigle dans la manière de porter ses fruits, ses grains sont plus riches en lipides. La paille d'avoine s'emploie en médecine et les homéopathes utilisent une teinture de ses fleurs fraîches. Le porridge est un aliment très répandu et très digeste convenant particulièrement aux convalescents. Longtemps, les Ecossais en firent leur aliment de base. En usage externe, on l'emploie en pâte pour nettoyer la peau tandis qu'en parfumerie elle entre dans bien des préparations cosmétiques.

BAROSMA BETULINA
BUCHU
Butacées

34 Af S
Am S

Cet arbuste de 2 m de haut porte des feuilles ovales, plus larges en haut qu'en bas, pratiquement sans pétiole, longues d'environ 2 cm et ressemblant un peu aux feuilles de bouleau. D'un vert bleuté pouvant aller jusqu'au vert-jaune, elles sont coriaces, brillantes et pourvues de petites glandes contenant une huile essentielle. Leurs bords sont souvent recourbés en arrière. Les fleurs axillaires blanches, à 5 pétales, ont une odeur douce très prononcée. Le fruit est une capsule à 5 compartiments. Toute la plante dégage une odeur rappelant à la fois le romarin et la menthe poivrée. Très cultivée en Afrique du Sud, elle a des propriétés diurétiques lorsqu'elle est prise à petites doses. On l'utilise souvent en teinture ou en infusion. On commence à s'intéresser à ses principes actifs.

BERBERIS VULGARIS
ÉPINE-VINETTE
Berbéridacées
35 Eur C+S
N-Am N

On détruit souvent cet arbuste épineux, haut parfois de 2 m, car il peut être l'hôte intermédiaire d'un champignon très dangereux, parasite du blé. Il forme des buissons très denses, courants le long des haies et des bois, dans les terrains vagues et les clairières. Sa racine porte une écorce jaune vif. Les branches longues et minces arborent des épines à trois pointes, très dures, qui sont en réalité une sorte de feuille atrophiée. Juste au-dessus de ces épines partent de courtes tiges aux petites feuilles vert pâle. Les grappes de fleurs jaune dorée dégagent un parfum fort assez peu agréable. Les petites baies allongées sont rouge vif et très acides. Les feuilles rougissent à l'automne. La plante contient de nombreux principes actifs concentrés dans les baies (également riches en vitamine C) et dans l'écorce de la racine.

BETULA PENDULA
BOULEAU BLANC
Bétulacées
36 Eur, Asie W
N-Am N

Ce bel arbre au feuillage vert pâle peut atteindre 30 m de haut. Il se plaît tout autant sur des terrains secs ou humides et jusqu'à 2 000 m. Ses feuilles triangulaires ou rhomboïdes sont dentées. Le vent transporte la très fine poussière de pollen émise par les châtons mâles pendants jusqu'aux châtons femelles dressés. Les bouleaux absorbent et emmagasinent beaucoup d'eau. Au printemps, on en récolte la sève en pratiquant des trous dans le tronc ou les branches à partir desquels le liquide s'écoule par un tube. Cette sève a des propriétés médicinales, tout comme les feuilles, l'écorce et le bois. Cet arbre est souvent cultivé pour ses qualités ornementales. L'élixir de bouleau, fait avec la sève, est un cordial de printemps très apprécié en médecine populaire.

BRASSICA NIGRA
MOUTARDE NOIRE
Brassicacées/Crucifères
37 Eur S, Af N, Asie W
Régions tempérées

La première plante à faire son apparition sur les jeunes jachères est la moutarde des champs (Brassica aivensis) proche parente de la moutarde noire. Cette annuelle à la tige feuillue et ramifiée peut atteindre 1 m de haut. Les feuilles de la base sont lobées, en forme de lyre, les plus hautes sont étroites et petites. Les fleurs jaunes aux pétales bien écartés forment des corymbes assez aérés à l'extrémité des tiges. Les fruits sont de petites gousses vertes, dressées, très rapprochées. Elles contiennent de 4 à 9 graines rondes et noires dont on tire l'huile de moutarde. La moutarde noire tout comme la blanche est un des condiments les plus courants. Elle possède aussi des vertus médicinales. Etant très irritante pour la peau et les muqueuses, il faut l'utiliser avec précaution afin d'éviter de sérieuses inflammations. L'huile en concentrée est toxique.

BRASSICA OLERACEA
CHOU POTAGER
Brassicacées,Crucifères
38 Eur W+C
Régions tempérées

Dans l'Antiquité, les Grecs et les Romains considéraient toutes les variétés de chou à la fois comme aliment et comme plante médicinale. La médecine populaire a beaucoup usé de leurs feuilles pour soigner toutes sortes de maux, entre autres l'indigestion. Ce légume poussant près du sol, à la racine ronde et fibreuse, présente une tête bien pommée. Ses feuilles charnues et nervurées, aux fortes côtes, sont imbriquées les unes dans les autres. Les nombreuses variétés cultivées, que ce soient les choux-fleurs, les choux de Bruxelles, ou les choux verts, révèlent leur proche parenté à la floraison. Le jus de la plupart des crucifères contient du soufre mais aussi de l'iode.

BRYONIA DIOICA
BRYONE DIOIQUE

Cucurbitacées

39 Eur S+W, Af N E

Sa racine peut devenir aussi grosse qu'une betterave à sucre. Au printemps, apparaissent de petites pousses vert tendre qui s'accrochent aux tiges et aux branches par des vrilles. Les feuilles, comme les feuilles de vigne, ont un peu la forme d'une main. Les petites fleurs peu apparentes poussent le long de la tige, mâles et femelles sont portés par des plants différents. Elles se reconnaissent à leur couleur, les femelles étant jaunes et les mâles vert pâle. Des baies très toxiques, d'un rouge vif, se développent à l'automne. La racine renferme des principes actifs rentrant dans des préparations pharmaceutiques destinées à soigner la goutte, les rhumatismes et la fièvre. Ce végétal étant extrêmement toxique, il ne doit être administré qu'en dilution homéopathique.

CALENDULA OFFICINALIS
SOUCI COMMUN

Astéracées/Composées

40 Eur S, Af N, Asie W *Régions tempérées*

Cette plante s'échappe des jardins et redevient sauvage, poussant là où elle trouve un sol un peu friable. C'est une annuelle aux tiges herbacées et ramifiées, hautes de 30 à 60 cm. Les feuilles de la base sont spatulées, velues et d'un vert profond. Plus haut sur la tige elles deviennent plus petites et étroites. Les belles inflorescences terminales reposent sur un réceptacle vert et bien développé. Pendant longtemps, les petites ligules du souci (« pétales ») ne s'employaient que pour améliorer le goût et l'aspect des infusions composées. Récemment, on a découvert que le pigment des fleurs possède des propriétés médicinales : il favoriserait la cicatrisation des tissus cutanés et stimulerait les sécrétions de certains organes.

CAPSELLA BURSA-PASTORIS
BOURSE-A-PASTEUR

Brassicacées/Crucifères

41 Eur, Af N, Asie W *Régions tempérées*

Son nom provient des petites bourses plates renfermant les graines qui ressemblent beaucoup aux sacs que portaient autrefois les bergers. Cette herbe pousse sur tous les terrains vagues, entre les pierres des talus de chemin de fer et sur le bord des ruisseaux. A partir de sa racine pivotante apparaît tout d'abord une rosette de feuilles un peu comme celle du pissenlit. Sa tige, gainée de petites feuilles étroites, se termine par un bouquet de petites fleurs blanches qui se développent et s'épanouissent progressivement vers le sommet, jusqu'en automne, en même temps que se forment les fruits (« bourses »). Cette plante pratiquement indestructible renferme des principes actifs fort utiles. Ils exercent une action semblable à celle de l'ergot de seigle, cependant beaucoup moins prononcé. A utiliser en préparation pharmaceutique plutôt qu'en infusion.

CAPSICUM ANNUUM
PIMENT

Solanacées

42 Am C *Régions tropicales, chaudes et tempérées*

La famille de la belladone comprend d'autres plantes toxiques comme la jusquiame et de nombreux végétaux alimentaires comme la pomme de terre dont les feuilles et les tiges sont toxiques, la tomate ou le poivron. Les piments sont des petits arbustes vivaces et hérissés, hauts d'environ 1 m. Les très belles feuilles d'un vert profond sont ovales et dentées. Les fruits forment des gousses rouges, gonflées, longues de 6 à 10 cm, portant sur leur paroi intérieure de nombreuses petites graines. Les Capsicum annuum sont employés en pharmacie mais on leur préfère souvent les petits fruits du Capsicum frutescens, plus forts et plus riches en principes actifs.

CAREX ARENARIA
LAÎCHE DES SABLES
Cypéracées

43 Eur N+W, E-Am N

Les laîches ont un rhizome noduleux, brun foncé, très divisé. Les feuilles de base deviennent complètement fibreuses. Les tiges droites, à 3 angles, hautes de 20 à 50 cm, sont gainées à leur base par des feuilles brunes. Celles du haut sont longues, larges de 2 à 4 mm, toujours engainantes et striées. A la face inférieure, la nervure centrale et les bords sont rugueux. L'épi floral long de 3 à 6 cm s'incline légèrement vers le sol. Il porte 4 à 16 fleurs mâles et femelles. Les feuilles et les fleurs dégagent un léger parfum aromatique. Les principes actifs concentrés dans le rhizome ont été utilisés en Allemagne pour remplacer la salsepareille.

CARICA PAPAYA
PAPAYE
Caricacées

44 C+N Am S, Am C
Régions tropicales

Le papayer, d'une croissance très rapide meurt au bout de 3 ou 4 ans. Il porte une couronne de larges feuilles à long pétiole, ayant un peu la forme d'une main ouverte. Les fleurs mâles et femelles poussent sur des pieds différents (dioiques). Les mâles forment des grappes à l'aisselle des feuilles et les femelles, axillaires également, se présentent par groupes de 2 ou 3. Elles comportent 5 pétales d'un blanc crème, les ovaires renferment de nombreux ovules. Les fruits sont de très grosses baies charnues aux angles saillants, ressemblant assez à des melons. La chair juteuse, d'un jaune rouge est aromatique et sucrée. Elle renferme de nombreuses petites graines noires et brillantes. Toute la plante contient un suc laiteux. Dans les fruits, les graines et les feuilles on a découvert une série d'enzymes très intéressantes.

CARLINA ACAULIS
CARLIN E ACAULE
Astéracées/Composées

45 Eur C

Plante sans tige, la carline pousse sur les collines pierreuses et dans les forêts claires jusqu'à 2000 m. Elle étale au ras du sol une rosette de feuilles profondément découpées, aux lobes anguleux se terminant par des piquants. C'est un vrai chardon ! Des bractées parcheminées forment un disque blanc argenté pouvant avoir jusqu'à 12 cm de diamètre, qui entoure la fleur proprement dite formée de petites fleurs tubulaires très serrées, jaunes ou rougeâtres. Ce disque floral ne s'ouvre que lorsqu'il fait soleil et peut servir de baromètre. Comme les carlines ne se fanent pas, on les utilise pour des compositions florales en même temps que les immortelles. Les principes actifs sont concentrés dans la racine. Cette plante, maintenant protégée dans plusieurs pays, n'est plus guère utilisée.

CARUM CARVI
CARVI OFFICINAL
Apiacées/Ombellifères
46 Eur C, Asie C+N+W
Am N

Pour que le carvi prospère, il lui faut du soleil, de la lumière et de la chaleur, Il en a tout particulièrement besoin pour développer son huile essentielle. A l'état sauvage on le trouve sur tous les sols incultes jusqu'à 2 000 m. Dans plusieurs pays il est cultivé pour ses graines. La première année, une rosette de feuilles apparaît au ras du sol. L'année suivante sortent des tiges cannelées, vert pâle, ne portant que quelques feuilles petites et très finement découpées. Chaque tige se termine par une ombelle de toutes petites fleurs blanches. En mûrissant les fruits se séparent en deux parties légèrement incurvées, les graines contiennent une huile essentielle aux propriétés réchauffantes. Les feuilles froissées émettent une odeur caractéristique grâce à laquelle on reconnaît facilement cette plante.

CASSIA ANGUSTIFOLIA
SÉNÉ
Caesalpinacées/Légumineuses
47 Régions tropicales

Le genre Cassia recouvre plus de 400 espèces sub-tropicales. Les Cassia angustifolia et Cassia senna donnent les feuilles et gousses de séné. La Cassia fistula ou casse, est employée comme purgatif et la chair de sa gousse a des propriétés laxatives.
Le C. angustifolia est un arbuste de 60 cm à 3 m de haut selon les variétés. Ses tiges ligneuses à la base se ramifient vers leur extrémité. Les feuilles pennées portent des folioles étroits et lancéolés, coriaces, longs de 5 à 6 cm et larges de 2 cm, rangés de chaque côté d'une tige principale cannelée, Cette dernière porte en son extrémité une inflorescence jaune. Les gousses plates et parcheminées sont longues de 3 à 5 cm.

CASTANEA SATIVA
CHATAIGNIER
Fagacées
48 Eur SE, Asie SW
Eur S

Les châtaigniers forment des bois, souvent mêlés de chênes. Cet arbre majestueux peut atteindre 35 m de hauteur. Les feuilles, grandes et fermes, longues de 10 à 20 cm, aux nervures apparentes et aux bords dentés, sont ovales à la base et pointues à leur extrémité. Les fleurs mâles forment des châtons dressés d'environ 20 cm. Les fleurs femelles se présentent en groupes de 2 à 7, à la base des châtons, à l'aisselle des feuilles. Les châtaignes sont enfermées par 2 ou 3 dans une sorte de coupe entièrement recouverte de piquants. Verte au début, elle brunit, pour s'ouvrir en quatre à maturité.

CEANOTHUS AMERICANUS
CEANOTHUS
Rhamnacées
49 Am N

Il existe plusieurs variétés de ce « lilas de Californie » appelé aussi « Boule de Neige » et que l'on cultive en Europe comme plante ornementale.

Des branches d'un brun rougeâtre ou verdâtre, tout d'abord velues puis glabres, forment un arbuste d'environ 1 m. Les feuilles alternes, oblongues, dentées, au court pétiole, sont vert pâle et glabres sur le dessus tandis que les nervures et la face inférieure sont duvetées. Des groupes de petites fleurs blanches apparaissent à l'aisselle des feuilles supérieures. Les Indiens d'Amérique du Nord utilisaient l'écorce de la racine pour soigner les maladies des muqueuses et les fièvres. Lors de la guerre d'Indépendance aux Etats-Unis, on s'en servit pour faire des infusions destinées à remplacer le thé, d'où son nom « Thé du New Jersey ». La plante contient des principes actifs (tannins, sapoines, alcaloïdes).

CENTAURIUM UMBELLATUM
PETITE CENTAURÉE
Gentianacées

50 Eur, Af N, Asie
Am N

Cette petite annuelle ou bi-annuelle était très estimée à Rome et dans l'Europe médiévale. Son nom vient de Chiron le Centaure, que l'on disait grand thérapeute. Sa racine de couleur claire produit tout d'abord une rosette de feuilles ovales. Plus tard apparaissent des tiges carrées portant des paires alternes de feuilles opposées, lancéolées, bien nervurées. Elles se terminent par des ombelles de petites fleurs roses, tubulaires dont les 5 pétales s'étalent largement sur le sommet. La pollinisation se fait uniquement le matin et par l'intermédiaire des insectes. Les graines sont transportées par le vent. Les amers caractéristiques de la famille des gentianes présents dans toute la plante sont un des meilleurs remèdes pour les estomacs surchargés. La centaurée a sur l'absinthe l'avantage de ne comporter aucune substance toxique.

CEPHALIS IPECACUANA
IPECACUANA
Rubiacées

51 Am S
Asie SE, S-Am N

L'ipécacuana que l'on utilise couramment comme vomitif est un petit arbuste de 30 à 50 cm poussant dans les forêts tropicales humides de l'Amérique du Sud. Ses tiges portent entre 2 et 6 paires de feuilles ovales au court pétiole. Les fleurs blanches à 5 pétales sont entourées de bractées ressemblant un peu à des feuilles. L'ovaire se développe pour devenir un fruit charnu de la taille d'un petit pois. Lors de la récolte, on déterre l'arbuste pour ramasser les racines les plus épaisses puis on le replante, assurant ainsi la préservation de l'espèce (culture sauvage). Cette plante est aujourd'hui cultivée en Malaisie. Ses principes actifs rentrent dans la composition de sirops et mélanges pour la toux. Le plus important, l'émétine, est toujours le remède classique pour soigner la dysenterie amibienne.

CETRARIA ISLANDICA
LICHEN D'ISLANDE
Parméliacées

52 Eur C+N, Asie N, Am N

Ce lichen est formé d'algues et de champignons vivant en symbiose. Il pousse parmi les mousses et les herbes des forêts humides de conifères de montagne. Son thalle forme comme un petit buisson, très profondément divisé et lisse. Ses bords sont raides et largement frangés. Les extrémités arrondies portent des écailles brunâtres et des petites verrues. Il est vert olive ou gris vert sur le dessus et plus clair ou blanchâtre en dessous. En se fanant, le thalle devient brun rouille. Cette plante riche en hydrates de carbone représente une réserve alimentaire pour les animaux de pays nordiques. Des recherches récentes ont montré qu'elle contenait des vitamines et des antibiotiques ainsi que 70 % de mucilage, ce qui explique son action calmante sur les maux de gorge.

CHELIDONIUM MAJUS
CHÉLIDOINE
Papavéracées

53 Eur, Af N, Asie
Am N

La grande chélidoine est connue en médecine populaire pour le suc laiteux et toxique qui se trouve dans ses tiges florales et souterraines. Ce jus d'un orange vif fait disparaître les verrues mais il peut aussi provoquer des ulcérations, Cette plante peu exigeante pousse dans les terrains vagues, sur les murs, dans les pierres et à l'ombre des buissons. Elle produit des fleurs et des fruits régulièrement et sans interruption de mai à octobre. Son rhizome épais comme le doigt a une chair rouge-jaune. Les tiges dressées et creuses, de 40 à 60 cm, portent des nœuds et des poils raides. Les feuilles de la rosette comme celles des tiges sont régulièrement pennées et comportent 2, 3 ou 4 paires de folioles aux lobes arrondis, d'un beau vert pâle sur le dessus et gris vert en dessous. Les fleurs jaune vif ont quatre pétales, elles se groupent en petits bouquets de 2 à 6 fleurs chacun. Des gousses vertes, longues de 5 cm, renferment de petites graines noires qui sont disséminées par les fourmis. Toute la plante est toxique

CHIONANTHUS VIRGINICUS
CHIONANTHUS
Oléacées
54 Am N
Eur

Le chionanthus, originaire d'Amérique du nord, aime les bords de rivière et les taillis humides. Comme arbuste il peut atteindre 3 m, mais il devient parfois un arbre haut de 10 m. Son tronc, d'une vingtaine de centimètres de diamètre, porte une écorce gris brun. Les branches vert foncé sont légèrement velues. Les feuilles longues de 10 à 20 cm sont ovales, vert foncé et brillantes sur le dessus, plus claires en dessous et velues quand elles sont jeunes. Les bourgeons qui se développent sur les branches de l'année précédente deviennent de longues tiges florales portant des épis de fleurs blanches à 4 pétales étroits, longs de 3 cm. Les fruits bleu foncé, ovales, mûrissent à l'automne. L'écorce de la racine et celle des branches sont très utilisées en phytothérapie, particulièrement aux Etats-Unis.

CHONDRUS CRISPUS
MOUSSE D'IRLANDE
Gigartinacées
55 Eur N+W,E-Am N.

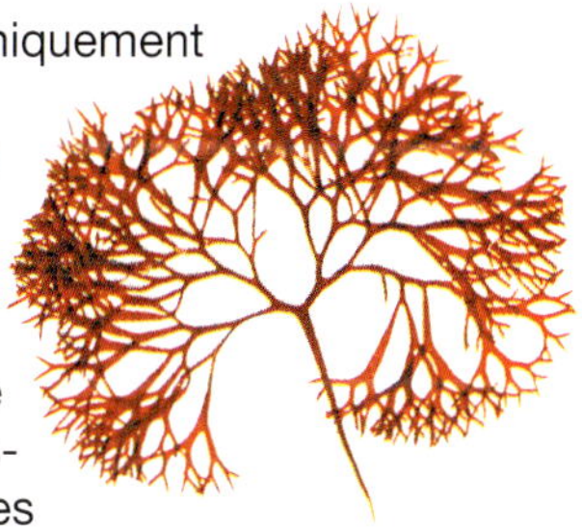

Botaniquement il ne s'agit pas d'une mousse. Les chondrus sont des algues rouges que l'on trouve sur la laisse de haute mer le long des côtes Atlantiques d'Europe et d'Amérique du Nord. Des petits organes appelés haptérons leur permettent de se fixer sur les rochers et les pierres. Le thalle (corps de la plante) se compose de branches cartilagineuses, divisées, longues de 15 à 20 cm, ayant la forme de rubans plats ou striés, larges ou étroits. Les cellules contiennent de la chlorophylle et un pigment qui leur donne leur couleur rouge, violette ou brune selon l'intensité de la lumière. A marée basse on ramasse ces algues gélatineuses avec des râteaux. Il arrive aussi qu'elles s'entassent sur les grèves après avoir été arrachées par la houle. On les lave plusieurs fois à l'eau douce puis on les fait blanchir au soleil ou avec des produits spéciaux.

CHRYSANTTHEMUM VULGARE
TANAISIE COMMUNE
Astéracées/Composées
56 Eur. Asie
Am N

Certains auteurs utilisent encore l'ancien nom botanique de cette plante Tanacetum vulgare. « Tanaisie » viendrait du Grec athanasia ou immortalité. Vivace et très rustique, elle a une forte racine divisée. Ses tiges angulaires hautes de 1 m portent des feuilles pennées aux nombreux folioles dentés ayant un peu l'aspect de plumes. Elles sont d'un très joli vert, légèrement velues et pourvues de petites glandes. La tige porte en son extrémité un bouquet de capitules jaunes et plats composés de petites fleurs tubulaires à la forte odeur de camphre. La tanaisie est toxique à hautes doses. Il arrive qu'on la cultive comme plante ornementale. Ses propriétés vermifuges sont contestées, et il est difficile d'obtenir un dosage correct. Il existe d'autres vermifuges plus sûrs et tout aussi efficaces.

CICHORIUM INTYBUS
CHICORÉE SAUVAGE

Astéracées/Composées

57 Eur, Af N W, Asie W

Régions tempérées

Pratiquement indestructible elle aime les sols secs et argileux, et on la retrouve parfois même parmi les pierres des chemins. La chicorée cultivée a une épaisse racine riche en hydrates de carbone. Les fortes tiges dressées portent des branches hérissées, creuses, contenant un suc laiteux. Les feuilles à plusieurs lobes, étroites, d'un vert pâle, gainent la tige et sont peu nombreuses. Toute la plante est légèrement velue. De courtes tiges axillaires portent des fleurs d'un bleu clair de 3 à 4 cm de diamètre, aux étamines violettes. Des espèces apparentées sont cultivées comme légumes et salades (endives, chicorée). Les racines grillées et moulues sont depuis très longtemps un succédané ou un additif du café.

CIMIFUGA RACEMOSA
CIMIFUGA

Renonculacées

58 E-Am N

C'est une plante vivace de 1.50 m à 2.50 m qui aime les bois secs ou humides, le bord des haies et les clairières. De son rhizome sortent de fortes tiges dressées, aux grandes feuilles de 70 cm composées de folioles palmés et très dentés, d'un beau vert foncé. A leur extrémité les tiges portent des épis de fleurs blanches à 4 pétales avec de nombreuses étamines proéminentes. Le fruit est une petite capsule ovale renfermant une multitude de petites graines plates et brunes. Le rhizome, utilisé en médecine, a des fibres d'un brun rouge et une écorce coriace. On le déterre après la maturation des fruits puis on le coupe en morceaux. Il renferme une grande quantité de résine et possède des propriétés amères et expectorantes. C'est un important remède homéopathique.

CINCHONA SUCCIRUBRA
QUINQUINA

Rubiacées

59 Am S, Af

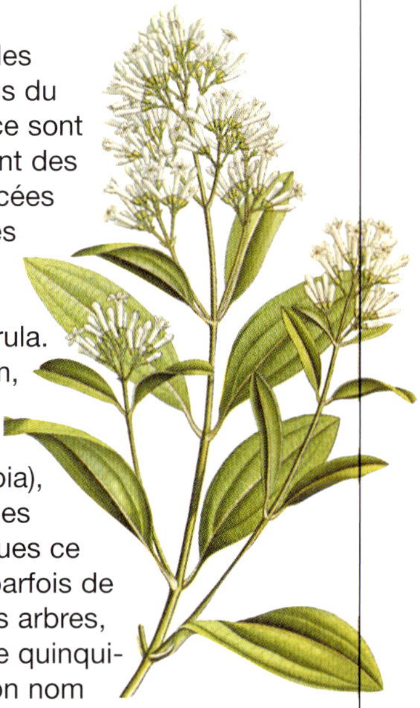

Dans les régions du nord ce sont souvent des herbacées vivaces (Aspérula. Galium, Rubia), dans les tropiques ce sont parfois de grands arbres, dont le quinquina. Son nom latin est sans doute dérivé du péruvien kina signifiant écorce. Ce grand remède introduit d'Outre-Mer a une longue histoire. Aujourd'hui il provient presque exclusivement de plantations indonésiennes, malaises ou africaines. Le contenu alcaloïde varie selon les espèces. Le tronc de l'arbre mesure entre 20 et 25 m de haut, son écorce est brun rouge et son feuillage magnifique. Les feuilles opposées, de 25 à 40 cm, larges et ovales, sont velues et souvent rouges sur le dessous. A l'aisselle des feuilles partent des tiges latérales portant des grappes de fleurs roses et tubulaires. Au moment de la récolte, on frappe sur l'écorce du tronc et des racines pour la détacher plus facilement.

CINNAMONUM ZEYLANICUM
CANNELLE
Lauracées
60 Asie S
Am S

Le cannelier est un arbre de 1 0 m de hauteur au feuillage persistant. Dans les plantations, les jeunes plants sont taillés au ras du sol de manière à faire une souche porteuse de nombreuses pousses sur lesquelles se fera la récolte de cannelle. Ces petites branches sont couvertes d'une écorce lisse et claire. Les grandes feuilles ovales et opposées, longues de 10 cm, sont pointues, coriaces, brillantes et vert foncé, un peu plus claires en dessous. Les nervures sont très apparentes. Les inf lorescences axillaires, longues et étroites sont formées de petites fleurs d'un blanc jaunâtre, toutes velues. Le fruit, petite baie brun rouge en forme de massue, longue de 1.5 cm, est retenu dans un calice en clochette. Toute la plante dégage une odeur d'aldéhyde cinnamique et d'eugénol. C'est l'intérieur de l'écorce que l'on utilise en médecine et comme épice.

CITRUS AURANTIUM
BIGARADIER, ORANGER
Rutacées
61 Asie S
Eur S, S-Am N, Am S

Le genre Citrus comprend plusieurs espèces et sous-espèces qui nous donnent les fruits comme les citrons, les oranges, les pamplemousses ou les mandarines. Leurs fleurs, feuilles, écorce et fruits renferment de nombreux principes actifs très utilisés en médecine. L'orange amère (Citrus aurentium) est particulièrement intéressante. Dans les plantations, on coupe la cime des arbres de manière à ce qu'ils ne dépassent pas 4 à 5 m. Les branches très nombreuses portent des épines et des pousses d'un vert pâle. Les feuilles persistantes, vert foncé, longues de 10 à 15 cm, d'un ovale pointu, portent de nombreuses glandes renfermant de l'huile essentielle. Elles sont rangées en spirale le long des branches et portent souvent deux « ailes » à la base du pétiole. Les fleurs bisexuées, d'un blanc pur, apparaissent à l'aisselle des feuilles ou inflorescences à l'extrémité des branches. Les 5 sépales qui forment d'abord un bouton très fermé, s'étalent lorsque la fleur s'épanouit pour révéler 5 pétales. L'écorce du fruit sphérique contient des petites glandes remplies d'huile essentielle. Au-dessous se trouve une couche de peau blanche ou jaunâtre qui recouvre la chair du fruit. Les feuilles renferment des amers aromatiques. L'huile et l'eau de fleurs d'oranger contiennent des composés très différents. Comme somnifère léger, on donne souvent aux enfants des infusions de fleurs d'oranger.

CLAVICEPS PURPUREA
ERGOT DE SEIGLE
Hypocréacées
62 Eur, Af N, Asie, Am N
Régions tempérées

L'ergot est un champignon parasite du seigle. Le vent transporte les spores vers la plante en fleur qui en deviendra l'hôte, ils produisent un mycélium sécrétant un fluide jaune désagréablement sucré qui attire les insectes. Lorsque le seigle pousse, les grains attaqués par le parasite s'atrophient, il s'y développe un sclérote noir pourpre, dur, formant une masse permanente de cellules compactes. Cette formation est à la base de certains médicaments de toute première importance. Si au moment de la moisson le sclérote tombe par terre, il germera au printemps pour produire de nouveaux spores. Autrefois, le seigle parasité par l'ergot provoquait des empoisonnements en masse (ergotisme, Feu de saint Antoine) bien que l'on connaisse depuis l'an 600 av. J-C. le danger de la consommation de cette céréale.

CNICUS BENEDICTUS
CHARDON BÉNI

Astéracées/Composées

63 Eur S, Af N, Asie SW
R. chaudes et tempérées

Cette plante herbacée originaire de la Méditerranée est cultivée dans les régions plus septentrionales pour ses propriétés médicinales. Son épaisse racine pivotante aime à s'enfoncer dans les sols incultes, ensoleillés et pierreux. Les feuilles formant la rosette sont étroites, lancéolées, vert foncé, dentées et très découpées, longues de 5 à 30 cm. Les tiges à 5 côtes, de 40 à 60 cm, portent des feuilles allongées et pointues. Feuilles et tiges sont velues. En haut des tiges, des fleurs composées, jaunes, sont partiellement entourées d'un calice épineux dont chaque bractée se termine en une côte pointue et recourbée vers le sol. Depuis longtemps ce chardon est connu pour stimuler l'appétit. La benoîte (Geum urbanum) partage avec lui la même réputation.

COCHLEARIA OFFICINALIS
HERBE A LA CUILLÈRE

Brassicacées/Crucifères

64 Eur C+N, Asie
NE-Am N

Cette plante pousse dans les sols riches en sel du bord de mer et le long des rivières. Une espèce alpine (C. pyrenaica) peuple les fossés et les marécages de montagne. Elle ressemble un peu au cresson de fontaine et partage avec ce dernier le même goût salé et légèrement acide. Près de la base du pied, les feuilles au long pétiole sont larges, en forme de cuillère (d'où son nom). Plus haut sur la tige, les feuilles engainantes sont vert pâle, oblongues, aux bords grossièrement dentés. Au bout des tiges, apparaissent des bouquets de petites fleurs blanches en croix (crucifères). Comme il est courant dans cette famille, des petites gousses de 1 à 2 cm renferment les graines. Autrefois cette plante servait à pallier le manque de vitamine C qui engendrait le scorbut. De nos jours elle est toujours aussi appréciée pour ses vitamines.

COFFEA ARABICA
CAFÉ

Rubiacées

65 Af E, Arabie
Régions tropicales

Dans les plantations, les petits arbres sont taillés de manière à ne pas dépasser 2.50 m de haut. Les branches portent d'épaisses feuilles coriaces, un peu comme celles du laurier, pouvant atteindre 20 cm. Oblongues, vert foncé et ondulées, elles ont des nervures bien apparentes. A l'aisselle des feuilles supérieures apparaissent des groupes luxuriants de 4 à 5 fleurs en forme d'étoile, d'un blanc très pur, au parfum rappelant celui du jasmin. Le fruit ressemble à une petite cerise un peu allongée de 1.5 cm de diamètre. D'abord verte, puis rouge, elle devient violet foncé à maturité. La pulpe renferme deux graines couvertes d'une peau dure comme du parchemin. Dans les grains non grillés, la caféine est liée à un acide organique, pour la libérer, il faut les brûler.

COLA ACUMINATA
COLA

Sterculiacées

66 Af C, Am S, Jamaïque

La noix de cola était connue pour sa haute teneur en caféine bien avant que les industriels de la limonade ne la « découvrent ». Les indigènes l'utilisaient depuis toujours comme stimulant. Cet arbre de 15 à 18 m de haut ressemble un peu au marronnier d'Inde. Ses feuilles, longues de 25 cm, sont simples ou trilobées, coriaces et d'un ovale pointu. Les fleurs bisexuées se groupent en inflorescences sur le tronc et les branches âgées. Le fruit est formé de 4 à 6 follicules en étoile, longs chacun de 15 cm et renfermant de 5 à 9 graines de forme irrégulière. Emprisonnées dans une enveloppe coriace et brune, elles se composent d'un embryon blanc et de ses cotylédons. D'un rouge brun, longues de 2 à 4 cm, larges de 3 cm, elles ont un côté convexe. Ce sont elles qui renferment les principes actifs.

COLCHICUM AUTUMNALE
COLCHIQUE D'AUTOMNE

Liliacées

67 Eur
C+N AmN

222

Les colchiques fleurissent en automne, formant de jolis tapis sur les prés humides des plaines et des montagnes. Un bulbe, enfoncé de 10 à 20 cm dans le sol, produit une tige florale sans feuilles, haute de 10 à 15 cm. Elle porte une fleur mauve pâle à six pointes dont la base forme un tube se prolongeant jusqu'au bulbe. L'ovaire passe l'hiver enfoui dans la terre et apparaît au printemps en même temps que les feuilles vertes aux nervures parallèles. La plante mesure alors de 25 à 40 cm. Le fruit forme une capsule qui s'ouvre au début de l'été. On peut alors ramasser les petites graines brunes qui sont transportées et disséminées par le vent ou les fourmis. Un nouveau bulbe se développe ensuite sous la terre, à l'extrémité inférieure de la tige. Le colchique est toxique et ne doit s'employer qu'en pré paration pharmaceutique.

CONVALLARIA MAIALIS
MUGUET

Liliacées

68 Eur, Asie
Am N

Durant l'été, sa tige rampante et souterraine s'allonge considérablement. Elle porte des bourgeons qui attendent le printemps pour apparaître à la surface du sol, s'ouvrir et donner naissance à deux longues feuilles, d'un vert profond. Puis apparaît la tige florale, sans feuilles, portant une longue inflorescence formée d'une seule rangée de 5 à 10 fleurs en forme de clochettes qui, à l'automne, se transforment en petites baies rouge vif. Le parfum des fleurs est délicat et délicieux, Toutes les parties de la plante sont toxiques et renferment des principes actifs très forts. Les extraits et teintures de Convallaria rentrent dans la composition de médicaments destinés à soigner les maladies de cœur.

CORYDALIS CAVA
CORYDALÉE BULBEUSE

Fumariacées

69 C+S Eur

Son tubercule creux (cava) aux fines radicelles, passe l'hiver dans le sol pour donner naissance au printemps à une tige portant deux feuilles alternes, vert vif sur le dessus et vert-bleu en dessous. Elles sont composées de folioles en groupes de trois, découpés et fragiles, se fanant rapidement. La plante fleurit tous les 3 ou 4 ans, en un bel épi terminal. Un des pétales rouge ou bleu violacé s'étire vers un fin éperon contenant le nectar. Chaque fleur est portée par une petite bractée ovale. De petites gousses vertes renferment de minuscules graines qui, une fois mûres, sont disséminées par le vent et les fourmis. La corydalle mesure entre 20 et 30 cm. Ses principes actifs sont utilisés en neurothérapie, d'après les recherches expérimentales, ils sembleraient plus efficaces que les composés chimiques isolés.

CRATAEGUS OXYACANTHA
AUBEPINE

Rosacées

70 Eur, Af NW, Asie W

Les anciens Grecs connaissaient bien l'aubépine, mais son usage médicinal tomba dans l'oubli pour n'être redécouvert qu'au 19e siècle par un médecin irlandais. Cet arbuste ou petit arbre épineux, haut parfois de 4 m, pousse en bordure des bois et des forêts. On l'a fréquemment planté pour faire des haies. Il disparaît au-dessus de 1 500 m. Ses branches très fournies portent des épines et des petites feuilles pétiolées, palmées, d'un vert frais et brillant. Les fleurs blanches apparaissent de mai à juin. Leurs 5 pétales s'étalent sur 1.5 cm et de nombreuses étamines rouges entourent 1 ou 2 styles (selon les espèces). Les fruits ronds ou ovales, d'un rouge vif, de 8 à 10 mm de diamètre, pendent en grappes. Les fleurs, les feuilles et les fruits contiennent des principes actifs souvent utilisés pour soigner les maladies de cœur.

CUCURBITA PEPO
COURGE, POTIRON

Cucurbitacées

71 Af C, Asie S
R. chaudes et tempérées

Les potirons aiment les sols riches et ils poussent particulièrement bien sur les tas de compost. Ils s'échappent souvent des cultures et on les retrouve l'année suivante se développant à l'état sauvage. La longue tige rampante peut faire plusieurs mètres, les tiges latérales portent des feuilles vertes, palmées et velues, aux nervures apparentes. Des vrilles permettent à la plante de s'accrocher à ce qui l'entoure. Les fleurs jaune vif, en étoile, ont un court pédoncule. Les ovaires se transforment en gros potirons jaunes à la chair épaisse et aqueuse, aux graines plates et ovales. On peut mâcher les graines telles quelles ou les écraser au préalable. Les recherches sur les principes actifs de ce végétal n'ont pas été très poussées.

CURCUMA LONGA
CURCUMA

Zingibéracées

72 Asie S
Régions tropicales

Le rhizome du curcuma est une des épices servant à colorer et parfumer la poudre de cari. En Asie de l'Est, c'est aussi une importante plante tinctoriale. Des recherches récentes lui ont valu un regain de faveur, car il aurait, semble-t-il, la propriété de stimuler la fonction biliaire. Le rhizome principal produit de nombreux rhizomes secondaires dont certains portent des feuilles qui, une fois fanées, laissent des marques brunes et transversales. Certains de ces rhizomes latéraux se séparent parfois pour donner naissance à un nouveau pied. De courtes pousses axillaires deviennent de longues tiges vertes, aux feuilles droites, hautes de 1 m, étroites et fines comme des feuilles de lis, entières et engainantes à leur base. Les grandes fleurs jaunes en forme d'entonnoir se présentent généralement par deux dans l'aisselle des feuilles.

CYDONIA OBLONGA
COGNASSIER COMMUN
Rosacées

73 Asie W
Eur, Am N

Dans les pays du nord de l'Europe, on le taille souvent en espalier. Ses branches raides portent des feuilles ovales, au court pétiole, très velues. Il n'a pas d'épines. Ses fleurs à 5 pétales. roses ou blanches, sont plus grandes que, les fleurs de pommier. En mûrissant, l'ovaire et la base de la fleur donnent le coing, en forme de poire, l'épaisse peau jaune du fruit est couverte d'un duvet qui s'en va facilement si on le frotte. La chair est ferme, peu juteuse et assez acide. On en fait des confitures et de la gelée. Le cœur et les pépins contiennent un mucilage apprécié pour ses propriétés laxatives.

CYNARA SCOLYMUS
ARTICHAUT
Astéracées/Composées

74 Eur S
R. chaudes et tempérées

L'artichaut est un proche parent des chardons. Ses tiges épaisses, solides et charnues, sont entourées à la base d'une rosette de feuilles longues de 20 à 30 cm, pennatilobées, dentées, d'un gris-vert et velues en dessous. Les feuilles de la tige sont plus étroites et allongées. C'est la base de ces feuilles que l'on consomme, ainsi que le fond du capitule (le cœur) avant que ne s'épanouissent les petites fleurs violettes. Les feuilles, la tige et la racine renferment des substances amères fort utiles pour ceux qui souffrent d'une mauvaise fonction hépatique ou d'un taux élevé de cholestérol. L'habitude d'ajouter des extraits d'artichaut aux apéritifs est une sage pratique. En tisane, c'est un excellent traitement préventif des maladies de foie. Les feuilles renferment un enzyme qui, même très dilué, caille le lait.

CYNOGLOSSUM OFFICINALE
CYNOGLOSSE OFFICINAL
Borraginacées

75 Eur, Af W, Asie
Régions tempérées

Haute de 40 à 80 cm on trouve cette plante le long des chemins, dans les clairières, les haies et les collines pierreuses. Sa racine pivotante donne naissance à une tige anguleuse qui la deuxième année se couvre de nombreuses feuilles alternes. Toute la plante est recouverte d'un duvet grisâtre. Des petits bouquets de fleurs marron apparaissent dans l'aisselle des feuilles supérieures. Les fruits, en quatre parties, portent à leur extrémité de petites épines recourbées grâce auxquelles ils s'attachent aux animaux qui passent. Le cynoglosse dégage une odeur assez désagréable. rappelant un peu celle des souris, surtout si l'on en froisse les feuilles. La racine, la tige et les feuilles renferment des principes actifs ressemblant à ceux de la grande consoude (Symphytum officinale), membre de la même famille et utilisée pour les mêmes raisons.

CYTISUS SCOPARIUS
GENÊT A BALAIS
Papilionacées

76 Eur S+W

Ses branches très cannelées, longues, fines et ligneuses servent à faire des balais. Ce buisson peut faire jusqu'à 2 m de haut, ses racines sont très profondes. Les tiges, portent de toutes petites feuilles composées de 3 folioles vers le bas de la plante et d'un seul plus haut sur les branches. Ces dernières ressemblent à des fleurs de pois. Les fruits forment des petites gousses plates et brunes renfermant plusieurs graines. L'extrémité des jeunes pousses et les graines ont des propriétés thérapeutiques. Les fleurs du genêt des teinturiers (Genista tinctoria), un proche parent, servent à teindre les textiles.

DATURA STRAMONIUM STRAMOINE, POMME ÉPINEUSE

Solanées

77 Am C Régions *chaudes et tempérées*

La stramoine, de la même famille que la belladone, pousse à l'état sauvage dans les régions septentrionales. On la trouve dans les champs, les terrains vagues, les lieux ensoleillés et en bordure de forêt. Ses feuilles ovales, parfois triangulaires, vert foncé, ont des bords découpés et dentés. Les fleurs axillaires, en trompette, blanches, longues de 6 à 10 cm, s'ouvrent au-dessus d'un calice vert. Elles dégagent une odeur assez suave, contrairement aux feuilles qui ont un parfum plutôt désagréable. Le fruit est une capsule épineuse ressemblant à celle du marron d'Inde. Une fois mûr, il s'ouvre pour libérer des petites graines noires. Graines et feuilles, contiennent des principes toxiques rentrant dans la composition de cigarettes et bougies pour asthmatiques.

DIGITALIS PURPUREA DIGITALE POURPRE

Scrophulariacées

78 Eur W, Af NW *Eur, Asie N, N-Am*

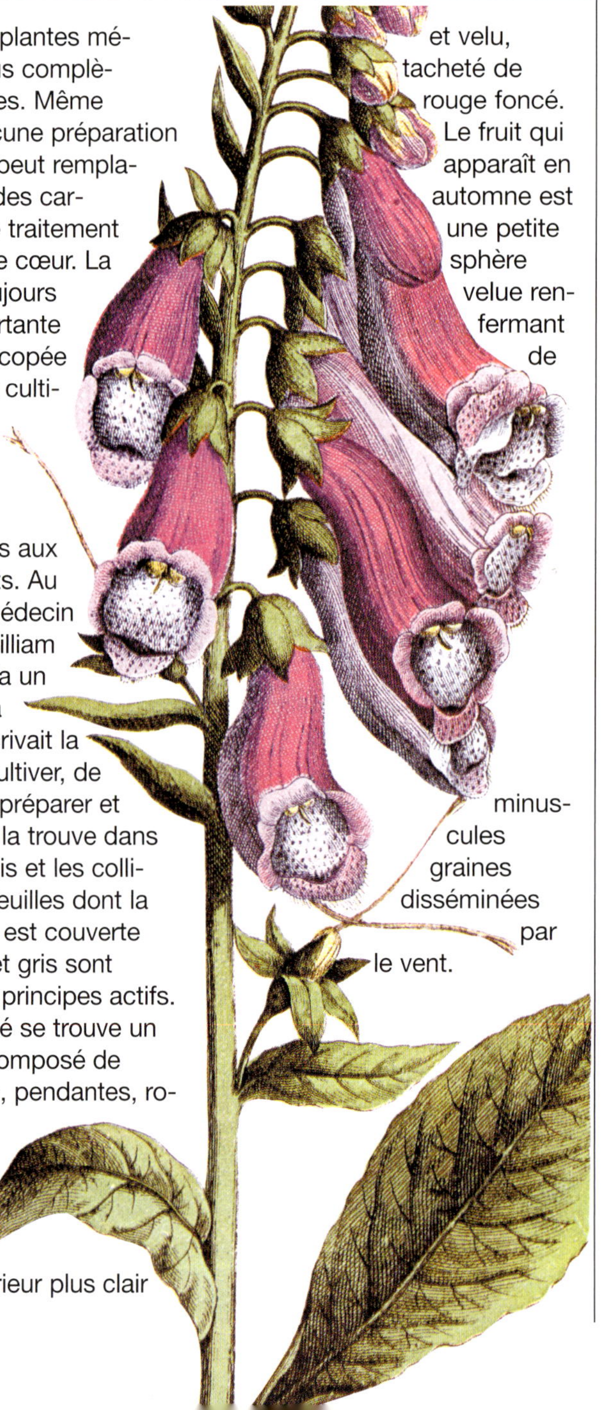

C'est l'une des plantes médicinales les plus complètement analysées. Même aujourd'hui, aucune préparation synthétique ne peut remplacer ses glucosides cardiaques dans le traitement des maladies de cœur. La digitale tient toujours une place importante dans la pharmacopée moderne. On la cultive dans la plupart des pays industrialisés, adaptant ses diverses variétés aux différents climats. Au 18e siècle, un médecin anglais, le Dr William Withering, publia un « Rapport sur la Digitale ». Il décrivait la manière de la cultiver, de la sécher, de la préparer et de la doser. On la trouve dans les bois, les taillis et les collines. Dans ses feuilles dont la partie inférieure est couverte d'un épais duvet gris sont concentrés ses principes actifs. En son extrémité se trouve un long épi floral composé de fleurs tubulaires, pendantes, roses foncées ou violettes, longues de 4 à 5 cm, extérieurement glabres, à l'intérieur plus clair et velu, tacheté de rouge foncé. Le fruit qui apparaît en automne est une petite sphère velue renfermant de minuscules graines disséminées par le vent.

DIOSCOREA VILLOSA IGNAME

Dioscoréacées

79 E-Am N

L'igname est une plante alimentaire importante, cultivée dans de nombreux pays tropicaux. D'un gros rhizome noueux et ligneux, portant des racines rampantes, sortent des tiges grimpantes parfois longues de 5 m. Les feuilles sont cordées à la base et pointues à l'extrémité, vertes et lisses sur le dessus et vert mat au-dessous. De longues inflorescences pendantes apparaissent à l'aisselle des feuilles supérieures. Elles sont composées de petites fleurs d'un blanc verdâtre, presque sessiles. Le fruit est une petite capsule ailée à trois compartiments, d'une jolie couleur vert-jaune. Les tubercules de la D. villosa sont utilisés en médecine pour leur teneur en saponine. C'est un principe actif que l'on retrouve dans d'autres espèces du Guatemala et du Mexique (D. spicuflora et D. floribunda).

DROSERA ROTUNDIFOLIA
DROSERA A FEUILLES RONDES, ROSSOLIS

80 Droseracées
Eur, Asie, Am N

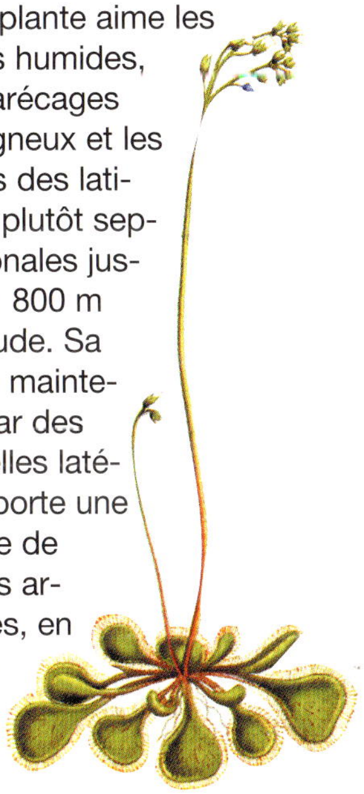

Cette plante aime les landes humides, les marécages sphaigneux et les marais des latitudes plutôt septentrionales jusqu'à 1 800 m d'altitude. Sa racine maintenue par des radicelles latérales porte une rosette de feuilles arrondies, en forme d'assiette. Elles sont couvertes de petits poils glandulaires, dressés, portant à leur extrémité des gouttelettes qui brillent au soleil comme des gouttes de rosée, d'où son nom drosera (du grec drosos, rosée). Ces petites gouttes gluantes attirent les insectes qui sont ensuite fermement retenus par les poils glandulaires. Ils sont alors littéralement digérés par le suc. Les tiges florales, minces et délicates, hautes de 10 à 20 cm, partent du centre de la rosette et portent une courte inflorescence composée de minuscules fleurs blanches. Des principes médicinaux très utiles sont tirés de cette plante.

DRYPTERIS FILIX-MAS
FOUGÈRE MÂLE

Polypodiacées

81 Eur, Af, Asie, Am N

Les fougères sont classées parmi les cryptogames vasculaires (plantes qui ne portent pas de fleurs apparentes). Il en existe plus de 7 000 espèces. On les trouve dans les forêts claires, les landes et les clairières ombragées. Le rhizome de la fougère mâle peut mesurer jusqu'à 30 cm de longueur, il est souvent divisé, portant des racines fibreuses, épaisses de 1 à 2 mm. La tige est entourée par la base anguleuse des anciennes feuilles. La rosette forme comme un entonnoir. Au début, les feuilles sont enroulées en crosse, puis elles se déplient, révélant un feuillage vert tendre. Leurs folioles sont eux-mêmes divisés, ils se rapetissent vers le sommet. Le rhizome et la tige des feuilles sont recouverts de minces écailles brunes.

ECHINACEA ANGUSTIF0LIA
RUDBECKIA

Astéracèes/Com posées

82 C+SW, Am N

Cette plante pousse dans les prairies et sur les talus sablonneux. Dans les forêts feuillues et les collines ensoleillées, on trouve une variété aux fleurs rouges. En Europe on la cultive comme plante ornementale. C'est une vivace à racine pivotante. Ses tiges, longues de 60 à 90 cm, sont creuses à la base et s'épaississent légèrement près de l'inflorescence terminale. Les feuilles allongées, étroites, vert foncé sont velues et recouvertes de petites protubérances. Celles qui sont proches du sol portent de longs pétioles tandis que celles qui poussent sur la tige sont presque sessiles. La base de la fleur forme un cône couvert de bractées étroites et grossièrement velues, non dentées. Les fleurs extérieures sont recourbées vers le bas tandis que les fleurs tubulaires sont verdâtres, à 5 dents et ont un style rouge et divisé sur le haut.

EPHEDRA SINICA
EPHEDRA DISTACHYA

Ephedracées

83 a) Asie E
b) Eur S, C+W Asie

Cette plante apparemment sans feuilles pousse sur les dunes de la toundra et sur les collines pierreuses. Depuis des millénaires les Chinois s'en servent comme remède pour l'asthme et comme stimulant de la circulation. Elle fit son apparition dans les pharmacopées d'Europe à partir du 16e siècle. Son alcaloïde principal, l'éphédrine, est aujourd'hui synthétisé et très employé en médecine. Les tiges vert pâle, striées, droites ou couchées, longues de 30 à 90 cm, sont articulées, les intervalles entre les nœuds étant de 3 à 5 cm. C'est à partir de ces nœuds qu'apparaissent les feuilles, longues de 2 à 4 mm, dentées à leur extrémité et ressemblant assez à des écailles. Les fleurs mâles et femelles sont séparées. En août, les femelles se transforment en cônes charnus, rouges, longs de 5 à 6 mm, appelés ephèdres, ou « raisin de mer ».

EQUISETUM ARVENSE
PRÊLE DES CHAMPS
Equisétacées
84 Eur, Af N, Asie N, Am N

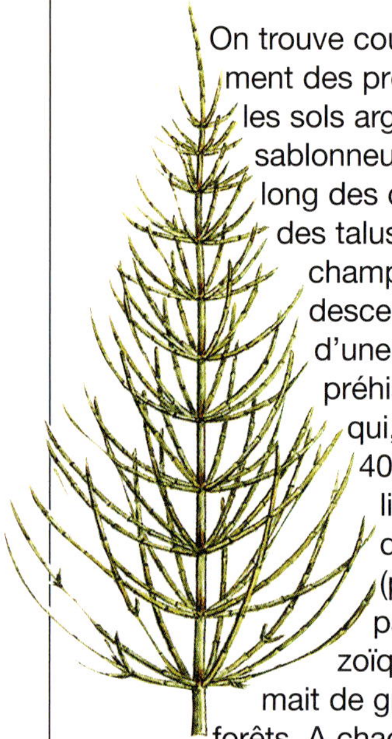

On trouve couramment des prêles sur les sols argileux et sablonneux, le long des chemins, des talus et des champs. Elles descendent d'une plante préhistorique, qui, il y a 400 millions d'années (période paléozoïque) formait de grandes forêts. A chaque nœud, la prêle porte des petites feuilles triangulaires soudées en verticille et en son extrémité apparaît un épi fructifère portant les spores qui sont disséminées par le vent. Cette tige fertile se fane, elle est remplacée par des tiges stériles plus hautes formant un petit buisson vert, haut de 20 à 35 cm et portant des verticilles réguliers. Des cristaux de silice se forment sur les parois des cellules des tiges et des branches lorsqu'elles sèchent, les rendant abrasives. C'est pourquoi on les utilisait autrefois pour nettoyer l'étain. Les prêles des marais contiennent d'autres substances qui les rendent toxiques.

ERIGERON CANADENSIS
VERGERETTE DU CANADA
Equisétacées
85 Eur, Af N, Asie N, Am N

Cette plante ne tarde pas à envahir tout terrain abandonné ou inculte depuis quelque temps. On disait autrefois qu'une tige de vergerette attachée au front « guérissait de la frénésie » (selon Parkinson). Elle forme de grands tapis sur les collines sablonneuses ou sur les coupes de bois. Envahissante, elle disperse la flore existante, il n'est donc pas étonnant qu'on la considère comme une mauvaise herbe (les botanistes n'aiment pas beaucoup ce terme...). Au printemps son rhizome produit des pousses qui deviennent des tiges anguleuses, hautes de 40 cm à 1 m. Elles sont couvertes de feuilles d'un beau vert, étroites, lancéolées, légèrement velues. Les influorescences terminales, très ramifiées, se composent de petites fleurs blanches et ligulées. Elles se fanent très vite, laissant la place à des fruits couverts de soyeux poils blancs qui ont donné son nom à la plante (Erigeron du Grec eri = tôt et geron = vieux, vieillard). Les feuilles renferment des principes aux propriétés diurétiques et astringentes. Cette plante est très employée aux Etats-Unis.

ERYTHOXYLUM COCA
COCA
Erythoxylacées
86 Pérou, Bolivie
Af E, Asie E, Ne-Am S

De nos jours, cet arbuste haut de 2 à 3 mètres est pratiquement inconnu à l'état sauvage. Depuis des siècles on en cultive un grand nombre de variétés. Ses branches dressées, ligneuses, portent des feuilles opposées, vert pâle ou vert gris, ovales et pointues, longues de 5 à 8 cm et larges de 2.5 cm à 4 cm. Sur leur face inférieure, la nervure centrale est flanquée des deux côtés d'une ligne de cellules épaisses qui renforcent la feuille. Les petites stipules à leur aisselle deviennent coriaces avec le temps. Les fleurs axillaires, d'un blanc vert, se groupent en petits bouquets. Les fruits au noyau rouge, larges de 1 cm, ressemblent à des cerises et contiennent chacun une graine. Le principe actif majeur de cette plante est la cocaïne, concentrée dans ses feuilles. C'est une substance narcotique qui provoque une accoutumance. Dans les pays dont elle est originaire, les feuilles sont chiquées pour combattre la faim, la soif et la fatigue. On en retire tout d'abord les nervures, puis on les mélange à de la chaux ou à des cendres avant d'en faire une chique que l'on mâche longtemps. Il est très rare que les indigènes développent une accoutumance à la coca.

ESCHSCHOLTZIA CALIFORNIA ESCHSCHOLTZIA DE CALIFORNIE

87 Papavéréacées
W-Am N

Cette plante soit annuelle, soit vivace, aime les lieux ensoleillés, abrités et préfère les sols sablonneux. Ses tiges fines, rondes et lisses, d'un gris vert, sont hautes de 30 à 60 cm. Elles contiennent un suc transparent. Les feuilles peu nombreuses sont très découpées. A l'état sauvage, les fleurs vont du jaune pâle à l'orange. Leurs quatre pétales ont des bords crantés et forment comme un bol peu profond au centre duquel on peut voir de nombreuses anthères. Le fruit est une capsule allongée, de 4 à 6 cm. Dans certaines espèces, c'est une gousse. De nombreuses variétés d'eschscholtzia sont cultivées comme plantes ornementales. Les Indiens d'Amérique utilisaient son latex légèrement narcotique pour soigner les maux de dents.

EUCALYPTUS GLOBULUS EUCALYPTUS

Myrtacées
88 Aus
R. chaudes et tempérées

En Australie, certaines espèces dépassent 100 m de haut. Dans nos régions tempérées, ils sont très appréciés comme arbres ornementaux. Leur tronc droit présente une écorce lisse, gris cendré, parsemée de glandes, leur bois est rougeâtre. Sur les jeunes branches, les premières feuilles sont fines, cordées ou ovales, sessiles et opposées. Elles sont ensuite remplacées par des feuilles longues de 20 cm, en forme de faucille, recourbées latéralement, avec un pétiole de 2 cm. Raides et coriaces elles sont d'un beau vert, leur nervure centrale, solide et apparente, est parsemée de petites glandes. Les inflorescences terminales, dressées, sont formées de petites fleurs aux pétales retenus par une solide petite capsule qui laisse encore apparaître de fines étamines blanches après la floraison.

EUPATORIUM CANNABINUM EUPATOIRE CHANVRINE

Astéracées/Composées
89 Eur, Asie

L'eupatoire chanvrine forme de grandes colonies en bordure des bois humides ou sur les berges des rivières et des ruisseaux. Sa tige dressée, anguleuse, velue, ramifiée vers le sommet et souvent teintée de rouge peut atteindre 1.50 m. Ses feuilles ont des formes diverses : allongées et pointues, ou lancéolées, elles sont généralement dentées. Les toutes petites fleurs d'un rose un peu sale forment des corymbes et sont souvent confondues avec celles de la valériane. Les petits fruits portent une couronne de poils grâce auxquels ils sont transportés par le vent. Toute la plante, y compris sa racine, contient des principes aromatiques amers. Prolifique et très courante, elle représente une bonne source de principes actifs. Des extraits ont été utilisés avec succès dans des préparations destinées à soigner les rhumes et la grippe.

EUPHRASIA ROSTKOVIANA
EUPHRAISE OFFICINALE

Scrophulariacées

90 Eur

Cette petite plante le haute de 15 à 20 cm aime les endroits ensoleillés, les taillis, les bords de forêt et les landes. On la trouve jusque dans les régions de montagne. Semi-parasite, elle s'attache aux racines des plantes environnantes. Ses petites branches ramifiées portent des feuilles opposées, aux bords dentés, largement ovales et comme la tige, légèrement velues, Vers l'extrémité des tiges, des feuilles plus petites sont accompagnées de très jolies fleurs axillaires. Leur lèvre supérieure, de 1 cm, est veinée de violet, leur lèvre inférieure, à trois lobes, porte une tache jaune vif près de la gorge. La plante fleurit de mai jusqu'en automne. Une sous-espèce fleurissant à l'automne pousse sur les prés fauchés ou pâturés. Le préfixe grec Eu signifie bon, ou bien.

FICUS CARICA
FIGUIER

Moracées

91 Eur S, Asie SW
R. chaudes et tempérées

Avec l'amandier et l'olivier, le figuier est une des grandes plantes alimentaires des régions méridionales.
La figue, qui contient près de 50 % de sucre, se conserve toute seule. Une fois sèche elle représente une importante réserve de nourriture. Les figues comestibles sont cultivées dans de grandes plantations. Les figuiers ont un large feuillage aéré, des branches horizontales et parfois grimpantes; ils peuvent atteindre 5 à 8 m. Des branches vert olive portent des feuilles vert foncé de formes diverses le plus souvent elles sont rondes, à plusieurs lobes, palmées, les lobes s'élargissant vers le haut. Un réceptacle tendre et charnu, en forme de poire, entoure la fleur qui pousse sur les arbres femelles, seuls cultivés.

FILIFENDULA ULMAKIA
REINE DES PRÉS

Rosacées

92 Eur, Asie, Am N

Sur ses tiges de 80 cm à 1.50 m, la reine des prés fait comme des vagues sur les prairies humides, en bordure des ruisseaux ou le long des fossés. On la trouve jusqu'à 1 000 m. Son rhizome rampant est noueux. Au printemps, il donne naissance à une rosette de feuilles, puis à de solides tiges dressées, striées, ramifiées sur leur extrémité.
Les feuilles pennées portent des folioles argentés en dessous, aux nervures rougeâtres et apparentes.
Les minuscules fleurs de couleur crème forment des inflorescences terminales.
Leur parfum à la fois doux et fort attire les insectes.

FOENICULUM VULGARE
FENOUIL

Apiacées/Ombellifères

93 Eur S. Af N, Asie W
Régions tempérées

Le fenouil est une des plus jolies ombellifères (famille de la carotte). Dans les régions méditerranéennes, cette plante peut atteindre 1 m de haut. Sa tige ronde, tubulaire, finement striée surmonte une épaisse et soide racine. Ses feuilles très découpées forment comme des filaments d'un vert tendre et bleuté, leurs pétioles sont enfouis dans une gaine charnue. De grandes 0mbelles portent de petites fleurs jaunes, très souvent visitées par les abeilles et les autres insectes. Les graines ovales et striées, d'abord d'un vert bleuté, deviennent brunes à maturité. Toute la plante dégage une odeur d'anis. C'est dans les graines que l'on trouve la plus grande concentration d'huile essentielle. Le fenouil bulbeux, cultivé comme légume, agrémente les menus d'hiver. Il peut aussi se manger cru.

FRAGARIA VESCA
FRAISIER SAUVAGE
Rosacées

94 Eur, Asie, NW-Am N

Tout au long de l'été, ces petites baies rouges brillent dans les sous-bois où le soleil touche le sol riche en humus. Le fraisier est un des plus petits membres de la famille des roses. Il enfonce loin dans le sol des racines ligneuses et donne de nombreux rejets qui portent les pétioles des feuilles. Les feuilles trilobées sont vertes et brillantes sur le dessus, couvertes de poils soyeux en dessous. Les longues tiges florales, velues également, portent des fleurs d'un blanc très pur, à 5 pétales et 5 sépales. Les fraises proprement dites sont formées de minuscules petites graines reposant sur le réceptacle charnu et bien développé. Les fraisiers sauvages fleurissent et fructifient jusqu'au début de l'automne. Les feuilles contiennent des substances qui stimulent la fonction hépatique.

FRAXINUS EXCELSIOR
FRÊNE
Oléacées

95 Eur C

Ces arbres au riche feuillage font jusqu'à 30 m de haut. Ils aiment les sols humides en plaine, les endroits très lumineux, les vallées et les prairies. Leur tronc cylindrique porte une écorce lisse, d'un gris-vert, qui se fissure et devient brun-noir en vieillissant. De solides branches portent des feuilles pennées, opposées, à angles droits avec la paire précédente. Les folioles sont vert foncé sur le dessus, ovales, plus clairs en dessous et dentés. Les fleurs apparaissent avant les feuilles et font de petits bouquets d'étamines violettes. Les fruits sont plats, allongés et lisses. Ne portant le plus souvent qu'une seule graine, ils se prolongent en une sorte d'aile et pendent en grappes. Les folioles séchés sont utilisés en médecine. L'écorce des branches renferme un sucre, le mannitol.

FUCUS VESICULOSUS
VARECH
Fucacées

96 Eur N+ W, E+ W-
Am N

Quand il est frais, son thalle est gluant, semblable à un ruban glissant long de 1 m et large de 2 à 4 cm. De chaque côté de la nervure centrale se trouvent de petites vessies ovales remplies d'air qui lui permettent de flotter. Sur la laisse de haute mer, le varech s'accroche aux pierres par une série de petites ventouses. Par gros temps, arraché par les vagues, il s'amasse le long des côtes. Une fois sec il se présente en petites lamelles cassantes d'un noir brun, Il ne contient pas que de l'iode riche en autres éléments dissous dans l'eau de mer, il renferme aussi du mucilage. D'autres algues et certaines éponges de mer ont également une forte proportion d'iode mais, comme elle varie considérablement, il est difficile d'en faire un usage pharmaceutique, d'autant que la sensibilité à l'iode diffère selon les individus.

FUMARIA OFFICINALIS
FUMETERRE OFFICINALE
Fumariacées

97 Eur, Af N, Asie W
Régions tempérées

On trouve la fumeterre sur les tas de détritus, dans les champs, les vergers, les jardins et le long des chemins. Ses tiges dressées et striées ont entre 20 et 30 cm de haut. Ses feuilles alternes sont formées de folioles découpés aux lobes pointus. A l'aisselle de petites bractées apparaissent des tiges florales portant un épi de fleurs tubulaires, violettes, à quatre pétales aux extrémités rouge foncé disposés en deux cercles. Les sépales dentés et pointus sont très courts, plus étroits que le tube formé par les pétales. Les fleurs produisent un nectar, elles sont pollinisées par les insectes. Les fruits sont de petites graines renfermant une huile. Elles sont disséminées par les fourmis. On n'a pas encore complètement analysé les principes actifs (alcaloïdes et autres composés) de cette plante que l'on utilise pour soigner les maladies de peau.

GALEGA OFFICINALIS
GALEGA OFFICINAL
Fabacées/Papilionacées

98 Eur C+SE, Asie W

Cette belle plante vivace, haute de 1 m, est souvent cultivée comme plante ornementale. On la trouve aussi à l'état sauvage dans les prairies humides et ensoleillées, le long des ruisseaux et dans les bois longeant les rivières. Sa racine ressemble un peu à une betterave. Ses tiges creuses sont peu ramifiées et ses feuilles pennées comptent jusqu'à 17 folioles lancéolés, d'un bleu-vert, se terminant chacun par une petite épine. Des inflorescences en grappe apparaissent à l'aisselle des feuilles. Les fleurs d'un bleu pâle ou d'un blanc bleuté s'ornent d'un large « étendard », contrastant bien avec le feuillage très fourni. La plante fleurit tout l'été jusqu'à l'automne. Séchée, on l'utilise en phytothérapie, autrefois pour stimuler la lactation et aujourd'hui pour réduire le taux de sucre dans le sang.

GALEOPSIS OCHROLEUCA
CHANVRE SAUVAGE
Lamiacées,/Labiées

99 Eur W
Eur C

On trouve cette plante dans les champs, sur les terrains vagues, dans les taillis et sur les collines ensoleillées. Leur racine pivotante assez fine porte une tige carrée, légèrement velue, souvent teintée de rouge, haute de 15 à 30 cm. Les feuilles ovales, allongées, opposées, velues et dentées (elles sont très rarement entières) apparaissent sur les nœuds renflés de la tige. Leur lèvre inférieure, convexe, à trois lobes se termine de chaque côté par une petite dent creuse et pointue. La couleur des fleurs varie selon l'espèce : elles vont du rose foncé au blanc en passant par le jaune. Ces plantes sont riches en silice (jusqu'à 18 % de leurs cendres) aux propriétés anti-inflammatoires. On les prescrit en infusion pour soigner les bronchites.

GALIUM ODORATUM
ASPERULE ODORANTE
Rubiacées

100 Eur, Asie N
Am N

Cette très jolie petite plante, haute de 20 cm, forme des tapis dans les forêts feuillues au sol riche en humus. Avec ses feuilles en verticilles réguliers elle ressemble un peu à un dessin technique. Des rhizomes donnent naissance à de fines tiges anguleuses portant des groupes de 6 puis plus haut de 8 feuilles lancéolées, d'un vert bleuté. Les gracieuses inflorescences terminales sont composées de toutes petites fleurs en forme d'étoile. Les mouches et autres insectes en assurent la pollinisation. Le fruit porte des petits poils crochus qui s'attachent au pelage des animaux, assurant ainsi la dissémination de la graine. Toute la plante dégage un agréable parfum qui se développe au fur et à mesure qu'elle sèche (coumarine). C'est cette odeur qui a valu sa popularité à l'aspérule. On l'utilisait pour parfumer le vin et les armoires.

GALIUM VERUM
GAILLET JAUNE
Rubiacées

101 Eur, Asie N, Am N

On l'utilisait autrefois pour faire cailler le lait afin de fabriquer du fromage. Cette petite plante pousse dans les prairies sèches, les forêts claires et sur les coteaux ensoleillés jusqu'à 1 800 m. De son rhizome sort une tige ronde, parfois un peu anguleuse, haute de 30 à 80 cm. De petites branches bien écartées portent des groupes de 4 à 8 feuilles en verticilles, lancéolées, à la surface inférieure duveteuse, se présentant un peu comme celles de l'aspérule. Les tiges se terminent par de longues grappes de nombreuses petites fleurs jaune d'or, en forme d'étoile, qui font de jolies taches de couleur dans la verdure de l'été. Si l'industrie laitière ne l'utilise plus, le gaillet est encore très apprécié comme stimulant du métabolisme. On en rencontre d'autres espèces à fleurs blanches (Galium silvaticum et Galium Mollugo).

GAULTHERIA PROCUMBENS GAULTHERIE DU CANADA

Ericacées

102 E-Am N

Ce petit arbuste nain (10 à 15 cm de haut), est très répandu dans les forêts humides du nord de l'Amérique. Ses tiges droites sont couvertes de poils glandulaires et portent à leur extrémité quelques feuilles persistantes, longues de 2 à 4 cm, aux bords légèrement dentés et piquants. Au sommet des tiges apparaissent des petites fleurs pendantes, en forme de clochette de couleur blanche ou rose. Feuilles et baies sont très aromatiques. On peut mâcher les jeunes feuilles tant qu'elles sont d'un vert encore tendre, on ramasse les baies pour les manger durant tout l'hiver. Les feuilles plus vieilles, d'un vert foncé, servent à faire du «thé de montagne ». Toute la plante contient une huile essentielle à haute teneur en méthyle-salicylate, substance aux propriétés thérapeutiques.

GELIDIUM AMANSII AGAR-AGAR

Gelidiacées

103 Asie E, W-Am N

Plusieurs espèces d'algues rouges (tout particulièrement des Gelidium), sont ramassées à la main le long des côtes, sur des bancs de sable ou les rochers. Les branches forment des rubans mous, très ramifiés, rougeâtres et presque transparents. Il sont tout d'abord mis à sécher, puis lavés à l'eau douce. Il faut ensuite les faire bouillir pour dissoudre l'agar-agar qui, une fois refroidi, se solidifie en gelée. Il existe aujourd'hui plusieurs procédés industriels de purification par infiltration et précipitation, ou au moyen d'acides qui retiennent les impuretés et les résidus. Le produit fini se présente comme de grosses écailles souples ou des languettes transparentes sans goût ni odeur. L'agar-agar contient jusqu'à 90 %d'agaropectine et d'agarose.

GELSEMIUM SEMPERVIRENS FAUX JASMIN

104 Loganiacées

E-Am N

Les minces tiges de cette plante grimpante font jusqu'à 5 m de long. Ses habitats naturels sont les forêts et les bois des états du sud de l'Amérique du Nord. Son gros rhizome noueux porte des tiges ligneuses et très ramifiées, aux feuilles d'un vert foncé et brillant. A l'aisselle des feuilles des tiges supérieures apparaissent des fleurs tubulaires dont les lobes dégagent un parfum extraordinaire. Dans toutes les parties du Gelsemium sont concentrés des alcaloïdes toxiques. On les utilise en extraits et en teintures tirés du rhizome. Le vrai jasmin, Jasminum odoratissimum, est une plante arbustive non toxique, aux fleurs blanches délicieusement parfumées, cultivée surtout dans les régions méditerranéennes et à Formose.

GENTIANA LUTEA GENTIANE JAUNE. GRANDE GENTIANE

105 Gentianacées

Eur C+S

La gentiane jaune, membre important d'une famille très riche et très diverse, aime les sols calcaires à des altitudes variant de 700 à 2 400 m. Pendant plusieurs années de suite, sa très grosse racine pivotante donne naissance à une rosette de grandes feuilles lancéolées, aux nervures très proéminentes sur leur face inférieure. Puis apparaît une solide tige florale, simple, haute de 70 cm à 1.20 m, aux feuilles oblongues, opposées, d'un gris-vert, formant comme deux petites mains protectrices jointes en coupe autour des nombreuses fleurs jaune d'or en forme d'étoile. La G. purpurea a une structure à peu près semblable. Les racines des deux espèces sont utilisées pour parfumer des vins et autres boissons alcoolisées (Suze, Avèze, Gentiane, etc.). Des cueillettes trop systématiques ont fait disparaître cette plante dans bien des régions. Les amers concentrés dans sa racine ont des qualités thérapeutiques, pour les exploiter aujourd'hui, il faut la cultiver.

GERANIUM ROBERTIANUM
GÉRANIUM HERBE-A-ROBERT

106 Géraniacées
Eur, Af N, Am N

On trouve le géranium herbe-à-Robert le long des haies et des vieux murs, dans les forêts claires, les prés et les terrains vagues jusqu'à 1 800 m. Ses racines fibreuses et divisées produisent de fines tiges rouges, raides, ramifiées, hautes de 20 à 25 cm. Les feuilles symétriques, au long pétiole, sont divisées en 3-5 segments lobés. Les feuilles, les tiges et les sépales rougeâtres des fleurs sont légèrement velus. Ces dernières, groupées par 2 ou 4, comportent 5 pétales roses striés de rouge. Le fruit, long de 2 cm, est pointu à son extrémité. Si on la froisse entre les doigts, toute la plante dégage un parfum âcre. Les espèces de géranium varient selon les habitats mais le G. Robertianum est la seule à avoir des propriétés médicinales.

GEUM URBANUM
BENOITE COMMUNE

Rosacées

107 Eur, Af N, Asie, Am N,
Aus

Cette jolie plante, haute de 30 à 70 cm, orne les taillis, les haies, les bois et les terrains vagues. Elle affectionne tout particulièrement les endroits humides, proches des ruisseaux. Son rhizome, qui ressemble un peu à une betterave, dégage une forte odeur de girofle. Au printemps apparaissent d'abord des feuilles composées, aux bords dentés, puis des tiges florales ramifiées portant des feuilles plus petites et trilobées. Tiges et feuilles sont légèrement velues. Les fleurs d'un jaune d'or comprennent 5 pétales presque ronds entre lesquels on aperçoit le bout vert des sépales. Un petit pompon brun contient les fruits qui se prennent dans le pelage des animaux, ce qui assure leur dissémination. Toute la plante, y compris la racine, contient des principes actifs utilisés en phythothérapie.

GINKGO BILOBA
GINKGO
ARBRE AUX MILLE ÉCUS

108 Ginkgoacées
Chine Japon

Depuis des siècles on le cultive dans les cours des temples d'Extrême-Orient et on le retrouve dans d'autres pays comme arbre ornemental le long des avenues. Dans son habitat d'origine, il peut atteindre 30 à 40 m de haut, et ses branches lui font une imposante ramure. Ses grandes feuilles lisses, très nervurées, en éventail, d'un vert pâle, très décoratives, sont portées par de solides pétioles gainés près de la branche. Les fleurs mâles et femelles, poussent sur des pieds différents (dioïques). Les mâles porteuses de spores forment des gros châtons aérés. Les fruits jaunes, en forme de prune, ont un noyau ligneux. Frais, ils sont agréables à manger, mais trop mûrs ils dégagent un parfum désagréable.

GLYCYRRHIZA GLABRA
RÉGLISSE GLABRE

Fabacées/Papilionacées

109 Eur SE, Asie SW
Eur SW, Af N,Am C

La réglisse est peut-être la plus utilisée des plantes médicinales. On mâche souvent des petits morceaux de ses rejets fibreux et séchés au goût très sucré. Cette plante vivace, haute parfois de 2 m, a un système étendu de racines pivotantes, de tiges souterraines et de rejets pouvant faire jusqu'à 1 m. On la trouve sur de grandes étendues en Italie, en Espagne, en Russie et dans d'autres pays à l'est de la Méditerranée. Ses tiges ligneuses portent un gracieux feuillage vert foncé aux feuilles pennées de folioles étroits et lancéolés. Les épis floraux apparaissent à l'aisselle des feuilles. Les fleurs d'un bleu pourpré ou violacé ressemblent un peu à des papillons. La racine renferme un important principe actif, la glycyrrhizine, qui agit comme la cortisone. Pour faire de l'extrait de réglisse, on moud les racines avant de les faire bouillir dans de l'eau.

GOSSYPIUM HERBACEUM
COTON
Malvacées
110 Asie S
R. tropicales et tempérées

De nombreuses variétés de coton sont cultivées de par le monde, le choix dépendant du climat. Actuellement on est en train d'en développer certaines qui pourraient résister aux insectes. Ces arbustes hauts de 50 cm à1.50 m, ont des branches légèrement velues portant de larges feuilles cordées, un peu coriaces, aux nervures apparentes. Les petites feuilles entourant l'inflorescence sont plusieurs fois lobées et dentées, leur forme changeant selon la variété. Les fleurs présentent de longs pétales au centre desquels on remarque une tache pourpre. Les fruits sont des capsules en forme de bec à 3 ou 4 compartiments. Les graines sont riches en huile comprenant des acides gras non saturés. L'écorce de la racine renferme des principes actifs intéressants.

GRATIOLA OFFICINALIS
GRATIOLE
Scrophulariacées
111 Eur, Asie C+N

La tige florale droite et creuse devient carrée à son extrémité supérieure. Elle porte des feuilles opposées, lancéolées, légèrement dentées et d'un beau vert. Les fleurs axillaires présentent des calices pétiolés à 5 sépales, entourant une corolle tubulaire d'un blanc crème souvent striée de rouge. Les fruits sont de petites capsules ovales à l'extrémité pointue. La cueillette se fait à la floraison, en juillet-août. Ce végétal renferme plusieurs principes actifs dont certains sont toxiques. Ils n'ont pas encore été complètement analysés et peuvent avoir des effets secondaires désagréables. L'ancien nom de la plante, Gratia Dei (grâce de Dieu). laisse penser qu'elle fut utilisée pour ses propriétés thérapeutiques. Pour être certain d'un dosage correct, il vaut mieux l'employer en préparation pharmaceutique.

GUAIACUM OFFICINALE
GAÏAC
Zygophyllacées
112 Am C.N-Am S

Au XVIe siècle, époque du grand Paracelse, le Lignum vitae ou gaïac, était un des grands remèdes contre la syphilis. Plus tard, on découvrit que son action bénéfique était due à une résine produite par certaines cellules de son bois. On l'emploie aujourd'hui pour soigner les rhumatismes et comme laxatif. Cet arbre de 10 m de haut a un feuillage persistant. Son bois d'une teinte vert brunâtre est lourd et très résineux. Ses branches ligneuses portent des feuilles pennées à 2 ou 3 paires de folioles, longs de 3 à 5 cm, ovales et d'un vert pâle. Des grappes de fleurs bleues apparaissent au bout des tiges. Le fruit est une capsule ovale, brun foncé, longue de 2 cm. Lors de la récolte l'arbre est abattu, écorcé, puis son bois est râpé ou coupé en très petits morceaux qui, par un phénomène d'oxydation, deviennent foncés avec le temps.

HAMAMELIS VIRGINIANA
HAMAMELIS
Hamamélidacées
113 Am N

C'est un arbuste haut d'environ 6 m, aux branches lisses couvertes d'une écorce gris-brun. Ses feuilles ovales sont vertes, glabres ou légèrement velues des deux côtés, dentées et bien nervurées, Les fleurs apparaissent à l'aisselle des feuilles sur les branches supérieures. Leurs pétales jaune vif en forme de petits rubans étroits et tordus ne s'épanouissent qu'après la chute des feuilles. Les fruits sont des petites capsules ligneuses, arrondies comme des noisettes, ils mûrissent au printemps ou à l'été suivants. Ils éclatent alors et les graines en sont éjectées avec une certaine violence. C'est cette particularité et sa floraison tardive qui firent penser aux Indiens d'Amérique que la plante était ensorcelée, d'où son nom anglais de « noisetier des sorciers ».

HARONGA MADAGASCARIENSIS HARONGA

114 Hypericacées
Régions tropicales

Cet arbre ou arbuste peut atteindre 6 à 8 m de haut. Ses feuilles opposées, persistantes, longues de 10 à 15 cm sont entières, minces, membraneuses, aux nervures apparentes, vert foncé sur le dessus, en dessous couvertes de poils couleur rouille également présents sur les tiges. En regardant les feuilles à contre-jour on aperçoit des points noirs et des nervures transparentes. Les inflorescences terminales sont de couleur rouille, formant une grappe assez dense. Les petites fleurs à 5 pétales en étoile portent de nombreuses étamines dressées. Les petits fruits sphériques couverts d'une peau fine contiennent deux graines longues et plates. Toute la plante renferme un suc résineux couleur carotte comprenant de l'harunganine (principe rouge orange) et d'autres dérivés d'anthraquinone. Ecorce, racines et résine sont utilisées comme teinture.

HARPAGOPHYTUM PROCUMBENS HARPAGOPHYTUM

115 Pédaliacées
Af S

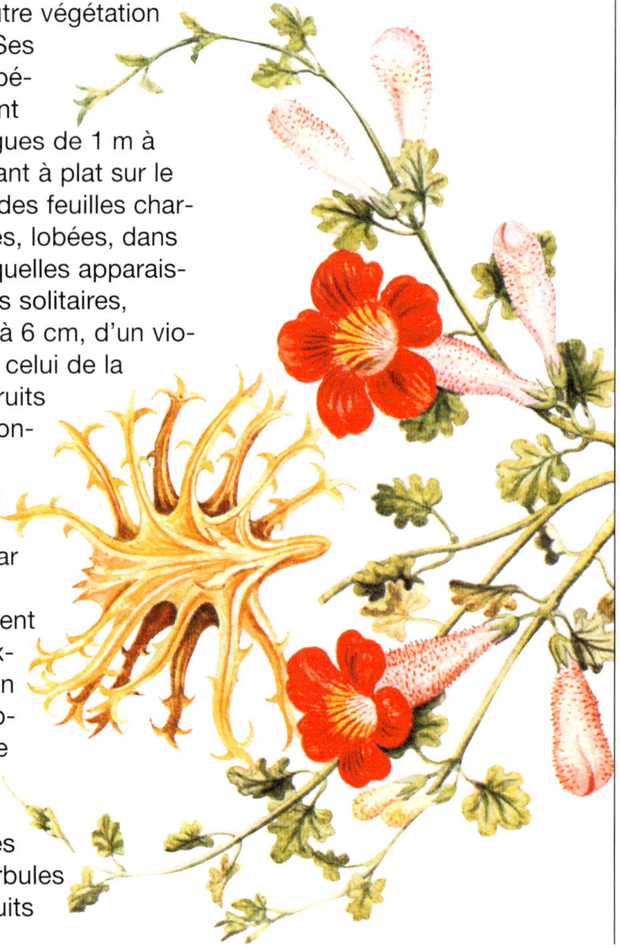

Le fruit ligneux de cette plante porte des barbules qui lui donnent un peu l'aspect d'un grappin, d'où son nom anglais de « plante à grappin ». Elle aime les sols profonds, argileux ou sablonneux, on la trouve le long des chemins, autour des pièces d'eau et sur les terrains vagues où elle a tendance à faire disparaître toute autre végétation naturelle. Ses grandes tubéreuses portent des tiges longues de 1 m à 1.50 m reposant à plat sur le sol. Elles ont des feuilles charnues, pétiolées, lobées, dans l'aisselle desquelles apparaissent des fleurs solitaires, longues de 4 à 6 cm, d'un violet vif comme celui de la digitale. Les fruits ligneux mentionnés plus haut sont longs de 10 à 20 cm et reposent par terre. Sur les côtés, ils portent des petites excroissances en forme de grappin ou d'ancre marine, longues de 5 à 8 cm, dotées de petites barbules comme les fruits de la bardane. Grâce à elles ils se fixent sur les pattes des animaux de passage, assurant ainsi la dissémination des graines. Les racines latérales forment des tubercules de 60 cm de large sur 20 cm de long enfouis de 40 à 90 cm dans le sol friable. Récemment on en a isolé des principes actifs très intéressants.

HEDEOMA PULEGIOIDES POULIOT D'AMÉRIQUE

Lamiacées/Labiées

116 Am N

Cette petite annuelle ressemble beaucoup à la menthe pouliot d'Europe. Ses tiges minces et droites, un peu anguleuses, hautes de 30 à 50 cm portent des feuilles opposées, ovales, longues de 1 à 3 cm, dentées et pourvues d'un petit stipule à la base du pétiole. Les fleurs, longues de 5 mm, groupées en verticilles, ont un calice velu et une corolle labiée d'un blanc pourpre ou bleu pâle. Tiges et feuilles, d'un gris vert, sont couvertes de poils glandulaires. Les feuilles dégagent une forte odeur de menthe, leur goût est aromatique et pénétrant. Leur huile essentielle renferme une petite quantité de menthol et d'autres principes actifs dont certains peuvent provoquer des effets secondaires désagréables. La plante était autrefois utilisée pour éloigner les insectes et son huile servait en parfumerie.

HEDERA HELIX
LIERRE GRIMPANT
Araliacées

117 Eur, Af NW, Asie SW
Am N

Récemment, des pharmacologues français ont découvert des principes actifs efficaces dans le traitement des toux spasmodiques. Ses tiges rondes, ligneuses, ramifiées, grimpent sur les arbres et les murs, partout où leurs petites racines trouvent un point d'appui. Le lierre ne vit pas en parasite sur la plante qui le reçoit. Ses feuilles palmées, de 3 à 5 lobes, sont de couleur vert foncé, glabres sur le dessus, marquées de nervures plus claires. Coriaces et persistantes elles survivent tout l'hiver. Si ses tiges ne trouvent pas de support vertical elles peuvent parfois couvrir de grandes surfaces de sol dans les forêts. A leur extrémité apparaissent de petites ombelles de fleurs vertes qui en automne se transforment en baies d'un noir bleuté, fort toxiques. Les jeunes feuilles contiennent des saponines et d'autres principes.

HELICHRYSUM ARENARUM
IMMORTELLE
Astéracées

118 Eur, Asie W

Ses racines sont très divisées et en parties ligneuses. Etant parfaitement conçue pour des milieux très secs elle ne supporte ni les sols humides ni le calcaire. En été apparaissent des tiges dressées, hautes de 10 à 30 cm et des tiges florales très feuillues et velues. Les inflorescences terminales, très denses, portent de minuscules fleurs jaunes au calice vert couvert d'écailles membraneuses. Tout comme les immortelles ornementales, une fois sèches elles gardent leur forme et leur couleur, dégageant une odeur légèrement aromatique. Elles sont couramment utilisées pour enjoliver l'aspect des tisanes composées. Récemment, on a démontré qu'elles activaient la fonction biliaire et avaient une action antispasmodique.

HELLEBORUS NIGER
HELLEBORE NOIR
ROSE DE NOEL

119 Renonculacées
Eur C+S

Cette plante fleurit en hiver on l'appelle parfois Rose de Noël. C'est un des ornements courants des jardins et des cimetières. Les pétioles ont souvent une teinte rougeâtre. Des tiges florales lisses, glabres et rondes portent de 1 à 3 bractées d'un vert pâle, entières, rondes, entourant une fleur blanche ou teintée de rose, large de 4 à 7 cm, aux 5 sépales ovales ressemblant à des pétales, disposés en étoile autour de l'ovaire et des nombreuses étamines. Toute la plante est toxique. Les racines séchées de plusieurs espèces d'Helleborus sont utilisées en médecine. On ne doit en prendre que sous ordonnance médicale.

HERNIARIA GLABRA
HERNIAIRE COMMUNE
Caryophyllacées

120 Eur, Af N, Asie SW
Am N

Cette plante ne deviendra jamais très célèbre malgré ses principes actifs fort utiles car sa culture pose trop de problèmes et son ramassage dans la nature demande trop d'efforts pour peu d'effet.

Cependant. chimistes et pharmacologues ont tenté d'en isoler des principes actifs ressemblant aux saponines afin de les utiliser comme modèle pour un médicament synthétique, méthode qui s'est souvent avérée utile. L'herniaire commune étale ses tiges filiformes sur de petites surfaces circulaires. Les minuscules feuilles lancéolées, longues d'1 cm à peine, présentent de petits stipules à la base du pétiole. Des grappes de fleurs d'un vert jaune apparaissent à l'aisselle des feuilles. Une fois sèche, la plante dégage une odeur de coumarine mais elle perd rapidement ses vertus thérapeutiques.

HIBISCUS SABDARIFFA
ROSELLE
Malvacées
121 Af, Asie S
Régions tropicales

L'Hibiscus sabdariffa est une annuelle qui dépasse parfois 2 m de hauteur. Ses branches droites et glabres, peu ramifiées, portent à la base des feuilles entières, ovales, tendres et velues. Plus haut elles changent de forme et deviennent pétiolées, palmées de 3 à 5 lobes. La tige se termine par une grappe de fleurs jaune pâle. La coupelle ou réceptacle intérieur, à 5 lobes, se confond avec les sépales raides de la coupelle extérieure qui, après la floraison, forment un calice charnu et rouge. Ce dernier contient plusieurs acides végétaux et des pigments. Il est utilisé dans la fabrication des boissons rafraîchissantes. Les tiges rougeâtres fournissent une fibre. Du point de vue médicinal, cette plante n'offre qu'un intérêt mineur.

HIPPOPHAE RHAMNOIDES
ARGOUSIER FAUXNERPRUN
Eléagnacées
122 Eur, Asie

L'argousier est une des plantes qui jouent le rôle de pionnier. Prenant racine dans un sable contenant des roches primitives, elle produit peu à peu de l'humus dans lequel d'autres végétaux peuvent alors se développer. Exigeant beaucoup de lumière elle disparaît dès que s'installent près d'elle des buissons qui lui font de l'ombre. Cet arbuste ligneux possède un réseau de racines très étalé qui le maintient solidement ancré dans le sable. Ses tiges dures se ramifient petit à petit et après une lente croissance deviennent des branches à l'écorce brun-gris portant des épines acérées. Au printemps, les jeunes tiges produisent de discrètes petites fleurs brunes. C'est le vent qui tansporte le pollen des fleurs mâles poussant sur un autre plant. Enfin, un beau jour l'arbuste paraît s'épanouir des feuilles longues et étroites, d'un vert argenté, forment comme une sorte de gaze aérée autour des jeunes tiges, laissant la lumière pénétrer vers toutes les parties de la plante. Des baies jaune orange apparaissent près des tiges des pieds femelles. Elles contiennent de la vitamine C, du carotène et d'autres principes actifs. Autrefois, l'argousier ne fut décrit que très rarement car il n'intéressait pas les anciens botanistes. Ceux qui poussent dans les vallées de montagne des régions méridionales ont une très haute teneur en vitamine C.

HUMULUS LUPULUS
HOUBLON
Moracées
123 Eur, Asie, Am N
Régions tempérées

Au printemps, apparaissent de fines tiges grossièrement velues qui s'accrochent aux brindilles, aux branches, aux fils de fer, grâce à des vrilles comme des crochets. Fleurs mâles et femelles poussent sur des plants séparés. Les femelles se présentent comme des petits châtons qui, en mûrissant, deviennent des cônes ovales couverts d'écailles brunes cachant des glandes jaunes et granuleuses. Ces dernières contiennent d'importants principes actifs dont l'amer de houblon. Les brasseurs utilisent ces cônes entiers pour donner à la bière son agréable amertume et lui assurer une plus longue conservation tout en lui conférant certaines qualités sédatives. Les coussins de houblon seraient un somnifère absolument sans danger.

HYDNOCARPUS KURZII
HYDNOCARPUS

Flacourtiacées

124 Asie S

Plusieurs espèces d'Hydnocarpus des jungles tropicales fournissent une huile jaune ou brune, parfois pâteuse, riche en acides gras et autres principes actifs qui furent pendant longtemps le seul remède contre la lèpre. Elle ne convient absolument pas à la cuisine. Les Hydnocarpus sont des arbres au tronc épais et aux branches pendantes, pouvant atteindre 15 m de haut. Ils sont souvent cultivés car il est difficile de récolter les graines sur des plants sauvages. Les feuilles allongées, longues de 20 cm se terminent en une petite pointe. Fleurs mâles et fleurs femelles poussent sur des pieds différents. Les fleurs axillaires forment des grappes peu fournies. Les fruits ronds et bruns contiennent de nombreuses graines ovales longues de 2 cm. L'écorce renferme des principes actifs fébrifuges.

HYDRASTIS CANADENSIS
HYDRASTIS DU CANADA

Renonculacées

125 E-Am N
Eur NE, Asie N

C'est une plante des forêts montagneuses de l'Amérique du Nord qui aime bien les sols recouverts d'une bonne couche de feuilles mortes. Son rhizome porte de nombreuses petites racines. Ses tiges florales hautes de 30 à 40 cm ont des feuilles vert foncé, profondément lobées et palmées, larges de 10 à 15 cm et longues de 20 à 25 cm. Les petites fleurs d'un blanc verdâtre, sphériques, au court pédoncule sont insignifiantes. Le fruit se compose d'une douzaine de petites baies rouges et juteuses. Le rhizome noueux, brun foncé extérieurement et d'un vert-jaune à l'intérieur, est récolté, coupé en morceaux puis séché. Cette plante tendant à disparaître de son habitat naturel, on tente actuellement de la cultiver.

HYOSCYAMUS NIGER
JUSQUIAME NOIRE

Solanacées

126 Eur C+S, Af N,Asie Am
N,Aus

Comme plusieurs autres membres de la famille de la belladone la jusquiame a un aspect propre à provoquer la crainte et le soupçon. Cette herbe aux propriétés hallucinogènes était autrefois utilisée en magie : on dit que les sorcières en faisaient des philtres d'amour. Elle aime les terrains vagues, le bord des chemins et le voisinage des maisons habitées. Ses tiges florales, anguleuses. hautes de 50 à 80 cm sont velues et souvent ramifiées. La variété bisannuelle ne produit la première année qu'une rosette de feuilles près du sol. Ovales et allongées, elles sont bien découpées, présentant de grandes dents. Le duvet velouté qui les recouvre leur donne une couleur gris-vert très frappante. Les fleurs en entonnoir apparaissent sur le haut des tiges. Toutes tournées du même côté, d'un jaune sale veiné de violet, elles forment des grappes assez aérées. Les graines sont enformées dans une petite capsule en forme de clochette qui s'ouvre une fois arrivée à maturité. Les principes actifs concentrés dans les feuilles sont semblables àceux de la belladone. Toute la plante est très toxique et son usage demande une grande précaution.

HYPERICUM PERFORATUM
MILLEPERTUIS OFFICINAL

Hypéricacées

127 Eur, Af NW, Asie N
Régions tempérées

Le millepertuis aime les lieux ensoleillés en bordure des prés, des bois, des voies de chemin de fer et des taillis. Le nom d'espèce perforatum se réfère aux minuscules glandes à huile qui donnent aux feuilles un aspect perforé. Cette plante contient un nombre important de principes actifs. De sa racine très ramifiée sortent au printemps plusieurs tiges glabres de 50 à 80 cm, souvent teintées de rouge. Ramifiées à leur extrémité supérieure, elles permettent ainsi aux inflorescences de bénéficier d'un maximum de soleil. Les feuilles opposées, entières, d'un ovale allongé, sont parsemées de minuscules glandes bordées de noir. Comme des petits soleils dorés, les nombreuses fleurs à 5 pétales reposent sur des calices pointus, verts, couverts de petites glandes d'un noir rougeâtre.

ILEX AQUIFOLIUM
HOUX

Aquifoliacées

128 Eur C + S. Af NW
Asie SW

On trouve le houx en bordure des bois, dans les parcs et les jardins. Son feuilla persistant, vert foncé et ses baies rouges qui apparaissent en automne en font une plante très décorative. Le tronc couvert d'une écorce lisse et les branches ligneuses portent des feuilles épaisses, d'un ovale allongé, brillantes sur le dessus, vert pâle en dessous, aux bords dentés et épineux. Sur certains pieds âgés les feuilles sont parfois entières. Au printemps, des petites fleurs au long pédoncule apparaissent à l'aisselle des feuilles. Fleurs mâles et fleurs femelles poussent sur des plants différents. Les fruits mûrissent en automne, devenant des baies cramoisies. Elles sont toxiques sauf pour les oiseaux qui assurent la dispersion des graines. Les principes actifs sont concentrés dans les jeunes feuilles.

ILEX PARAGUARIENSIS
MATÉ

Aquifoliacées

129 C-Am S

Pratiquement tous les Ilex sont originaires des pays tropicaux où ils forment des arbres hauts de 6 à1 2 m. En culture, ils sont maintenus à une certaine hauteur pour faciliter la récolte des petites branches feuillues. Les feuilles épaisses de l'arbre à maté sont longues de 6 à 12 cm, ovales et vert pâle. Elles sont séchées sur des feux de plein air et achevées selon diverses méthodes modernes. Les feuilles sont ensuite finement hachées. Le maté, boisson nationale de presque tous les pays d'Amérique du Sud contient de la caféine. Au 17e siècle, il fut cultivé dans les villages indiens par les missionnaires jésuites. C'est pourquoi on l'appelait « thé des jésuites » ou « thé des missions ». Contenant divers stimulants, c'est une boisson agréable et rafraîchissante.

INULA HELENIUM
AUNÉE (GRANDE)

Astéracées/Composées

130 Eur SE, Asie W
Eur, Asie C + E, Am N

Cette belle plante luxuriante concentre tous ses principes actifs dans son épais rhizome. Au printemps apparaissent les grandes feuilles de base, ovales, longues de 25 cm. Elles entourent une robuste tige raide, ramifiée en son extrémité et couverte de poils enchevêtrés. Les feuilles supérieures sont sessiles et lancéolées. A l'extrémité de la tige, les fleurs forment de grands disques jaunes larges de 6 à 8 cm, reposant sur des bractées hémisphériques qui se chevauchent comme les tuiles d'un toit. Au centre, les fleurs tubulées d'un jaune d'or sont entourées de ligules d'un jaune un peu plus pâle. L'aunée aime les endroits humides en bordure des ruisseaux et des fossés où elle pousse en solitaire. Autrefois, on la cultivait pour la teinturerie et comme herbe médicinale. Outre un pigment donnant une teinture bleue, le rhizome contient de l'inuline (sucre semblable au fructose) et une huile essentielle amère et aromatique.

JUGLANS REGIA
NOYER

Juglandacées

131 Eur SE, Asie SW
Régions tempérées

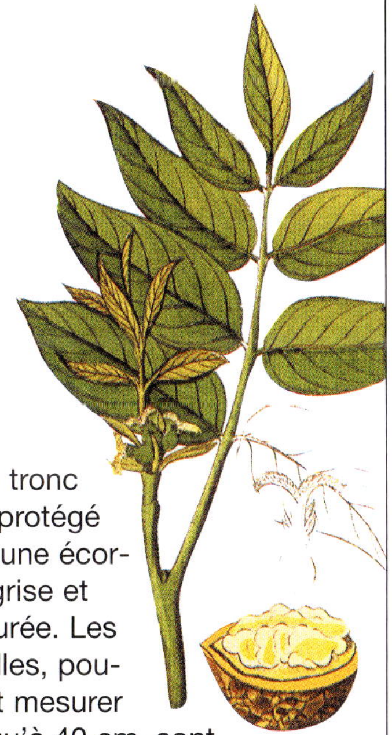

Son tronc est protégé par une écorce grise et fissurée. Les feuilles, pouvant mesurer jusqu'à 40 cm, sont pennées et comportent entre 7 et 11 folioles longs de 15 cm, entiers, la nervure centrale est bien marquée au-dessous. Les fleurs mâles forment des chatons épais et pendants. Les fleurs femelles apparaissent à l'extrémité des branches. A l'automne une écale verte, solide et charnue entoure le fruit à une graine renfermée dans une coquille ligneuse. Cet arbre possède toute une série de principes actifs utiles : tannins dans les feuilles, vitamine C et pigment dans le péricarpe, huile dans les cerneaux, d'autres tannins sont concentrés dans les membranes qui divisent la noix.

JUNIPERUS COMMUNIS
GENEVRIER COMMUN

Cupressacées

132 Eur, Af NW, Asie, Am N

En montagne. au-dessus de la ligne des forêts, il se transforme en arbuste nain et résiste ainsi au dur climat tout en offrant un abri à d'autres végétaux. Dans le nord, sa silhouette se découpe, haute et noire sur les landes. Cet arbuste épineux aux branches ligneuses porte de fines feuilles en verticilles, par groupes de trois, se terminant en épine et arborant une ligne d'un blanc bleuté sur leur face supérieure. Ses petites fleurs sont peu visibles, mâles et femelles poussent sur des plants différents. Le pollen est transporté par le vent. Les baies vertes mûrissent en deux ou trois ans et deviennent d'un noir bleuté. Leur chair brune renferme les graines et une huile essentielle très aromatique contenant les principaux principes actifs de la plante riche aussi en sucrase. Les branches ne contiennent que peu d'huile essentielle.

KRAMERIA TRIANDRA
RHATANIA

Krameriacées

133 W-AmS
AmS

Cet arbuste de 60 cm a une souche de racines noueuses et ligneuses. Ses branches couchées, couvertes d'un duvet soyeux lorsqu'elles sont jeunes, deviennent ligneuses en vieillissant. Ses feuilles alternes sont très rapprochées, ovales, longues de 2 cm et couvertes de poils soyeux. Les fleurs axillaires à 4 pétales et 4 sépales sont rouges. En médecine on utilise la racine sous forme de morceaux cylindriques de 1 à 3 cm de diamètre, au cœur ligneux et à la surface ridée, fissurée, d'un brun rougeâtre. Autrefois les femmes de Lima utilisaient ces racines fibreuses pour se nettoyer les dents. Dans les pharmacopées elles sont qualifiées d'astringentes.

LAMIUM ALBUM
ORTIE BLANCHE
LAMIER BLANC

134 Lamiacées/Labiées
Eur, Asie, R.tempérées

C'est la forme un peu étranglée de la fleur qui lui a valu le nom de lamium (du Grec lamos gou-let). Cette jolie plante haute de 20 à 30 cm pousse dans les sous-bois et les taillis, le long des haies, des barrières des chemins et sur les tas de détritus. Son rhizome est très ramifié. Au printemps apparaissent de nombreuses tiges florales, droites, carrées, creuses, velues et souvent teintées de rouge à la base. Elles portent des feuilles allongées, cordées près du pétiole, velues, ressemblant à celles de l'ortie commune. Grossièrement dentées, elles forment des paires opposées à angle droit les unes des autres. A leur aisselle, les fleurs se groupent en verticilles. Leur corolle blanche, parfois d'un rose boueux, sont recouvertes par une lèvre supérieure, incurvée.

LAURUS NOBILIS
LAURIER
Lauracées

135 Eur S, Af NW, Asie SW

Le laurier cher aux anciens dieux de la Grèce et symbole de victoire s'est répandu sur la moitié du monde. Mais de son ancienne gloire il ne nous reste plus que la petite feuille que l'on ajoute au ragoût, aromate indispensable à tout bon cuisinier. Ce petit arbre porte une écorce grise et lisse. Ses feuilles persistantes. vertes, d'un ovale pointu, sont entières, brillantes sur le dessus et d'un ton plus clair et mat en dessous. Les fleurs mâles et femelles poussent sur des plants différents. Les fruits sont des baies de la taille d'une petite cerise, vertes tout d'abord, puis d'un noir brillant, renfermant une seule graine. Les feuilles dégagent une odeur épicée et aromatique. On extrait une huile grasse à partir des baies fraîches. D'un vert pâle, elle a plutôt la consistance d'une pommade.

LAVANDULA ANGUSTIFOLIA
LAVANDE
Lamiacées/Labiées

136 Eur S,Af NW

L'épais rhizome de la lavande porte des petites branches, à partir desquelles poussent des tiges carrées, hautes de 50 à 70 cm. Les feuilles étroites, gris-vert, aux côtés recourbés vers l'intérieur, sont couvertes d'un duvet argenté. Les fleurs labiées d'un bleu-violet se groupent en verticilles et font comme des épis au-dessus du feuillage. Ce sont elles qui contiennent la plus grande partie de l'huile essentielle et parfumée, pour les distiller, on coupe les tiges à la base. D'autres espèces, comme la lavande aspic (Lavendula latifolia) sont plus hautes et portent des feuilles plus grandes, mais leur huile essentielle a un parfum moins doux et nettement plus camphré. On utilise parfois les jeunes pousses comme herbe aromatique amère. La plante a été récemment analysée pour ses effets tranquillisants.

LEONURUS CARDIACA
AGRIPAUME CARDIAQUE
Lamiacées/Labiées

137 Eur, Asie
Am N

Les anciens Grecs connaissaient sans doute l'effet tonique que cette plante exerçait sur le cœur comme l'indique d'ailleurs son nom d'espèce cardiaca. Son rhizome horizontal est garni de nombreuses petites racines. Ses tiges droites et carrées, couvertes de poils rêches, font entre 60 cm et 1 m de haut Ses feuilles opposées se présentent en paires à angle droit les unes des autres. Palmées, à 3 ou 5 lobes et légèrement velues, elles sont vert foncé sur le dessus, plus claire en dessous. A leur aisselle apparaissent de nombreuses fleurs dont les pétales reposent sur un calice en entonnoir. D'un rose clair, ils portent des marques rougeâtres et s'élargissent vers leur extrémité. La plante dégage une odeur désagréable. Des recherches récentes sont venues confirmer son action sédative et régularisante.

LEVISTICUM OFFICINALE
LIVECHE
Apiacées,Ombellifères
138 Asie SW
Régions tempérées

Herbe condimentaire fort appréciée, la livèche est aussi cultivée pour ses propriétés médicinales. Ses tiges dressées, de 1 à 2 m de haut, se ramifient à leur extrémité supérieure. Vers le pied, les feuilles sont grandes et coriaces, divisées en 2-3 folioles d'un vert satiné sur le dessus. Plus haut sur la tige elles sont moins divisées, et plus elles sont proches du sommet plus leur pétiole se raccourcit. En petites quantités, elles servent à assaisonner soupes et ragoûts. Toute la plante est très aromatique et c'est dans sa racine que se trouve la plus grande concentration d'huile essentielle et autres principes actifs. Elle fait partie de la pharmacopée de plusieurs pays.

LINUM USITATISSIMUM
LIN USUEL
Linacées
139 Eur S, Asie SW
Régions tempérées

Il est très rare de trouver du lin sauvage. Cette plante annuelle aux fines tiges ramifiées vers le sommet porte des petites feuilles alternes, nervurées, étroites, lancéolées, d'un joli vert. A l'extrémité des tiges apparaissent de délicates fleurs bleues, plus rarement blanches ou roses. Leurs cinq pétales forment comme une petite roue et se fanent au bout de quelques heures. Le fruit est une capsule sphérique contenant 4 à 6 graines longues, lisses, d'un brun lustré que l'on extrait par battage. Le tégument est riche en mucilage et la graine contient une huile grasse, l'huile de lin. Ces deux substances sont utilisées en médecine tout comme la farine de lin, faite à partir des graines auxquelles on a retiré l'huile et qui sert à faire des cataplasmes. Les très gros grains d'une autre espèce cultivée sont utilisés dans certains types de régimes.

LOBELIA INFLATA
LOBELIA
Lobéliacées
140 E Am N.

Le lobélia utilisé pour ses propriétés médicinales fait partie de la flore de l'Amérique du Nord où il est également cultivé. Les Indiens connaissaient ses vertus thérapeutiques et son goût âcre lui valut le nom de «tabac Indien». Ils faisaient des décoctions de sa racine pour soigner la syphilis et fumaient ses feuilles pour se soulager en cas d'asthme. Dans le nord de l'Europe, on trouve d'autres espèces de lobélia (le L. dortmana entre autres) sans usage médicinal. Cette plante annuelle d'environ 50 cm a des tiges anguleuses grossièrement velues, vertes, parfois teintées de violet. Ses feuilles longues de 4 à 7 cm, vert pâle, étroites, oblongues, irrégulièrement dentées, ont un pétiole très court. De petites verrues blanches apparaissent sur l'extrémité des dentelures. Les nervures sont couvertes de duvet. Les fleurs d'un bleu pâle, à deux lèvres, peu nombreuses, forment des inflorescences en épi. Les nombreuses graines sont enfermées dans une capsule gonflée (inflata gonflée). Les feuilles ont un goût âcre et brûlant. La plante contient certains alcaloïdes intéressants, dont la lobéline qui exerce une action semblable à celle de la nicotine.

LYCOPUS VIRGINICUS
LYCOPE DE VIRGINIE

Lamiacées/Labïacées

141 E-Am N

Cette plante aime les prés humides, les bords de rivière, les fossés et les forêts claires. Sa tige souterraine est vivace et carrée, portant à chaque nœud de longues racines fibreuses. Ses tiges florales toutes droites, hautes de 30 à 60 cm, sont carrées et velues, souvent ramifiées vers leur sommet. Les feuilles opposées sont disposées par paires à angle droit les unes des autres. Longues de 6 à 15 cm, oblongues, dentées, elles ont un très court pétiole et leur face inférieure est constellée de glandes. Les petites fleurs blanches, labiées, apparaissent à l'aisselle des feuilles. La plante fraîche contient une huile essentielle et des substances de type hormonal qui n'ont pas encore été complètement analysées. Le Lycopus europaeus aux feuilles découpées, pousse également en Amérique du Sud.

LYTHRUM SALICARIA
SALICAIRE COMMUNE

Lythracées

142 Eur, Asie
AmN

On rencontre couramment cette plante dans les marais et le long des rivières qu'elle orne de ses jolis épis de fleurs rouges. Sa racine épaisse et ligneuse porte des tiges anguleuses, peu ramifiées, hautes de 70 cm à 1.20 m. Les feuilles opposées, cordées ou lancéolées, aux nervures apparentes, bordées de poils courts, peuvent mesurer jusqu'à 12 cm de long. Les nombreuses petites fleurs se groupent en épis terminaux. Leurs 6 pétales en étoile reposent sur un calice en coupelle. Les fruits sont des petites capsules pleines de graines poilues entourées d'un mucus qui leur permet de coller aux pattes des oiseaux aquatiques, assurant ainsi leur dissémination. Le nom d'espèce salicaria se rapporte à la forme des feuilles qui ressemblent à celles du saule (salix). Autrefois on recommandait la salicaire pour soigner les dysenteries et les diarrhées.

MALVA SILVESTRIS
GRANDE MAUVE

Malvacées

143 Eur S, Asie W
Régions tempérées

La fine racine pivotante de la mauve pénètre profondément dans le sol, ce qui lui permet de prospérer dans des sols plutôt ingrats au bord des chemins, le long des murs et des terrains vagues jusqu'à 1 500 m d'altitude. Sa tige ronde et ramifiée, droite ou penchée, mesure de 40 cm à 1 m. Les feuilles palmées, lobées, ressemblant un peu à une main ouverte, sont dentées et d'un beau vert. Tiges et feuilles sont couvertes d'un duvet velouté caractéristique de nombreuses plantes à mucilage. Les fleurs apparaissent à l'aisselle des feuilles et portent 5 pétales crantés d'un mauve pourpré. Les fruits ronds, un peu aplatis sont souvent appelés « fromages ». Une espèce plus petite, la Malva neglecta, atteint à peine 30 cm. Ses feuilles et ses fleurs sont très utilisées en médecine.

MARRUBIUM VULGARE
MARRUBE BLANC

Lamiacées/Labiacées

144 Eur S, Af N, Asie W
R. chaudes et tempérées

On rencontre le marrube blanc sur les terrains vagues ensoleillés, dans les prairies sèches et le long des chemins. Il est aussi cultivé comme fleur ornementale. C'est une plante vivace aux tiges creuses et velues, hautes de 60 cm. Ses feuilles opposées, oblongues, sont vert foncé sur le dessus, couvertes d'un duvet blanc en dessous et ont souvent un aspect un peu froissé. Des petites fleurs tubulaires de 5 à 7 mm se groupent en inflorescences rondes et denses à l'aisselle des feuilles. La floraison se fait de juin à août. Le marrube ressemble un peu à l'ortie blanche, mais ses inflorescences sont beaucoup plus denses, ses fleurs plus petites et ses feuilles ont un goût amer très caractéristique. Cette herbe médicinale oubliée se cultive très facilement. Elle stimule la sécrétion de la bile et décongestionne les voies respiratoires.

MARSDENIA CUNDURANGO
MARSDENIA
Asclépiadacées
145 W-Am S, Asie E

Cette liane épaisse de 10 cm, porte sur des branches laté-rales des feuilles ovales, longues de 8 à 10 cm, larges de 5 à 8 cm, couvertes d'un épais duvet laineux. Les fleurs en clochette ou en entonnoir se groupent en inflorescences sur les tiges supérieures. Les fruits forment de petits follicules en forme de pirogue qui contiennent des graines portant une touffe de poils. Les feuilles de marsdenia tiennent une grande place dans le folklore péruvien mais c'est en fait l'écorce des tiges qui renferme des principes actifs aux effets thérapeutiques. Gris-brun sur l'extérieur, de couleur jaune une fois écrasées, leur goût est amer et aromatique. On y trouve des principes amers, des acides organiques et de l'amidon.

MATRICARIA CHAMOMILLA
PETITE CAMOMILLE
Astériacées/Composées
146 Eur C + S, Af N, Asie
Régions tempérées

Cette plante médicinale est très versatile. Son nom matricaria (de matrix : utérus) indique bien l'usage qu'en faisaient les anciens, de nos jours les infusions de camomille sont encore recommandées pour des problèmes de grossesse et autres troubles féminins. On la trouve à l'état sauvage dans le midi de l'Europe où elle se développe dans les terrains vagues. sur les tas de détritus et le long des chemins. Elle est fréquemment cultivée. Les grandes plantations réalisées dans les Balkans et en Amérique du Sud fournissent pratiquement la totalité de la demande mondiale. C'est une annuelle à tige ronde, souvent ramifiée, haute de 40 à 60 cm, aux feuilles peu nombreuses et très découpées, semblables à des filaments. Les capitules au coeur jaune et conique apparaissent à l'extrémité de fines tiges ils se composent de petites fleurs tubulées entourées d'une collerette de fleurs ligulées, blanches, légèrement recourbées vers l'extérieur. On récolte les fleurs, plus rarement le reste de la plante. Son efficacité dépend de sa teneur très variable en huile essentielle. On a découvert récemment que son action thérapeutique n'était pas seulement due à l'azulène, son principe majeur, mais également à divers autres composants.

MELILOTUS OFFICINALIS
MELILOT OFFICINAL

Fabacées/Papilionacées

147 Eur, Asie
Régions tempérés

Les abeilles adorent le nectar très sucré du mélilot. Sa grosse racine pivotante porte des radicelles couvertes de petits nodules produits par des bactéries qui fixent le nitrogène, caractéristique fréquente chez les légumineuses. Ses tiges hautes et très ramifiées peuvent atteindre 1 m de hauteur. Les feuilles ovales et allongées, d'un beau vert, sont trilobées et légèrement dentées. Des inflorescences en épi, composées de petites fleurs jaunes comme des fleurs de pois, apparaissent à l'aisselle des feuilles. Des petites gousses glabres, d'un jaune-brun, renfermant les graines, sont transportées par le vent. Toute la plante dégage une douce odeur de coumarine (vanille) qui s'intensifie au séchage. La cueillette se fait de juin à septembre. Le grand mélilot (Melilotus altissima). plus grand et plus luxuriant, est une espèce cultivée.

MELISSA OFFICINALIS
MÉLISSE OFFICINALE

Lamiacées/Labiacées

148 Eur SE, Asie SW
Régions tempérées

Le rhizome de la mélisse officinale, multiple et persistant, produit des tiges de 60 cm à 1 m. Peu ramifiées au début, elles se divisent en plusieurs branches lors de la floraison. Ses feuilles cordées ou ovales, opposées, dentées, d'un vert pâle et satiné, portent de minus-cules glandes à huile essentielle. Des petits bouquets de fleurs blanches apparaissent à l'aisselle des feuilles supérieures et s'épanouissent en juillet-août, attirant une foule d'abeilles. Toute la plante et plus particulièrement les feuilles dégagent une agréable odeur citronnée si on les froisse entre les doigts. Pour la culture, la mélisse exige un sol argileux riche en humus et pas trop sec. C'est juste avant la floraison que les tiges et les jeunes feuilles concentrent le plus d'huile essentielle. Fraîches, elles sont employées en cuisine.

MENTHA PIPERITA
MENTHE POIVRÉE

Lamiacées/Labiacées

149 Eur S
Régions tempérées

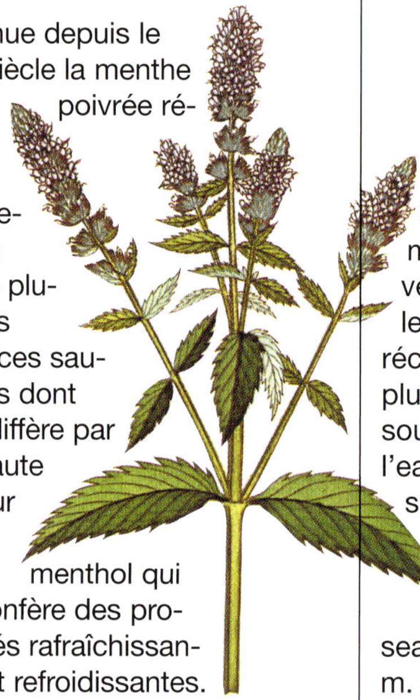

Connue depuis le 17^{è} siècle la menthe poivrée résulte d'un croisement entre plusieurs espèces sauvages dont elle diffère par sa haute teneur en menthol qui lui confère des propriétés rafraîchissantes et refroidissantes. Elle aime les sols humides et riches en humus. Les espèces sauvages se rencontrent le plus souvent dans les marais et autres lieux saturés d'eau. Le rhizome de la menthe poivrée, peu enfoncé pré-sente de nombreux rejets au-dessus et au-dessous du sol. Ses tiges carrées, hautes de 50 à 80 cm, souvent rougeâtres, sont très ramifiées. La plante se propage très facilement. Les feuilles opposées par paires sont ovales ou lancéolées, longues de 4 à 8 cm, dentées, d'un vert pâle ou foncé souvent teintées de rouge. Sur les tiges florales les feuilles sont beaucoup plus petites. Les fleurs violettes forment des épis terminaux.

MENYANTHES TRIFOLIATA
TRÈFLE D'EAU MENYANTHE

Gentianacées

150 Eur, Asie, Am N

Son épais rhizome se développe dans les sols marécageux, le plus souvent sous l'eau, sur le bord des mares et des ruisseaux, jusqu'à 1 800 m. Au printemps apparaissent des pousses longues de 30 à 40 cm, en même temps que des tiges tubulaires portant trois folioles ovales, bien au-dessus de la surface de l'eau. L'extrémité des tiges florales forme un épi de nombreuses petites fleurs à 5 lobes, d'un rouge rosé et frangées de poils blancs, très visitées par les bourdons. Les feuilles renferment de puissants amers de gentiane, jadis on utilisait la plante comme fébrifuge. Malheureusement, dans bien des régions, il a fallu prendre des mesures destinées à protéger le ményanthe, car il ne peut se développer dans des eaux polluées.

MONARDA DIDYMA
MONARDE ÉCARLATE

Lamiacées/Labiacées

151 E-Am N

Régions tempérées

Cet arbrisseau vivace est très apprécié pour ses qualités ornementales. Au siècle dernier, toute jeune mariée en emportait un pied dans son douaire car on savait que ses fleurs prises en infusion étaient excellentes pour les jeunes mères. Son rhizome se plaît dans des sols légers et secs. Au printemps apparaissent plusieurs tiges carrées, hautes de 60 à 80 cm, souvent teintées de rouge, ramifiées vers leur extrémité supérieure. Les feuilles opposées au pétiole rougeâtre, lancéolées, dentées, sont longues de 10 cm. Plus étroites que les feuilles de mélisse (Melissa) elles ont des nervures apparentes, sont moins froissées et moins aromatiques. Les inflorescences terminales comportent de longues fleurs étroites, écarlates, dans lesquelles sont concentrés les principes actifs de la plante.

NASTURTIUM OFFICINALE
CRESSON DE FONTAINE

Brassicacées/Crucifères

152

Régions tempérées

S'il faut se munir de bottes pour en faire la cueillette, on est amplement récompensé de sa peine par ses multiples propriétés médicinales. L'effet des principes actifs dépend de la fraîcheur de la plante car ils disparaissent dès qu'elle est fanée. Le cresson devrait s'employer surtout en cure de printemps. Ses tiges ramifiées, d'abord rampantes puis dressées, produisent de nombreuses petites racines qui, à leur tour donnent naissance à d'autres tiges anguleuses et creuses, d'un joli vert. Les feuilles inférieures se composent de 1 à 3 folioles, plus haut sur la tige elles en comptent entre 5 et 9. A l'extrémité des tiges apparaissent de jolis épis de fleurs à 4 pétales en croix. Elles sont remplacées par des gousses en forme de faucille, marquant la parenté de cette plante avec les moutardes et l'herbe à la cuillère.

NERIUM OLEANDER
LAURIER-ROSE

Apocynacées

153 Eur S

R. chaudes et tempérées

La médecine arabe faisait grand usage du laurier-rose qui fut introduit en Europe au 19e siècle comme plante ornementale. Dans les pays du Nord, témoignant de leur gloire passée, ils ont toujours une place dans les orangeries des palais et les cours des belles gentilhommières. On les rentre en hiver, en compagnie des orangers. Dans le Midi par contre, ce sont des arbustes aux feuilles persistantes pouvant parfois devenir des arbres hauts de 3 à 8 m. Leurs branches rondes et ligneuses portent des feuilles vert foncé, lancéolées, coriaces, entières, longues de 10 à 1 5 cm. Elles se renouvellent petit à petit. Les très belles fleurs rouges, roses ou blanches apparaissent à l'extrémité des branches. Tubulaires à la base, elles s'ouvrent ensuite comme une roue et dégagent un parfum presque narcotique. Le nom de laurier-rose décrit bien cette plante qui mêle la sévérité et la rigueur du laurier à la joie de vivre du rosier. Les principes actifs concentrés dans les feuilles comprennent des glucosides cardiaques ressemblant à ceux de la digitale souvent utilisés en Europe à la place de cette dernière. Aux Etats-Unis et en Angleterre on continue à préférer la digitale (Digitalis purpurea).

OLEA EUROPAEA
OLIVIER D'EUROPE
Oléacées
154 Eur S, Af N, Asie SW
Af S, W-Am N, Aus

Depuis des temps immémoriaux, les peuples du monde ont cherché des vertus médicinales dans les plantes qu'ils utilisaient comme nourriture ou comme textile. Ce fut le cas pour l'olivier, il semble maintenant certain que ses feuilles contiennent une substance qui, correctement préparée et administrée, fait baisser la tension artérielle le. Quoi qu'il en soit, le produit le plus important de cet arbre reste l'olive, un des rares fruits à contenir de l'huile non seulement dans sa graine mais aussi dans sa partie charnue. Les oliviers, qui peuvent vivre plusieurs centaines d'années, ont une croissance très lente.
Leur tronc, qui ressemble à celui du saule, peut atteindre jusqu'à 10 m. Les branches fines et droites portent des feuilles étroites, lancéolées, vert-gris sur le dessus et argentées en dessous. Des petites fleurs axillaires d'un blanc jaunâtre apparaissent en avril-mai. Le fruit, en forme de petite prune allongée, mûrit très lentement et la récolte se fait en hiver. La production d'huile semble monopoliser toute la vitalité de l'arbre. Il ne donne des fruits qu'au bout de dix ans et il faut encore plusieurs années avant qu'il ne parvienne au faîte de sa vigueur.

ONONIS SPINOSA
BUGRANE ÉPINEUSE
Fabacées/Papilionacées
155 Am N

Cet arbuste, haut de 30 à 60 cm, pousse parmi les herbes sèches, en bordure des bois et des chemins et dans les rochers calcaires des montagnes jusqu'à 1 500 m. Son rhizome ligneux s'enfouit profondément dans le sol. Ses tiges velues, ramifiées, portent des épines acérées. Vers le bas de la plante les feuilles sont trifoliées, plus haut sur les tiges elles sont plus petites, ovales, dentées, et vert pâle, formant un feuillage peu fourni. La floraison, très abondante, se fait de mai à l'automne. Les fleurs rose pourpre, plus rarement bleutées, ont la forme de fleurs de pois. Leur calice pointu et vert repose dans l'aisselle des feuilles. L'inflorescence présente l'aspect d'un épi assez aéré. Les principes actifs sont concentrés dans les feuilles et le rhizome. Une fois sec, ce dernier est néanmoins reconnaissable à son écorce brune et son bois jaune.

ORIGANUM VULGARE
ORIGAN
MARJOLAINE SAUVAGE
156 Lamiacées/Labiacées
Eur,Asie C+ N, Am N

On rencontre la marjolaine dans les sols siliceux et calcaires des collines pierreuses, des prés arides et des régions montagneuses de moyenne altitude. Sa racine très fasciculée produit de nombreux rejets. Ses tiges carrées, hautes de 40 à 60 cm, ramifiées à leur extrémité supérieure, sont souvent teintées de rouge. Elles portent des feuilles opposées, à angle droit les unes des autres, lancéolées et, tout comme les tiges, velues et parsemées de petites glandes. A l'extrémité des tiges. apparaissent des bouquets très fournis de petites fleurs labiées roses ou mauves. On récolte la plante entière pour l'utiliser dans des bains thérapeutiques. En cuisine, elle assaisonne agréablement les viandes. Bien que d'une famille différente, elle ressemble un peu à l'eupatoire chanvrine, particulièrement par la couleur de ses fleurs.

ORTHOSIPHON STAMINEUS THÉ DE JAVA
Lamiacées/Labiacées
157 Asie SE
Régions tropicales

Cette plante herbacée qui ressemble à la menthe poivrée est cultivée en Indonésie, ainsi qu'en Australie. Très estimée des indigènes comme plante médicinale elle fut adoptée par les colons européens et rapportée en Hollande et en Allemagne. Ses tiges hautes de 70 à 90 cm sont glabres ou légèrement velues. Elles portent des paires de feuilles opposées à angle droit les unes des autres, à bords découpés, longues de 5 à 6 cm, pointues et velues sur les deux faces. Les nervures secondaires partent à angle aigu de la nervure centrale pour s'arrondir et former une courbe au sommet de la feuille. Les fleurs sont groupées en épis terminaux. De couleur bleu pâle, tubulaires, elles ont de très longues étamines.

PANAX QUINQUEFOLIUS GINSENG, PANAX GINSENG
158 Araliacées
Asie E, E-Am N

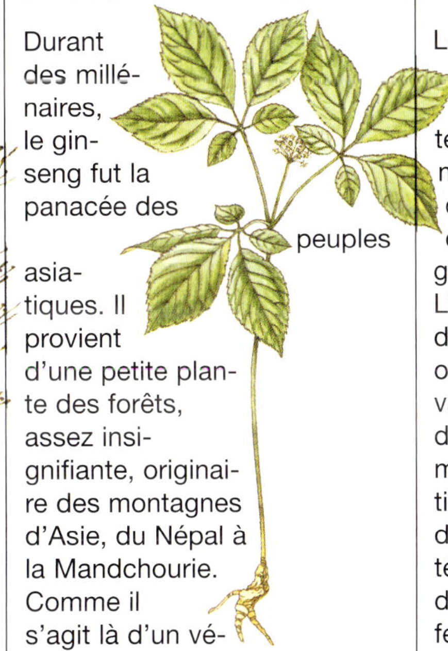

Durant des millénaires, le ginseng fut la panacée des peuples asiatiques. Il provient d'une petite plante des forêts, assez insignifiante, originaire des montagnes d'Asie, du Népal à la Mandchourie. Comme il s'agit là d'un végétal extrêmement demandé, on le cultive aussi dans de nombreux pays (Corée, Chine, Japon, Etats-Unis, URSS). Le Panax quinquefolius se trouve à l'état sauvage au Canada et dans l'est des Etats-Unis. Sa racine pivotante se divise en fourche, la faisant ressembler un tant soit peu à une forme humaine. Ginseng viendrait du chinois Jinchen signifiant «qui ressemble à l'homme », il est vrai que ses racines ressemblent très vaguement à une petite poupée sans tête. Sa tige glabre et ronde, haute de 40 à 60 cm, porte deux feuilles terminales, d'un vert foncé, à 5 folioles comme les doigts d'une main.

PAPAVER SOMNIFERUM PAVOT
Papavéracées
159 *Régions chaudes et tempérées*

Les brigades des narcotiques de tous les pays tentent d'en maintenir la culture sous contrôle gouvernemental. L'aspect du pavot à opium peut varier considérablement. Sa tige ronde, d'un vert bleuté, parfois haute de 1 m, porte des feuilles ondulées, dentées, sessiles vers la base de la plante. De très jolies grandes fleurs apparaissent à l'extrémité de fines tiges velues. Leurs 4 pétales lilas, parfois blancs, fins comme du papier de soie, entourent un ovaire vert. Ils tombent très vite et l'ovaire devient une capsule sphérique pleine de petites graines à huile. Les tiges et les capsules vertes renferment un latex, l'opium proprement dit, que l'on recueille précieusement. Dans certains pays on cultive une espèce de Papaver aux graines noires pour en extraire l'huile. Les capsules contiennent quelques composants actifs de l'opium.

PASSIILUHA INCANNATA PASSIFLORE
Passifloracées
160 SE-Am N, Am C
Eur S, W-Am S

Cette liane exotique pousse dans les forêts humides de l'Amérique du Sud. En Europe et dans des pays plus septentrionaux, on la cultive aujourd'hui comme plante ornementale. Les branches grimpantes portent des feuilles ovales, larges, trilobées, aux bords dentés. Les tiges florales, sans feuilles, présentent des fleurs blanches et pourpres très décoratives. A l'automne, l'ovaire devient un fruit jaune, ovale, au goût sucré. Depuis un siècle environ fleurs et feuilles sont utilisées pour leurs vertus médicinales. On y a trouvé des principes actifs très utiles (alcaloïdes) aux propriétés sédatives et antispasmodiques. On recommande souvent des infusions et des extraits de passiflore pour calmer la nervosité. La chair parfumée du fruit sert à préparer des boissons non alcoolisées.

PETASITES HYBRIDUS
PETASITE

Astéracées/Composées Eur, Asie N + W
161 *Am N*

Au printemps apparaissent les tiges florales formant des hampes un peu écailleuses portant un épi de nombreuses petites fleurs composées, blanches (Petasites album) ou rose fâné (Petasites hybridus). Lorsque les fleurs sont fanées, les épis s'allongent et produisent des touffes de poils qui permettent aux graines d'être transportées dans les airs. Entretemps, les bourgeons de feuilles se sont ouverts, en été la plante présente des feuilles cordées, ondulées, incurvées vers la tige, faisant jusqu'à 80 cm de large et couvertes d'un duvet laineux sur leur face inférieure. C'est une plante pionnière de régions de montagne : elle y prend racine et fabrique de l'humus. Des recherches pharmacologiques entreprises ces 30 dernières années ont montré que le pétas ite contient des principes antispasmodiques et d'autres composants actifs.

PETROSELINUM CRIPUM
PERSIL

Apiacées/Ombellifères
162 Eur S, Af N, Asie SW
Régions tempérées

Depuis des siècles le persil est connu pour ses qualités condimentaires et médicinales. Seules sont intéressantes les espèces cultivées. Les fruits contiennent une huile essentielle qui active la circulation du sang dans la région pelvique. Sa racine pivotante (c'est un parent de la carotte) exige un sol riche et bien cultivé. On ramasse les feuilles vert foncé, très découpées, au fur et à mesure des besoins. Si on laisse la plante tranquille, la deuxième année apparaît une tige droite et ronde, ramifiée à son extrémité supérieure. Les ombelles aux nombreux rayons portent de minuscules fleurs d'un jaune verdâtre. Les fruits, ovales, d'un gris brun, longs de 2 à 3 mm, se divisent en deux petites graines ayant la forme de faucilles.

PEUCEDANUM OSTRUTHIUM
IMPÉRATOIRE

Apiacées/Ombellifères
163 Alpes

En été, les jolies ombelles blanches de l'impératoire ornent les vallées humides et les pâturages de montagne. Elle se plaît dans les sols calcaires et siliceux. Parfois cultivée en plaine, on en rencontre de temps à autre un plant échappé des jardins. Sa racine fibreuse, en forme de betterave, scarifiée et porteuse de nombreuses radicelles, contient un suc laiteux. Sa tige tubulaire, striée, teintée de rouge vers la base, ramifiée vers l'extrémité supérieure peut atteindre 1 m de haut. Les feuilles peu nombreuses sont deux fois divisées en trois folioles larges et dentés. Les pétioles forment des gaines renflées. Des ombelles aplaties portent des fleurs blanches. Toute la plante dégage une forte odeur de céleri. La majeure partie de l'huile essentielle, des amers, du tannin et de la résine se trouve dans la racine.

PEUMUS BOLDUS
BOLDO

Monimiacées
164 Chili
Eur S, Af N, W-Am N

Ses nombreuses branches portent des feuilles ovales longues de 3 à 6 cm, larges de 2 à 4 cm, entières, raides et coriaces, vert pâle sur le dessus, plus pâles encore en dessous, aux nervures apparentes. A la loupe on peut observer de petites excroissances de couleur claire qui. dans les jeunes feuilles, sont couvertes de poils. Les fleurs unisexuées, blanches ou jaunes, poussent en grappes à l'aisselle des feuilles ou forment des inflorescences terminales. Elles dégagent un parfum très aromatique. Les fruits à noyau mûrissent en automne. Toute la plante a une curieuse odeur rappelant la menthe poivrée. Les feuilles sont récoltées, séchées puis coupées en petits morceaux. Elles contiennent des principes actifs d'une grande valeur médicinale. Dans son pays d'origine, on emploie l'écorce en tannerie et pour la teinture.

PHASEOLUS VULGARIS
HARICOT

Fabacées/Papilionacées

165 Am C, Am S
R. chaudes et tempérées

Il n'est presque pas besoin de décrire les nombreuses variétés de ce légume si connu. Fait intéressant et souvent ignoré, le haricot vert cru contient une protéine toxique (la phasine) qui ne disparaît qu'au séchage. Afin d'éviter tout risque d'intoxication, il vaut mieux toujours bien les faire cuire. Selon les variétés, on les mange dans leur gousse comme légume vert, ou égrenés (haricots blancs). En mûrissant les gousses deviennent jaune clair et perdent leur chlorophylle. Depuis quelque temps elles sont utilisées en médecine. On a découvert qu'elles contenaient des substances qui agissent comme des hypotenseurs tandis que d'autres stimulent le métabolisme et la fonction rénale.

PHYSOSTIGMA VENENOSUM
FÈVE DE CALABAR

Légumineuses

166 Af W

Les fèves de calabar sont les graines mûres du Physostigma venenosum, plante indigène de la côte ouest de l'Afrique, plus particulièrement des régions entourant l'embouchure du Vieux Calabar et du Niger. Les populations locales les utilisaient lorsqu'il fallait rendre un jugement, ce qui leur valut le nom anglais de « ordeal bean » ou « fève de l'épreuve ». En effet, on la donnait à manger à l'accusé : s'il en mourrait cela confirmait sa culpabilité tout en servant d'exécution. Si, en vomissant, il arrivait à supporter le poison, son innocence était prouvée. A l'aisselle des feuilles supérieures pendent des grappes de curieuses fleurs violettes ou grenat, en forme de papillon. Les fruits sont des gousses plates et ligneuses qui se rétrécissent aux extrémités. Ils portent entre 1 et 3 graines rhomboïdes, d'un marron foncé et satiné. Les fèves de calabar sont longues de 3 cm, larges de 1.5 cm, leur surface est finement ridée. Elles contiennent de l'amidon, des protéines et une huile grasse. Leur principal alcaloïde est la physostigmine, substance extrêmement toxique, surtout utllisée aujourd'hui sous forme de gouttes pour les yeux destinées à rétrécir la pupille.

PHYTOLACCA AMERICAN
RAISIN D'AMÉRIQUE

Phytolaccacées

167 SE-Am N
R. chaudes et tempérées.

Cet arbuste vivace d'origine américaine peut atteindre 3 m de haut, il se plaît dans les bois humides, le long des haies et dans les terrains vagues. Sa racine est grosse et ramifiée. Au printemps, on peut en cueillir les jeunes pousses pour les manger en asperges. Ses tiges dressées, rondes, glabres, se ramifient vers leur extrémité supérieure. Ses feuilles sont vert clair, longues de 12 à 20 cm, ovales à bords ondulés. Les tiges florales sans feuille portent un grand épi de petites fleurs d'un blanc verdâtre. Les baies noir violacé mûrissent en automne. D'environ 1 cm de diamètre, elles contiennent un jus violet qui fait des taches tenaces. Vertes, elles sont toxiques. Les racines contiennent des saponines aux propriétés antirhumatismales et purgatives.

PILOCARPUS PENNATIFOLIUS
JABORANDI

Rutacées

168 C-Am S

C'est à partir des feuilles de jaborandi que l'on obtient l'alcaloïde appelé pilocarpine. Cet arbuste très ramifié au feuillage dense a des feuilles pennées au court pétiole ailé. Les folioles ovales, longs de 2 à 5 cm, larges de 1 à 2.5 cm, sont légèrement crantés au sommet, formant ainsi deux lobes. D'un brun-vert sur le dessus, et vert pâle en dessous, avec des nervures apparentes, ils sont couverts de petites glandes sécrétant une huile essentielle. Les fleurs se groupent en épis à l'aisselle des feuilles qui ont un parfum assez aromatique et un goût amer. Officiellement, ces feuilles doivent contenir une quantité spécifique d'alcaloïde. Une fois séchés, les folioles deviennent coriaces ou parcheminés, d'une couleur variant du brun au vert pâle.

PIMPINELLA ANISUM
ANIS VERT

Apiacées/Ombellifères

169 Asie SW
R. chaudes et tempérées

Cette plante condimentaire est très cultivée, on ne la rencontre que rarement à l'état sauvage. Elle appartient à la grande famille des ombellifères (carotte), parfois difficiles à distinguer les uns des autres. Heureusement son identification est facilitée par son odeur et l'aspect de certaines de ses parties. Annuelle, haute de 40 à 60 cm, elle possède une fine racine pivotante. Ses tiges rondes et striées se ramifient vers le haut et portent de doubles ombelles aplaties composées de petites fleurs blanches. La forme des feuilles varie. Le plus souvent celles du bas sont profondément découpées, cordées à la base, avec un long pétiole. Plus haut sur la tige, elles sont finement découpées, offrant quelque ressemblance avec des plumes. Les fruits velus soutiennent deux graines gris brun striées de côtes plus claires.

PIMPINELLA SAXIFRAGA
PETIT BOUCAGE
SAXIFRAGE

170 Apiacées/Ombellifères
Eur, Asie C + W, AmN

Le boucage aime les prés secs au sol peu riche, les forêts claires et les halliers, jusqu'à 2 000 m d'altitude. Son épaisse racine pivotante, souvent divisée, est large de 2 cm. Ses tiges striées, pleines le plus souvent, sont hautes de 30 à 50 cm, et de 50 cm à 1 m pour la plus grande espèce. Vers le pied de la plante, les feuilles se composent d'un nombre impair de folioles ovales et dentés. Plus haut sur la tige, elles sont très peu nombreuses et entourées d'une gaine membraneuse. Les ombelles portent des fleurs blanches (roses parfois en montagne) qui à l'automne font place à des fruits striés. On reconnaît facilement le boucage à sa racine pivotante qui aime les sols friables et peut faire jusqu'à 20 cm de long. Il dégage une odeur forte et musquée, rappelant celle du bouc et ses propriétés médicinales sont connues depuis l'Antiquité.

PINUS SYLVESTRIS
PIN SYLVESTRE

Pinacées

171 Eur, Asie N+
Régions tempérées

En plaine, les pins peuvent faire 40 m de haut. En montagne, les pins nains poussent encore au-dessus de la ligne des forêts. Leurs caractéristiques sont les suivantes : un tronc très haut, un houppier conique et élevé, une écorce lisse et brune qui devient rougeâtre et écailleuse par la suite. Selon les espèces, les arbres âgés ont une écorce fissurée, gris brun en surface et rouge intérieurement. Les aiguilles, ver bleuté ou vert foncé, persistent entre 3 et 6 ans. Les pommes de pin coniques sont pétiolées, dressées ou pendantes. Ces arbres peuvent vivre jusqu'à 600 ans. On ramasse les jeunes pousses au printemps (Turio pini). Sont également utilisées la résine qui suinte des troncs de mélèze, l'huile de pin distillée à partir des branches fraîches, et l'huile ou l'essence de térébenthine tirée de la résine brute.

PIPER METHYSTICUM
KAVA
Pipéracées
172 Polynésie
Nouvelle-Guinée, Hawaii

Dans les pays d'où elle est originaire, cette plante joue un rôle important dans la vie sociale et religieuse des indigènes qui consomment des breuvages de kava ou ava comme stimulant ou apéritif. Faits avec une petite quantité de rhizome, ils deviennent, à plus hautes doses, enivrants et intoxiquants. Ils peuvent en fait être si dangereux qu'il a fallu légalement restreindre l'usage de la plante. Cet arbuste de 1.50 m à 4 m de haut a un gros rhizome noueux pesant parfois plusieurs kilos. Les branches lisses et glabres, un peu comme des roseaux, présentent des nœuds parfois épineux. Les feuilles, larges d'environ 20 cm sont cordées, aux nervures apparentes. Les fleurs unisexuées sont toutes petites, les mâles formant des épis denses sur les nœuds des tiges supérieures.

PLANTAGO PSYLLUM
HERBE AUX PUCES
Plantaginacées
173 Eur S, Af N, Asie SW

Certaines espèces de plantains contiennent, particulièrement dans leurs graines, un mucilage qui a la propriété de beaucoup gonfler, d'où son usage thérapeutique comme laxatif mécanique. On utilise surtout les graines des plantains du midi de la France, d'Afrique du Nord et d'Inde. L'herbe aux puces est une annuelle haute de 20 à 40 cm. Sa tige herbacée, vert pâle et velue peut être dressée ou légèrement tombante. Peu ramifiée, elle porte des feuilles en verticilles, longues et étroites, légèrement velues vers le pied de la plante. Les toutes petites fleurs blanches ou brunes se groupent en inflorescences sphériques à l'aisselle des feuilles supérieures. L'ovaire est entouré de 4 sépales rêches et pointus. Le fruit est une capsule membraneuse renfermant de petites graines brunes.

PLANTAGO LANCEOLATA
PLANTAIN LANCEOLE
Plantaginacées
174 Eur, Asie
Régions tempérées

Il existe de par le monde quelque 200 espèces de plantains. Leur nom vient d'un mot latin signifiant « plante du pied ». En effet, dans certaines espèces, les feuilles s'étalent au ras du sol, rappelant un peu une empreinte de pied. Ces herbes vivaces aiment les sols secs et sablonneux qui longent les chemins, les prés et les côtes. En Europe de l'Est, on cultive le plantain lancéolé pour ses propriétés médicinales. Sa tige souterraine produit une rosette plate ou légèrement dressée, composée de feuilles robustes, pétiolées, longues et pointues aux nervures longitudinales et parallèles. Vers le pied de la plante, leur pétiole est couvert d'un duvet laineux. Les tiges florales sans feuilles, striées, toutes droites, portent des inflorescences en épi de couleur brune. On a découvert que certains de leurs principes actifs étaient antibiotiques.

PODOPHYLLUM PELTATUM
PODOPHYLLUM
Berbéridacées
175 E-Am N
Asie NE

On rencontre cette plante dans les forêts humides et les pâturages boisés de la région atlantique de l'Amérique du Nord. Son rhizome très ramifié, d'à peine 1 cm de diamètre, produit de nombreux rejets. La plante a deux sortes de tiges. L'une, haute de 30 à 50 cm, est stérile, portant une feuille de 15 à 30 cm de diamètre, le pétiole partant directement en dessous de la feuille. Sa surface supérieure est verte foncée et légèrement velue. La tige fertile qui porte le fruit présente en son extrémité deux feuilles de même forme, à 5 ou 7 lobes, entre lesquelles apparaît une fleur blanche, penchée, à 6 ou 9 pétales ovales, au parfum très aromatique. Le fruit est une baie jaune, longue de 4 à 5 cm, renfermant 12 graines ovales.

POLYGALA SENEGA
POLYGALA
Polygalacées
176 Am N

C'est une plante originaire des forêts claires et pierreuses de l'Amérique du Nord. Son nom d'espèce sénéga vient sans doute de Seneca, tribu, iroquoise qui utilisait cette racine pour traiter les morsures de serpent (car elle ressemble un peu à un serpent), ce qui explique également son nom populaire : serpentaire de Virginie. Ses tiges herbacées, simples et dressées, hautes d'environ 40 cm, poussent à l'aisselle des feuilles de base en forme d'écailles. Plus haut sur les tiges les feuilles sont alternes, longues de 5 à 8 cm, larges de 3 cm, lancéolées, aux bords dentés, d'un vert plus clair en dessous. Les tiges portent à leur extrémité de longs épis de fleurs d'un blanc rosé. La racine noueuse, pouvant faire jusqu'à 15 cm de diamètre, est souvent divisée.

POLYGONUM HYDROPIPER
POIVRE D'EAU
Polygonacées
177 Eur, Af NW, Asie, Am N

Les plantes de cette famille doivent leur nom aux nombreux nœuds que comporte leur tige (poly : plusieurs, gony : genou, nœud). Le poivre d'eau, comme son nom l'indique, a un goût poivré et aime particulièrement les endroits humides et le bord des ruisseaux. C'est une annuelle, dont la tige dressée et ramifiée, noueuse et haute de 80 cm, porte des feuilles peu nombreuses, allongées, lancéolées, leur face inférieure est parsemée de glandes, visibles sous forme de petits points noirs. Les fleurs minuscules, au calice verdâtre ou rougeâtre, longues de 3 à 4 mm, portent de nombreuses glandes jaunes. Elles se groupent en épis souples. La floraison a lieu de juillet à août. Lorsqu'elle est fraîche cette plante a un goût acide et poivré. Les racines de bistorte (Polygonum bistorta), absorbées par voie buccale stoppent les hémorragies.

POLYPODIUM VULGARE
POLYPODE VULGAIRE
178 Polypodiacées
Eur, Asie N

Les polypodes sont l'espèce la plus nombreuse de la famille des fougères. Ses tiges souterraines, aplaties, fines comme des crayons, d'un brun rougeâtre, portent la marque des vieilles tiges aériennes. Au printemps, les jeunes pousses enroulées en crosse se déroulent pour devenir des feuilles hautes de 30 à 40 cm. divisées en folioles aux extrémités arrondies rangés de chaque côté d'une nervure ou côte centrale assez proéminente sur la face inférieure. On peut observer de ce même côté deux rangées de spores (corps porteurs de spores) d'un orange vif, qui deviennent bruns en vieillissant. L'aspect général de la feuille est celui d'une lance pointue et légèrement incurvée Les racines fraîches ont un goût sucré. Outre les sucres, ses principes actifs sont des résines amères, une huile essentielle, de la saponine et du mucilage.

POPULUS NIGRA
PEUPLIER NOIR
Salicacées
179 Eur, Af N, Asie
Régions tempérées

On voit souvent ces arbres plantés le long des avenues. Chez les jeunes arbres, l'écorce est grise et lisse, en vieillissant, elle devient rugueuse et gris-noir. Hauts de 20 à 30 m les peupliers peuvent vivre plusieurs siècles Leurs feuilles triangulaire ou rondes ont un pétiole aplati. Les fleurs mâles et femelles poussent sur des plants différents. Les mâles forment de gros châtons cylindriques et pendants, aux étamines écarlates. Les :femelles se présentent en spis dressés pendants, lus courts, d'une couleur verdâtre L'écorce fraîche des jeunes branches et les jeunes feuilles sont utilisées en homéopathie. On en fait des teintures et des extraits contenant de la salicine. En Europe on emploie fréquemment les bourgeons de saule (Gemmae Populi) riches en tannins et en huile essentielle.

POTENTILLA ANSERINA
POTENTILLE ANSERINE

Rosacées

180 Régions tempérées

Les potentilles, qui regroupent plusieurs espèces, sont des petites plantes rampantes que l'on rencontre depuis les plaines jusqu'aux montagnes. Leur nom latin vient de potentia « pouvoir » et du diminutif «illa» signifiant à peu près « grand pouvoir dans une petite plante ». On trouve l'ansérine dans les terrains vagues, le long des chemins et autour des poulaillers où elle couvre le sol de ses jolies feuilles composées. Son rhizome vivace et ligneux produit de nombreux rejets qui prennent vite racine, formant ensuite des tapis de feuillage vert. Les feuilles longues de 20 à 25 cm sont pennées, aux bords dentés. Leur face inférieure est couverte d'un duvet argenté, comme pour se protéger de l'humidité du sol. Les fleurs jaunes d'or, sont solitaires sur des tiges sans feuilles.

POTENTILLA ERECTA
POTENTILLE TORMENTILLE

Rosacées

181 Eur, Af NW, Asie N
NE-Am N

La tormentille est un des membres les plus modestes de la famille des roses. Haute de 10 à 21 cm, elle pousse dans les prés humides ou secs, en terrain marécageux et en bordure des forêts, jusqu'à 2 500 m d'altitude. Son rhizome très noueux produit des tiges fines et ramifiées, d'abord rampantes, puis dressées. Au pied de la plante, les feuilles sont trifoliées, plus haut sur les tiges elles sont sessiles, également trifoliées mais les folioles sont plus étroits et dentés, plus grands au centre que sur les côtés. A l'extrémité des tiges, des calices verts à 4 sépales entourent 4 pétales d'un jaune vif, fait assez rare chez les rosacées qui en comptent généralement 5. Sa racine rouge-brun contient du rouge de tormentille, tannin aux propriétés astringentes. Les rhizomes de rhatania et de bistorte (Radix bistortae) sont tout aussi efficaces. Il vaut mieux l'utiliser en teinture qu'en infusion.

PRIMULAVERIS
PRIMEVÈRE OFFICINALE

Primulacées

182 Eur C
Régions tempérées

Ces plantes annonciatrices du printemps sont aussi des herbes médicinales. On les rencontre dans les prairies et les champs, le long des chemins, jusqu'à 2 000 m d'altitude. L'espèce aux fleurs jaune d'or (Primula yens) préfère les lieux secs, l'autre, plus grande. aux fleurs jaune soufre, exige des lieux plus humides et des forêts claires. Tout d'abord apparaît une rosette de feuilles souvent ovales et se rétrécissant vers le pétiole. Elles sont froissées, aux nervures apparentes et couvertes d'un duvet sur leur face inférieure. Les fleurs groupées en bouquets sont toutes tournées du même côté. Dressées ou pendantes, elles apparaissent à l'extrémité d'une tige florale haute parfois de 20 cm. Un calice anguleux, d'un blanc verdâtre, entoure la corolle jaune, à 5 lobes, doucement parfumée. Les fleurs de la primevère élevée ou Primula elatior sont moins parfumées. On utilise les inflorescences, avec ou sans calice et de préférence celles qui sentent bon. Le rhizome séché contient des saponines et des principes actifs semblables à l'acide salicylique.

PRUNUS DULCIS VAR. AMARA
AMANDIER

Rosacées

183 Asie C
Eur S,Af N,Am C

Les amandiers sont très cultivés dans les régions méditerranéennes, on les trouve jusqu'au Maroc et dans le sud des Etats-Unis. Il faut à l'amandier un sol sec, pierreux et calcaire. Son tronc, généralement penché et souvent tordu, peut faire entre 4 et 6 m de haut. Son écorce est lisse, son houppier plat et étalé. Vers la fin de l'hiver, avant l'apparition des feuilles, les branches de l'année précédente se couvrent de fleurs blanches ou roses. Les feuilles viennent plus tard. Elles sont lancéolées, longues de 4 à 8 cm, finement dentées. Les fruits ovales, un peu allongés, vert pâle, sont couverts d'un duvet argenté.

PRUNUS SEROTINA
MERISIER

Rosacées

184 E-Am N
Régions tempérées

Dans son pays d'origine, ce merisier à grappes pousse sur les collines pierreuses, dans les forêts claires et en bordure des bois. A l'état sauvage, c'est le plus souvent un arbuste. L'écorce du tronc et des branches principales est gris-brun. Les feuilles sont lancéolées, coriaces, vert foncé, dentées, d'un vert plus pâle sur leur surface inférieure. La nervure centrale est couverte de poils jaunâtres. Les petites fleurs blanches se présentent en courtes grappes, tout d'abord dressées, puis tombantes. Les fruits sont de petites cerises d'un noir violacé, aromatiques, légèrement amères, que l'on utilise souvent pour fabriquer des boissons non alcoolisées. Les feuilles, toxiques pour le bétail, contiennent du cyanure d'hydrogène. En médecine on emploie l'écorce des jeunes troncs et des branches.

PRUNUS SPINOSA
PRUNELLIER

Rosacées

185 Eur,Af N,Asie W
AmN

Les prunelliers fleurissent tout au début du printemps, vers mars-avril, avant l'apparition des feuilles. Les courtes branches noueuses et tordues, couvertes d'épines acérées, s'ornent de petites fleurs blanches à 5 pétales. Cet arbuste compact et épineux fait entre 2 et 3 m de haut. Ses branches portent des tiges latérales sur lesquelles apparaissent les inflorescences très denses et de longues épines acérées. Les feuilles sont très dentées, vertes au-dessus, plus claires en dessous, et s'accompagnent de petites bractées. Les fruits se développent très lentement et deviennent des baies, plus petites qu'une cerise.

PULMONARIA OFFICINALIS
PULMONAIRE OFFICINALE

Borraginacées

186 Eur, Asie W

On rencontre la pulmonaire dans les forêts feuillues et ombragées, au bord des ruisseaux, dans les taillis et sur les sols calcaires jusqu'à 1 700 m d'altitude. Son rhizome fin et ramifié produit des tiges florales dressées, hautes de 20 à 30 cm, portant quelques feuilles lancéolées, velues, pointues à leur extrémité supérieure. Comme chez presque tous les membres de la famille de la bourrache, tiges et feuilles sont couvertes de poils rêches, les feuilles présentant des taches blanches. Les tiges ramifiées portent des petits bouquets de fleurs au calice vert dont la corolle est composée de 5 lobes. Leur couleur va du violet au bleu le plus pur, un même pied pouvant arborer deux ou trois teintes. Après la floraison, les feuilles persistent jusqu'à l'automne. Comme son nom l'indique cette plante est employée pour le traitement des maladies pulmonaires.

PULSATILLA VULGARIS
ANÉMONE PULSATILLE
Renonculacées

187 Eur

Les tiges florales de l'anémone pulsatille, hautes de 10 à 30 cm apparaissent très tôt au printemps. Portant 3 feuilles découpées en fins filaments, elles sont couvertes d'un duvet argenté, formant une collerette. Les fleurs en clochette, d'un violet foncé, portent 6 pétales et de nombreuses étamines jaune d'or. Les fruits forment de petits pompons argentés. Les feuilles près du pied de la plante se développent après l'apparition des fleurs, Elles sont bipennées et duveteuses. L'anémone pulsatille fraîche est toxique et peut causer de fortes irritations cutanées.

QUERCUS ROBUR
CHÊNE-ROUVRE
Fagacées

188 Eur
Régions tempérées

Le tronc pousse rapidement, puis sa croissance se ralentit considérablement. Le houppier est fourni et étalé. L'écorce d'un gris argent satiné se fissure et devient gris brun avec les année. Les feuilles, en bouquets alternes, se répartissent le long des petites branches. Vert foncé et brillantes sur le dessus, on les reconnaît facilement à leur forme lobée. Les fleurs mâles forment des châtons verdâtres, pendants, tandis que les femelles font des grappes rouges attachées directement aux branches. Les fruits, ou glands, sont enveloppés à la base par une petite coupelle couverte de fines écailles. En médecine, on utilise des tannins tirés de l'écorce des petites branches et des jeunes pousses.

RAUVOLFIA SERPENTINA
RAUVOLFIA
Apocynacées

189 Asie SE
Régions tropicales

Depuis des siècles, la médecine indienne a fait usage de cette plante pour soigner les morsures de serpent. Récemment, les médecins indiens l'ont utilisée pour traiter la nervosité, les maladies mentales et l'hypertension. En Europe elle est mentionnée pour la première fois au 18e siècle, mais ce n'est qu'en 1949 qu'elle fut introduite en médecine occidentale. Le gros rhizome et les branches de ce petit arbuste haut de 50 cm à 1 m sont pleins d'un suc laiteux. Ses feuilles opposées se groupent en 3 ou 5 verticilles autour de la tige. Lancéolées, longues de 10 à 15 cm, elles sont pointues à leur extrémité. Des petites fleurs bleues, tubulaires, forment une pseudo-ombelle terminale. Les principes actifs utilisés sont tirés de la racine, plus rarement des feuilles.

RHAMNUS FRANGULA
BOURDAINE
Rhamnacées

190 Eur, Asie C+N
Am N

Ce bel arbuste haut de 1 à 6 m pousse en bordure des lacs et des rivières, dans les bois humides et les vallées jusqu'à des altitudes moyennes à hautes. Ses branches dressées, longues et minces portent une écorce lisse, brun foncé ou gris-brun, marquée de taches plus claires (lenticelles). Intérieurement, l'écorce porte une couche de filasse jaune qui devient brune en séchant. Les feuilles ovales, dures, vert brillant sur le dessus et délicatement nervurées apparaissent en avril. A l'aisselle des feuilles, sur l'extrémité supérieure des branches, poussent de petites fleurs vert blanchâtre, assez insignifiantes. Les baies rondes, vertes en été, deviennent rouges puis enfin d'un noir bleuté. L' écorce renferme des principes très utiles pour le traitement de la paresse intestinale.

RHAMNUS PURSHIANA
CASCARA SAGRADA

Rhamnacées

191 Am C

Seules quelques espèces de rhamnacées, dont la cascara sagrada poussent dans les pays du nord. En Europe et en Asie du Nord on rencontre aussi le Rhamnus frangula L., autrement dit, la bourdaine. En espagnol, « cascara sagrada » signifie écorce sacrée. Cet arbre haut de 6 à 12 m forme une partie du sous-bois des grandes forêts. Le tronc et les branches portent une écorce grise tachetée de blanc. Les branches supérieures sont couvertes d'un épais duvet. Les feuilles ovales, allongées, d'un beau vert, longues de 6 à 10 cm ont des nervures marquées et des bords dentés. De courtes inflorescences blanchâtres apparaissent à l'aisselle des feuilles supérieures. Les ovaires deviennent des fruits verts de la taille d'une cerise, d'un noir brillant lorsqu'ils sont mûrs. Ils sont toxiques.

RHEUM OFFICINALE
RHUBARBE OFFICINALE

Polygonacées

192 Asie E
Régions tempérées

En médecine on l'emploie pour le léger effet laxatif de ses racines. Les premières années, son gros rhizome ne produit qu'une rosette de feuilles tandis que sa racine se divise et se ramifie. Au bout de 3 ou 4 ans apparaissent des feuilles pétiolées pouvant mesurer jusqu'à 1 m de long. Leur forme diffère un peu de celle des feuilles de la rhubarbe des jardins (Rheum palmatum : en forme de main ouverte). La tige florale, parfois haute de 2 m, porte de grandes inflorescences en épis, composées de nombreuses petites fleurs verdâtres ou rougeâtres. Les nœuds de la tige sont gainés de petites feuilles. On ramasse les racines et les radicelles que l'on coupe en petits morceaux d'aspect granuleux, jaunes et teintés de rouge sur la tranche. Leurs principes aromatiques amers sont utilisés dans des préparations pharmaceutiques.

RIBES NIGRUM
CASSISSIER

Saxifragacées

193 Eur, Asie
Régions tempérées

Cassis et groseilles (flubes rubrum) sont cultivés dans bien des jardins, on les rencontre parfois à l'état sauvage dans les haies et les forêts humides. Le cassissier est un arbuste dressé, sans épines, haut de 1.30 m à 1.50 m. Ses feuilles alternes à 3 ou 5 lobes, sont d'un beau vert, dentées et couvertes de glandes sur leur face inférieure. Les petites fleurs d'un vert teinté de rouge forment des grappes pendantes et légèrement velues. Les baies deviennent noires à maturité, conservant à leur extrémité les restes du calice desséché. Toute la plante dégage une odeur caractéristique. A partir des feuilles on extrait une huile essentielle, des tannins et des acides organiques. Les baies, très riches en vitamine C, servent à faire des liqueurs parfumées.

RICINUS COMMUNIS
RICIN COMMUN

Euphorbiacées

194 Af, Asie S
R. chaudes et tempérées

Dans son habitat d'origine, le ricin est un arbre qui peut atteindre 10 m de haut. Cultivé, c'est plutôt un arbuste de 2 à 3 m. Sous des latitudes plus nordiques on apprécie sa croissance rapide et ses grandes et belles feuilles qui en font un parfait arbuste ornemental. Les feuilles palmées, larges parfois de 1 m, comportent entre 7 et 12 lobes et sont portées comme des boucliers par de longs et solides pétioles creux. Les tiges présentent un épi de fleurs femelles, juste au-dessus des inflorescences mâles. Elles sont jolies, mais peu apparentes parmi le feuillage très fourni. Le fruit est une capsule entourée de piquants souples. Elle renferme des graines ovales et tachetées, riches en huiles et en protéines, contenant également une albumine très toxique qui, heureusement, reste dans le tourteau une fois que l'on a extrait l'huile. Cette dernière est purgative et diffère des autres huiles végétales en ce qu'elle est soluble dans l'alcool. On l'utilise dans l'industrie et dans la fabrication de cosmétiques. Son goût déplaisant fait qu'elle n'est plus guère utilisée comme purgatif.

ROSA CANINA
ÉGLANTIER

Rosacées

195 Eur, Af NW, Asie C+W
Am N

L'églantier aime . les sols durs et pierreux, on le rencontre le long de haies, en bordure des bois et des fossés. Ses petits troncs robustes qui partent directement de la racine font constamment de nouvelles pousses. Raides et dressés ils se ramifient ensuite en plusieurs branches souples penchées vers le sol, le tout formant un buisson haut de 2 à 4 m. Les feuilles comprennent entre 5 et 7 folioles ovales, dentés, d'un vert assez clair, glabres sur leur face supérieure. Les pétioles épineux portent à leur base de tous petits folioles. Les branches sont également bien pourvues en épines. Les fleurs à 5 pétales, roses le plus souvent, sentent très bon. Les fruits ou cynorrhodons mûrissent en automne. Rouges et charnus, couverts d'une peau lisse très riches en vitamine C, ils renferment de nombreuses petites graines velues.

ROSMARINUS OFFICINALIS
ROMARIN

Lamiacées/Labiacées

196 Eur S, Af N, Asie SW
R. tempérées à chaudes

On rencontre le romarin sauvage sur le pourtour rocheux de la Méditerranée. Cet arbuste aux feuilles persistantes, haut parfois de 2 m, tire son nom du latin ros marinus, signifiant « rosée marine ». Il est très souvent cultivé, surtout dans le Midi, car il exige chaleur et soleil pour développer une huile essentielle et aromatique qui est son principe actif principal. Une tige souterraine ligneuse porte des branches couvertes d'une écorce écailleuse et fissurée. Au printemps elles se couvrent de pousses duveteuses, de couleur vert pâle. Les petites rouilles en verticilles, étroites, presque comme des aiguilles, sont longues de 2 à 4 cm, coriaces, velues sur leur face inférieure et légèrement enroulées vers leur centre. Des groupes de 5 à 10 fleurs d'un bleu pâle forment des épis latéraux. Les feuilles fraîches ou sèches dégagent une odeur camphrée, outre de l'huile essentielle, elles renferment des tannins et des amers. Dans les jardins plus septentrionaux, il faut protéger le romarin du gel hivernal. Il est très utilisé comme herbe condimentaire. En pharmacie on préfère les jeunes tiges des plants provenant de régions méridionales (Dalmatie), leur parfum étant plus prononcé.

RUBIA TINCTORUM
GARANCE
Rubiacées
197 Eur S, Asie SW
Eur C

C'est avec cette plante que l'on teignait les célèbres pantalons garance des militaires, à l'époque où l'armée aimait encore les uniformes rouges. Son rhizome jaune, long de 1 m, pénètre profondément dans le sol. Sa tige carrée et grossièrement velue est haute de 60 à 90 cm, teinté çà et là de rouge. Les feuilles lancéolées, vertes, se groupent en verticilles par 4 ou 6 et sont garnies de petits piquants le long des nervures. Les tiges, ramifiées vers leur extrémité supérieure, portent des grappes de fleurs vert-jaune. Les fruits sont de petites baies violettes, de la taille d'un petit pois. La matière colorante de cette plante renferme des principes actifs de valeur thérapeutique. Elle se trouve surtout concentrée dans les racines, et en moindre quantité dans les tiges et les feuilles.

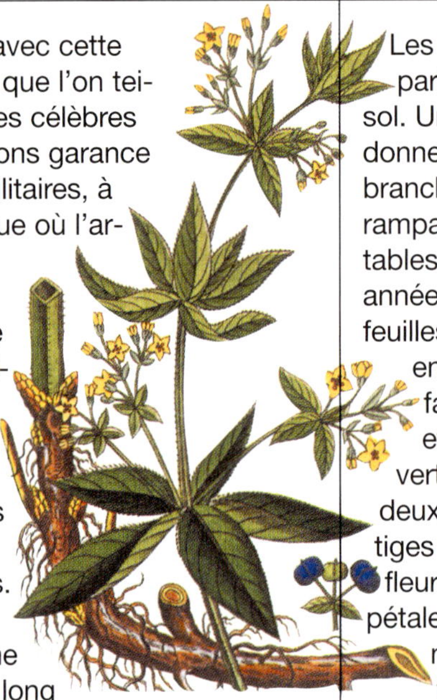

RUBUS FRUTICOSUS
RONCE DES BUISSONS
Rosacées
198 Eur, Af N, Asie, Am N
Régions tempérées

Les tiges prennent racine partout où elles touchent le sol. Un rhizome très ramifié donne naissance à de longues branches souples, dressées ou rampantes, armées de redoutables épines. Les premières années apparaissent des feuilles vert foncé se terminant en pointe et velues sur leur face inférieure. Le pétiole et les nervures sont couverts de petites épines. La deuxième année sortent des tiges latérales portant de jolies fleurs roses ou blanches, à 5 pétales. aux nombreuses étamines. La plante fleurit tout l'été. Les baies mûrissent en automne, et passent du rouge au noir brillant. Elles sont très riches en sucre, pectine et vitamine C. Les feuilles contiennent des tannins et des flavones.

RUMEX CRISPUS
PATIENCE CRÉPUE
GRANDE OSEILLE
199 Polygonacées
Eur, Asie, *R. tempérées*

Patiences et oseilles sont un genre très prolifique que l'on rencontre couramment dans les prés humides, les pâturages et sur le bord des fossés. De la même famille que la rhubarbe, leurs tiges et leurs feuilles contiennent, comme cette dernière, de l'acide oxalique et de la vitamine C. Les racines de certaines espèces contiennent des principes actifs aux propriétés apéritives. On les retrouve également dans une sorte de rhubarbe, le Rheum paimatum. L'homéopathie utilise une teinture préparée à partir des racines fraîches. Les diverses espèces diffèrent surtout par la forme de leurs feuilles.

RUTA GRAVEOLENS
RUE FÉTIDE
Rutacées
200 Eur SE
R. chaudes et tempérées

La famille des Rutacées comprend plus de 900 espèces, pour la plupart tropicales, dont l'oranger et le citronnier. Seuls, la rue et le dictame se sont aventurés plus au nord où ils forment des arbustes fournis et ligneux. Cette plante vivace à tiges rondes, peu ramifiées porte des feuilles alternes composées de plusieurs folioles ovales. Longues de 10 à 15 cm, coriaces, parsemées de glandes, les feuilles sont, comme les tiges, d'un remarquable vert-jaune teinté de gris. Les fleurs, elles aussi vert-jaune et parsemées de glandes, se groupent en petits bouquets terminaux. Toute la plante dégage une odeur forte et pénétrante. D'un goût amer, les feuilles sont parfois utilisées comme condiment. Dans les régions vinicoles on les ajoute à l'eau de vie pour faire des liqueurs digestives. Elles sont toxiques à hautes doses.

SALIX ALBA
SAULE BLANC

Salicacées Eur. Asie

201 Am N

Le saule blanc est un arbre de taille moyenne que l'on rencontre dans les endroits humides et peu élevés. On le plante très souvent dans les parcs et les jardins. Son tronc droit et élancé a une écorce grisâtre qui se fissure en vieillissant. Ses minces branches droites portent des bourgeons qui en s'ouvrant laissent apparaître des feuilles lancéolées, finement dentées, vert pâle ou vert foncé, couvertes sur leur face inférieure d'un duvet argenté. Les fleurs mâles et femelles poussent sur des plants différents, formant des châtons dressés aux étamines jaune d'or. Le principe actif du saule est la salicine, précurseur de l'acide salicylique. En 1830 on parvint à l'isoler à partir de l'écorce, toute une gamme de médicaments en est dérivée, entre

SALVIA OFFICINALIS
SAUGE OFFICINALE

Lamiacées/Labiacées

202 Eur S

Régions tempérées

Cultivée depuis la plus haute antiquité, l'espèce de jardin la plus courante est très riche en propriétés médicinales. Chez les herboristes on trouve surtout des plants ramassés dans la nature, à l'état sauvage. Spontanée ou cultivée, elle aime les sols secs et calcaires et les climats ensoleillés. Sa racine pivotante, souvent ligneuse, porte des tiges carrées, herbacées à leur extrémité, ligneuses à la base et longues de 30 à 80 cm. Les feuilles opposées, lancéolées, dentées, coriaces, sont d'un gris verdâtre. Les fleurs d'un bleu violacé forment des épis terminaux, souvent visités par les abeilles. Les feuilles fraîches sont utilisées comme condiment ou mâchées pour soigner les infections de la bouche ou de la gorge. L'huie essentielle est concentrée dans les feuilles, en même temps que des tannins et des amers.

SAMBUCUS EBULUS
HIEBLE

Caprifoliacées

203 Eur, Af NW, Asie W

Am N

Seuls le rhizome et les racines de l'hièble survivent aux rigueurs de l'hiver. Au printemps apparaissent des tiges creuses, herbacées, dressées, striées, hautes de 1 m à 1.50 m qui meurent à l'automne. Elles portent de grandes feuilles vert foncé, pennées, aux folioles dentés plus étroits que ceux du sureau (Sambucus nigra). Deux stipules ovales poussent à la base de la tige qui se termine par une ombelle plate composée de nombreuses fleurs d'un blanc rosé au parfum pénétrant. Les feuilles ont une odeur désagréable. Les petites baies noires mûrissent en automne. Non comestibles, elles ont un goût amer qui permet de les distinguer facilement des baies de sureau.

SAMBUCUS NIGRA
SUREAU NOIR

Caprifoliacées

204 Eur

Asie W, Am N

Ce grand arbuste est très courant au nord comme au sud. On le rencontre le long des vieux murs où ses racines très ramifiées arrivent à se glisser entre les pierres. Ses branches légèrement penchées forment un buisson haut de 4 à 7 m. Le cœur du tronc et des branches est formé d'une sorte de moelle d'un blanc neigeux. Ses feuilles opposées sont à bords dentés vert foncé. A l'extrémité des tiges, des ombelles plates portent de nombreuses petites fleurs couleur crème au parfum doux, très prononcé. Elles sont remplacées par de petites baies rondes d'un noir brillant, pleines d'un jus rouge sang. A la campagne les fleurs servent à faire des boissons rafraîchissantes. En médecine on les utilise pour activer la transpiration. Les fruits riches en vitamine C contiennent une substance colorante aux propriétés thérapeutiques. On en fait des sirops et des concentrés recommandés en cas de rhumes.

SANGUINARIA CANADEN SIS SANGUINARIA

Papavéracées

205 E-Am N

Ce membre américain de la famille du pavot tire son nom de la couleur de son rhizome vivace et ligneux. Les Indiens l'utilisaient pour soigner de nombreuses maladies, y compris le cancer du sein. Ils s'en servaient aussi pour colorer leur peau. Le rhizome, long de 5 à 8 cm, d'un rouge brun extérieurement, contient un suc laiteux rouge vif. La tige florale porte des feuilles palmées aux bords dentés, molles, d'un vert-jaune, où l'on peut voir de fortes nervures orange. La fleur au long pédoncule mesure entre 2 et 5 cm de diamètre. Elle est blanche le plus souvent, parfois rose. Le fruit est une capsule longue de 3 à 5 cm.

SANICULA EUROPAEA SANICLE D'EUROPE

Apiacées/Ombellifères

206 Eur, Asie W

La sanicle (de sanus bien portant) préfère les lieux ombragés et l'humus des forêts feuillues jusqu'à 1400 m. Son rhizome fibreux, brun, donne naissance à des feuilles au long pétiole qui se développent près du sol. Palmées, à 3 ou 5 lobes, d'un vert profond et brillant, aux nervures régulières, elles sont très décoratives et se découpent bien sur le sol foncé des forêts. Les feuilles de la sanicle ressemblant fort à celles du bouton d'or, les cueilleurs inexpérimentés devraient pour les récolter attendre la floraison. On utilise toute la plante, y compris les racines. Elles contiennent une huile essentielle, de la saponine, des tannins et de l'allantoïne. Fort efficaces pour prévenir les inflammations, elles sont également cicatrisantes et calment les muqueuses irritées.

SAPONARIA OFFICINALIS SAPONAIRE OFFICINALE

Caryophyllacées

207 Eur, Asie W
Asie C+ E, Am N

A l'état sauvage, on rencontre cette plante sur les terrains vagues, dans les fossés, le long des haies, dans les taillis et les forêts claires, de préférence dans des endroits bien exposés. Son rhizome assez ramifié porte des tiges simples, sans fleurs, et une tige florale toute droite, ramifiée vers son extrémité supérieure. Les deux types de tiges sont velues et teintées çà et là de rouge. Les feuilles opposées, en paires à angle droit les unes des autres, lancéolées et à trois nervures, apparaissent sur les noeuds de la tige. Les fleurs axillaires particulièrement nombreuses vers le haut, forment de gros bouquets roses, parfois blancs. Elles ont 5 pétales et un calice cylindrique souvent teinté de rouge. Le principe actif de cette plante est la saponine, particulièrement concentrée dans le rhizome, et en moindre quantité dans les feuilles.

SASSAFRAS ALBIDUM SASSAFRAS

Lauracées

208 E-AmN

Cet arbre unisexué pousse dans les grandes forêts feuillues de l'Amérique du Nord. Dans ses latitudes les plus méridionales, il peut atteindre 30 m de hauteur. Son beau feuillage peut être vert pâle ou rougeâtre. La forme des feuilles varie selon les espèces et les sous-espèces, sur un même arbre on peut trouver des feuilles entières et ovales en compagnie de feuilles découpées en 2 ou 3 lobes arrondis. Son bois et ses racines ont une agréable odeur de fenouil et un goût sucré. Pour un usage pharmaceutique, on coupe ces derniers en morceaux épais irréguliers qui s'effritent facilement. Ils portent encore souvent des bouts d'écorce d'un brun cannelle. L'huile essentielle obtenue par distillation est utilisée aux Etats-Unis pour faire des boissons non alcoolisées.

SCOPOLIA CARNIOLICA
SCOPOLIA

Solanées

209 Eur SE
Eur C

Cette parente de la jusquiame (Hyoscyamus) contient de la scopolamine, alcaloïde d'une considérable importance en médecine. C'est une plante vivace au rhizome rampant et noueux portant des tiges glabres, peu ramifiées. hautes de 20 à 60 cm. Près du pied, les feuilles sont longues de 20 cm et larges de 6 à 8 cm. Plus haut sur la tige, elles deviennent ovales, aux bords entiers. Les fleurs solitaires apparaissent à l'aisselle des feuilles. Elles ont un calice à 5 pointes entourant une corolle en clochette jaune ou jaune verdâtre. Les fruits sont de petites capsules arrondies.

SCROPHULARIA NODOSA
SCROPHULAIRE NOUEUSE

Scrophulariacées

210 Eur, Asie
Am N

On rencontre la scrophulaire dans les fossés humides, le long des ruisseaux, dans les bois et les halliers. De son rhizome noueux, horizontal, sortent des tiges carrées, simples, portant à la base des feuilles opposées, ovales et dentées. Plus haut, les feuilles deviennent étroites et lancéolées, entourant une inflorescence en épi. Le pédoncule carré des fleurs porte un calice sphérique composé de 5 sépales verts entourant une corolle brune à 2 lèvres parfaite pour les guêpes, fréquentes visiteuses. Une capsule ovale au bout pointu contient les graines qui sont dispersées par le vent d'automne.

SEDUM ACRE
ORPIN BRÛLANT

Crassulacées

211 Eur, Af N, Asie SW
Régions tempérées

Les sédums forment des touffes comme des coussins sur les rochers, les murs, les sols sablonneux et le long des chemins secs. L'orpin est une plante rampante aux nombreuses tiges ramifiées hautes de 10 à 15 cm. Les petites feuilles charnues, cylindriques, vert pâle couvrant la tige comme le feraient des écailles. Les tiges florales, plus courtes, ont moins de feuilles et arborent des fleurs jaune vif (blanches dans certaines espèces). Des boutures de tiges prennent racine très rapidement, même si elles sont simplement posées sur le sol. En dépit de son fort goût poivré qui paraît annoncer des vertus médicinales, l'orpin n'a que peu de propriétés thérapeutiques.

SELENICEREUS
GRANDIFLORUS
CEREUS

212 Cactées
AmC

Les genres Cereus et Selenicereus sont des cactus aux tiges dressées et cylindriques. Celles du cereus sont formées d'une série de sections minces et allongées, portant en guise de feuilles des côtes anguleuses. De nombreuses racines aériennes lui permettent de s'attacher sur les pierres ou les arbres. Au bout de quelques années, des bourgeons d'un vert plus clair apparaissent çà et là. Ils augmentent rapidement de volume et prennent la forme de petits cactus ronds et épineux. Ce sont en réalité les ovaires des fleurs. Les fleurs de 20 cm de diamètre ont des sépales couleur crème teintés de rouge.

SENECIO FUCHSII
SENECON SARRASIN
Astéracées/Composées
213 Eur C

Le nom seneclo (de senex : vieillard) se réfère aux touffes de poils blancs entourant les graines de cette plante. Si le séneçon commun est une mauvaise herbe qui envahit les champs, les terrains vagues et les décharges publiques, le séneçon sarrasin (Seneclo fuschsii) est au contraire fort utile. Haut de 70 cm à 120 m, c'est une jolie plante aux tiges rougeâtres portant des feuilles alternes, lancéolées et dentées. A l'aisselle des feuilles supérieures apparaissent des bouquets de petites fleurs jaunes, en forme d'étoile, formant comme une large ombelle terminale. On confond souvent le séneçon et la verge d'or (Solidago). Le séneçon jacobée est moins grand que le S. fuschsii. Les principes actifs de ces végétaux sont de puissants alcaloïdes que l'on extrait des plantes sèches ou fraîches.

SERENOA REPENS
SERENOA
214 Palmacées
S-Am N

Ce palmier haut de 4 à 6 m pousse dans les dunes de sable des côtes de la Floride et du Texas. Ses fruits sont une source de nourriture pour les populations locales. On les ramasse aussi pour en extraire des principes médicinaux. Leur tronc rugueux est entièrement recouvert par ce qui reste des feuilles fanées. Souvent rabougris, ils se présentent parfois comme un fouillis de branches rampant sur le sol. Les longues feuilles coriaces, pouvant atteindre 1 m, forment des éventails. Jaune ou vert jaunâtre, elles sont étroites et pointues, souvent recouvertes d'une sorte de cire. Les fleurs ivoire se groupent en inflorescences agréablement parfumées. Les fruits à noyau, longs de 2 à 3 cm deviennent noirs à maturité. Leur spongieuse contient une graine brune. Les bourgeons des feuilles sont comestibles.

SILYBUM MARIANUM
CHARDON-MARIE
Astéracées/Composées
215 Eur S, Af N, Asie SW
R. chaudes et tempérées

On trouve encore ce très joli chardon à l'état sauvage dans le Midi, mais plus au nord il est maintenant cultivé. La tige droite, ramifiée vers le haut, peut mesurer jusqu'à 1.50 m. Les feuilles larges et ondulées sont pointues, lancéolées, d'un vert brillant marqué de blanc. La pointe et les bords sont bordés d'épines. Les feuilles supérieures sont en partie lobées et engainantes. La tige porte en son extrémité un capitule épineux, sphérique, aux petites fleurs tubulées d'un beau violet. Le fruit contient divers principes actifs fort intéressants qui ont une action bénéfique sur le foie. On les utilise en Europe dans de nombreuses préparations pharmaceutiques.

SMILAX UTILIS
SALSEPAREILLE
Liliacées
216 Iles Salomon
Am S

Cette grande liane vivace peut mesurer jusqu'à 40 et 50 m. Elle grimpe sur les arbres des forêts humides de l'Amérique centrale et du Sud. Son gros rhizome porte des racines de plus d'1 m de long. Les tiges carrées aux arêtes bien marquées sont garnies d'épines acérées. Les feuilles brillantes, d'un vert foncé, cordées, sont longues de 35 cm. Leur pétiole gainé à sa base porte des vrilles latérales. De petites grappes de fleurs étoilées, d'un blanc verdâtre apparaissent à l'aisselle des feuilles supérieures. Les ovaires donnent des baies rouges. La racine est utilisée en médecine depuis des siècles. Les Espagnols l'introduisirent en Europe au 16e siècle, espérant qu'elle guérirait la syphilis. Aujourd'hui, elle sert surtout à faire des boissons non alcoolisées.

SOLANUM DULCAMARA
DOUCE-AMÈRE. MORELLE NOIRE

217 Solanées
Eur, Asie N AmN

On rencontre cette plante le long des ruisseaux, dans les lieux humides et en bordure des bois. Sa racine rampante porte une tige ligneuse qui grimpe souvent sur les branches d'autres végétaux. Les feuilles alternes ont des formes variables : près du pied elles sont oblongues, fines et vert foncé, plus haut sur la tige elles deviennent étroites et plus lancéolées. Les fleurs d'un violet foncé apparaissent en été. Des baies brillantes et ovales, tout d'abord vertes, deviennent rouge vif en mûrissant, et restent joliment entourées du calice brun rougeâtre. Toute la plante est toxique. Les baies ont un goût amer et âcre qui s'adoucit progressivement, d'où son nom de douce amère. Il faut la traiter avec respect, car tiges et baies contiennent divers principes communs aux solanées (comme la belladone).

SOLIDAGO VIRGA-AUREA
VERGE D'OR

Astéracées/Composées

218 Eur, Asie N, Am N

Cette précieuse plante médicinale porte un nom aussi joli qu'elle. Le terme solidago (du latin solido remettre, rendre entier) indique bien sa valeur thérapeutique dans le traitement des blessures. Ses grandes inflorescences jaunes lui ont valu le nom de verge d'or. Ses racines cylindriques pénètrent profondément dans le sol, on la rencontre dans les forêts sèches, les taillis, les terrains vagues, sur les dunes et parmi les rochers jusque dans les régions de montagne. Sa tige ronde, ramifiée en son extrémité supérieure, haute de 20 à 50 cm, peut parfois atteindre 1 m. Vers sa base, elle porte de grandes feuilles alternes, ovales, aux bords dentés. Près de l'inflorescence elles deviennent plus étroites et lancéolées, à bords entiers. De nombreuses fleurs d'un jaune d'or se groupent en épi terminal. Les plus basses sur la tige s'ouvrent les premières et la plante fleurit constamment de juillet jusqu'en automne. Les papillons et toutes sortes d'insectes la visitent fréquemment. Après la floraison, le calice est entouré d'une couronne de poils qui plus tard transporteront les petits fruits dans le vent. On fait des infusions et d'autres préparations à partir des inflorescences. Ses principes actifs (saponines, pigments et tannins) sont utiles dans le traitement des inflammations rénales et intestinales.
Une autre espèce, la verge d'or du Canada, haute de 60 cm à 2 m, porte des épis sur lesquelles les fleurs se groupent toutes du même côté.

SOPHORA JAPONICA
SOPHORA

Fabacées/Légumineuses

219 Asie E

Cet arbre haut d'une vingtaine de mètres était à l'origine cultivé dans les jardins des temples japonais. On le retrouve aujourd'hui comme plante ornementale dans plusieurs pays. Ses fruits forment des gousses étranglées, offrant l'aspect d'une grosse rangée de perles. Elles renferment des graines en forme de haricot. Les feuilles alternes, pennées, vert foncé sur le dessus, vert-gris en dessous, sont longues de 25 cm. Leurs folioles ovales ou lancéolés ont une extrémité piquante. Les fleurs d'un blanc jaunâtre forment des grappes légères à l'extrémité des tiges. En bouton, elles contiennent près de 30 % de flavones. En Extrême-Orient et en Sibérie on utilise le sophora pour soigner les fièvres, l'apoplexie et les hémorragies.

STROPHANTUS KOMBE
STROPHANTUS

Apocynacées

220 Af C
Asie E

Le genre Strophantus comprend un certain nombre d'espèces aux principes actifs extrêmement précieux pour la cardiologie. Le Strophantus Kombe est indigène à l'Afrique tropicale de l'Est. Les populations locales tirent de sa racine ou de ses graines un extrait qui leur sert de poison à flèches. Cette plante peut grimper sur près de 30 à 40 m. Ses branches grossièrement velues, portent des feuilles opposées, velues également, ovales, larges de 15 à 20 cm, à l'extrémité pointue ou légèrement recourbée, à la surface fripée. Chaque fleur se compose d'un calice aux sépales pointus entourant 5 pétales d'un blanc jaunâtre à la base en entonnoir. Ces pétales se terminent par de longues queues pendantes de 10 à 20 cm. Les fruits sont formés de 2 gousses étroites, longues de 10 à 20 cm, plates, aux angles arrondis, couvertes d'un duvet soyeux jaune verdâtre. Certaines espèces contiennent de petites quantités de saponines stéroïdes, chimiquement apparentées à la cortisone. Des chercheurs se rendirent en Afrique dans les années 1950 pour y chercher des végétaux de ce type, pouvant fournir de la cortisone mais leur contenu en saponine s'avéra insuffisant.

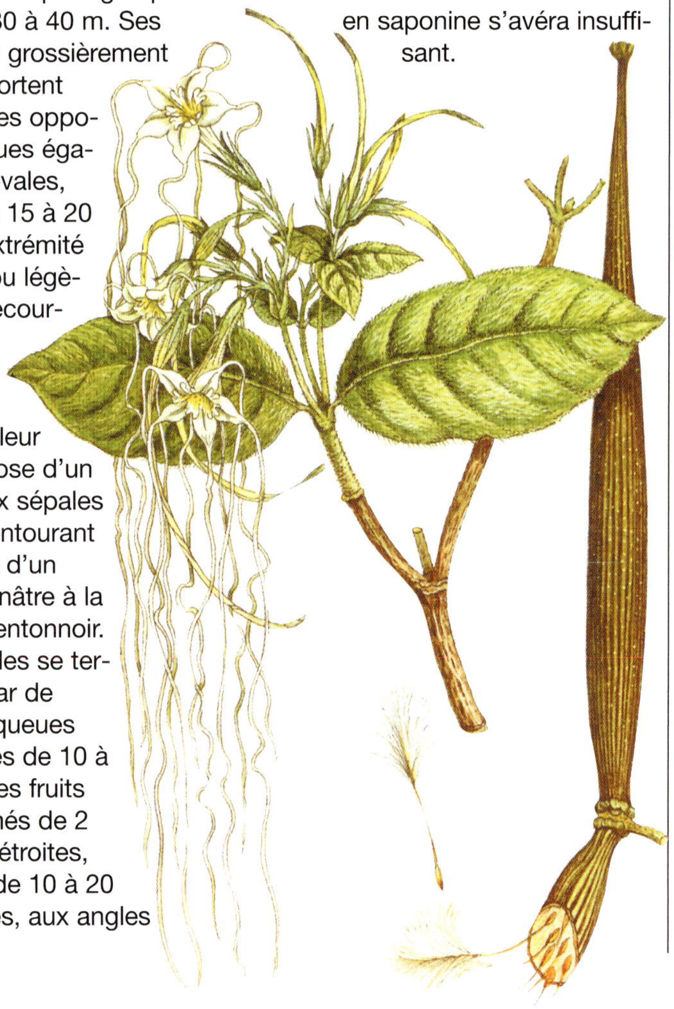

STRYCHNOS
NUX-VOMICA
NOIX VOMIQUE

221 Loganiacées
Asie S, Af, Aus

Les graines de noix vomique furent introduites en Europe pour la première fois au 15e siècle, sans doute comme appât empoisonné pour le gibier et les rongeurs. Elle fut sans doute nommée par erreur car ses principes actifs, quoique extrêmement toxiques, ne font pas vomir. A l'état sauvage cet arbre fait entre 10 et 12 m de haut, mais dans les plantations on le maintient à un niveau bien inférieur. Les branches portent des paires de feuilles opposées à angle droit les unes des autres. Elles sont ovales et glabres. Le sommet de la corolle des fleurs groupées en ombelles s'étale en un disque bien aplati. Le fruit est une baie rouge de 3 à 6 cm de diamètre, couverte d'une membrane cassante. La chair blanche, très amère, entoure de 2 à 4 graines d'un vert jaunâtre, dures, en forme de petit disque de 10 à 30 mm de diamètre.

SWERTIA CHIRATA
CHIRATA

Gentianacées Himaiaya

222 Af C,Asie S

Comme la plupart des autres membres de la famille des gentianes c'est une plante alpine, originaire de l'Himalaya (Tibet, Népal)
En médecine populaire on l'utilisait comme la racine de gentiane, les Hindous ont toujours beaucoup apprécié ses propriétés stomachiques et fébrifuges. On pense que son nom d'espèce vient du Sanskrit *Kirata*. Annuelle ou vivace, haute de 10 à 20 cm, elle porte des tiges dressées, aux feuilles opposées, d'un beau vert. A la base du pied elles ont souvent un long pétiole. Les fleurs d'un bleu acier se groupent en épis terminaux très fournis. Les étamines sont placées à différentes hauteurs à l'intérieur de leur corolle tubulaire. Les graines ovales ou rondes portent de petites ailes membraneuses. Les amers de gentiane sont très utilisés en médecine.

SYMPHYTUM OFFICINALE
GRANDE CONSOUDE

223 Boraginacées
Eur, Asi, Am N

Elle tire son nom du latin *Confirmare*: guérir, unir.
On la rencontre dans les lieux humides, sur le bord des ruisseaux, le long des fossés, dans les prés et près des étangs. Ses tiges dressées et charnues, ramifiées vers le haut, mesurent de 30 à 90 cm. Les feuilles lancéolées se prolongent par des ailes le long de la tige. Toute la plante est velue. En haut des tiges, à l'aisselle des plus petites feuilles, apparaissent des pédoncules portant des fleurs mauves, parfois blanches, en forme de clochettes, groupées en inflorescences assez denses, penchées vers le sol. La racine, intérieurement d'un blanc crémeux, s'utilise fraîche ou sèche. Elle contient des principes thérapeutiques utilisés dans diverses préparations.

TARAXACUM OFFICINALE
PISSENLIT, DENT DE LION

Astéracées/composées

224 Régions tempérées

De toutes les plantes que l'on rencontre dans les prés, le pissenlit est la plus connue. Sa fleur ouverte ou fermée nous annonce du beau ou du mauvais temps. Un de ses noms vernaculaires, dent de lion, rappelle les découpes pointues de ses feuilles. Sa racine est courte et charnue. Elle produit tout d'abord une rosette de feuilles vert pâle irrégulièrement dentées. La forme des feuilles varie selon le climat et la région. En montagne elles sont plus petites tandis que la racine est plus grosse. Les tiges florales, creuses, contiennent un suc laiteux, tout comme la racine et les feuilles.
Hautes de 20 à 25 cm, elles portent un calice épais formé de nombreux sépales entourant les petites fleurs ligulées d'un jaune doré. Lorsqu'elles sont largement ouvertes on peut être sûr que le soleil brille. Elles se referment la nuit et par temps de pluie. L'ovaire sphérique est couvert de petits fruits d'une couleur foncée, chacun portant un bec long de 10 mm et un petit parachute de poils grâce auquel les graines sont transportées dans le vent. Les principes actifs sont surtout présents dans les jeunes plants au printemps et dans la racine, Il contiennent des vitamines.

TEUCRIUM CHAMAEDRYS
GERMANDREE PETIT-CHÊNE

225 Lamiacées/Labiacées
Eur,C+N, Af NW, Asie SW

La germandrée aime les sols calcaires des prairies sèches et des collines pierreuses. Ses racines produisent des tiges rondes, en partie ligneuse. Les petites feuilles opposées, ovales, ont des bords dentés. Tiges et feuilles sont velues. Le grand épi floral comporte des fleurs d'un rose-rouge entourées d'un calice aux lobes pointus apparaissant à l'aisselle des feuilles supérieures. Les étamines dépassent de la corolle. La plante est légèrement aromatique. Sa cueillette se fait à la floraison. Elle contient des tannins et une petite quantité d'huile essentielle. et très amère.

THYMUS VULGARIS
THYM

Lamiacées/Labiacées

226 Eur S
R. chaudes et tempérées

Ce tout petit arbrisseau haut de 30 à 40 cm porte des tiges ramifiées et ligneuses. Il couvre de grandes surfaces dans les régions méditerranéennes, surtout dans le Midi de la France. Très apprécié comme aromate et comme plante médicinale, il est souvent cultivé dans les jardins. Ses petites feuilles étroites sont couvertes de duvet sur leur face inférieure et leurs bords sont parfois retournés. Elles se présentent par paires opposées et portent deux petits folioles à la base du pétiole. A l'aisselle des feuilles supérieures apparaissent des groupes de petites fleurs à deux lèvres. Les fleurs bisexuées, plus grandes, ont des étamines qui dépassent la corolle, les femelles sont plus petites. Toute la plante dégage un parfum aromatique. Les jeunes feuilles fraîches assaisonnent agréablement les salades, et les feuilles sèches sont un des aromates les plus connus des cuisiniers. En plus des amers et des tannins, le thym contient une huile essentielle, le thymol, qui agit comme antiseptique. L'intensité de l'arôme et la quantité de thymol varient selon que les espèces sont sauvages ou cultivées. Une variété adaptée aux régions nordiques survit l'hiver sans problème, mais elle est bien moins parfumée. Le serpolet, sorte de thym sauvage (Thymus serpyllum) est très courant dans les régions du nord et en montagne jusqu'à 3000 m. On le trouve aussi dans l'Arctique.

TILIA PLATYPHYLLOS
TILIA CORDATA
TILLEUL

227 Tiliacées
a) Eur b) Eur S+C, Am N

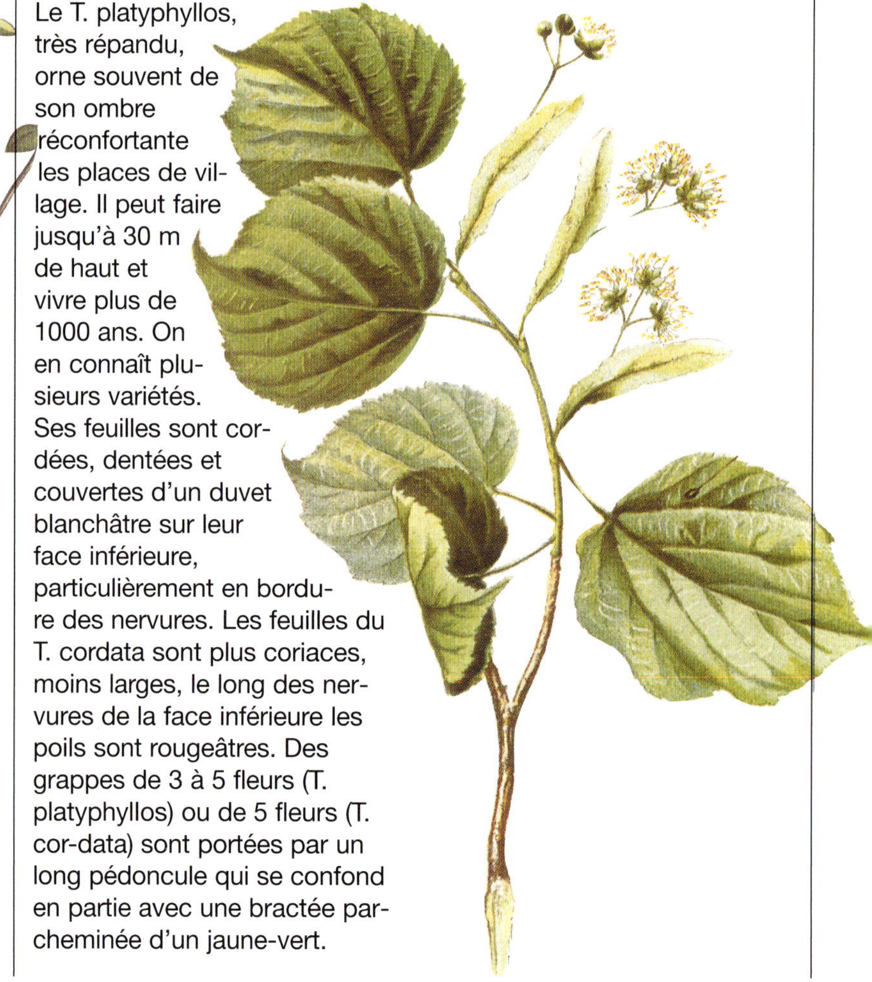

Les tilleuls sont des arbres à feuilles caduques des régions tempérées. Le T cordata, à petites feuilles, au tronc assez court, est couvert d'une écorce lisse et brune qui se fissure avec l'âge. Il aime les sols profonds et friables en bordure des forêts. On le plante aussi le long des routes et des allées. Le T. platyphyllos, très répandu, orne souvent de son ombre réconfortante les places de village. Il peut faire jusqu'à 30 m de haut et vivre plus de 1000 ans. On en connaît plusieurs variétés. Ses feuilles sont cordées, dentées et couvertes d'un duvet blanchâtre sur leur face inférieure, particulièrement en bordure des nervures. Les feuilles du T. cordata sont plus coriaces, moins larges, le long des nervures de la face inférieure les poils sont rougeâtres. Des grappes de 3 à 5 fleurs (T. platyphyllos) ou de 5 fleurs (T. cor-data) sont portées par un long pédoncule qui se confond en partie avec une bractée parcheminée d'un jaune-vert. Pendant la floraison le doux parfum de l'huile essentielle contenue dans les fleurs envahit l'air. En médecine on utilise les fleurs et l'aubier des deux espèces (excepté celles du T. tomentosa Moench qui ont un parfum trop entêtant).

TRIGONELLA FOENUM-GRAECUM FENUGREC

228 Fabacées/Papilionacées
Asie SW

Les anciens Égyptiens connaissaient et cultivaient cette plante. Son nom latin foenum graecum (foin grec) laisse entendre qu'elle était utilisée dans l'Antiquité. Les feuilles trilobées portent des folioles spatulés. Les fleurs sessiles qui ressemblent à des fleurs de pois, apparaissent à l'aisselle des feuilles supérieures. Les fruits sont de petites gousses en forme de faucille, longues de 20 cm, se terminant en pointe allongée. Elles renferment entre 5 et 20 graines dures, de forme irrégulière. Toute la plante dégage une odeur très aromatique. Les graines sont extraites par battage. On les utilise entières ou moulues dans la fabrication d'aliments pour animaux. Riches en huile essentielle, protéines et saponines, elles sont peu utilisées à cause de leur odeur trop forte. Une certaine variété de Trigonella sert à aromatiser les fromages.

TRILLIUM ERECTUM TRILLIUM

Liliacées

229 E-Am N

Les Indiens d'Amérique du Nord utilisaient cette jolie plante appartenant à la famille des lis pour faciliter les accouchements. Les premiers pionniers apprirent à s'en servir et ils répandirent l'usage de cette racine pour soigner tous les troubles féminins. Il existe d'autres espèces de Trillium dans d'autres contrées que l'Amérique, mais elles sont relativement rares. La couleur des fleurs varie du rouge-brun au blanc, en passant par le rose et le vert pâle. La racine noueuse et compacte produit une fine tige tubulaire, droite, haute de 20 à 40 cm, portant 3 feuilles en verticille, largement ovales, entières, longues de 10 à 15 cm, aux nervures apparentes. A leur aisselle apparaît la tige florale, longue de 5 à 10 cm, portant une seule fleur d'un rouge-brun, rouge vif, jaune ou verdâtre, dégageant une odeur peu agréable.

TROPAEOLUM MAJUS CAPUCINE

Tropaeolacées

230 Am S, *Régions tropicales, régions tempérées*

La capucine est originaire du Pérou où on l'utilise depuis longtemps en médecine populaire pour désinfecter et cicatriser les plaies. Introduite en Europe au 17e siècle, elle est aujourd'hui présente dans tous nos jardins. Ses tiges anguleuses, vertes, portent des feuilles rondes ou en forme de rognon. Ses grandes fleurs en trompette vont de l'orange au blanc en passant par le jaune. Leur sépale postérieur se termine en éperon. Il en existe des variétés naines (T minus) ou grimpantes. Les feuilles au goût de moutarde sont riches en vitamine C et renferment des composés aux propriétés antibiotiques. Les boutons de fleurs confits au vinaigre se mangent comme des câpres. Les fleurs enjolivent les salades tout en y apportant leurs vertus stimulantes.

TURNEVA DIFFUSA DAMIANA

Turneracées

231 C-Am S
Am C, N-Am S

Cet arbuste, qu'il soit sauvage ou cultivé, est présent partout dans les régions chaudes du Golfe du Mexique et de certains pays d'Amérique du Sud. Très ramifié, il peut atteindre 2 m de haut. Dans les plantations, il est taillé à 1 m. Ses branches droites et glabres, jaune ou brun rougeâtre, portent des petites feuilles alternes, parfois en bouquets. Vert olive sur leur face supérieure, velues en dessous, elles ont des bords dentés. A l'aisselle des feuilles supérieures apparaissent de petites fleurs jaunes. Les fruits sont des capsules à trois compartiments, légèrement incurvées, à la peau rêche. Les feuilles sont parfois utilisées en guise de thé. Leur parfum aromatique et un peu amer en font une boisson très agréable. Elles contiennent aussi une huile essentielle et des substances aux propriétés désinfectantes. Cette plante a la réputation d'être aphrodisiaque.

TUSSILAGO FARFARA TUSSILAGE, PAS D'ANE

Astéracées/Composées

232 Eur, Asie W AmN

Cette plante n'a pas changé de nom depuis l'Antiquité. Il vient du latin tussis : toux. C'est une des premières fleurs de printemps à venir orner les prés humides, le bord des ruisseaux et les terrains vagues au sol argileux ou sablonneux jusqu'à des altitudes moyennes. Ses tiges rampantes, longues de 10 à 20 cm portent des feuilles comme des écailles. A leur extrémité se trouve un capitule composé de fleurs tubulées entourées de petites fleurs ligulées, d'un joli jaune. La tige continue à pousser après la floraison jusqu'à 20 ou 25 cm. La fleur s'est alors transformée en une sphère de duvet blanc, les petits poils permettant aux graines de s'envoler dans le vent. Entretemps des feuilles apparaissent sur le pied de la plante cordées : longues de 20 cm, aux bords légèrement enroulés et dentés à intervalles, glabres et d'un beau vert sur le dessus, elles sont couvertes de duvet en dessous. Les feuilles fraîches sont utilisées pour panser les blessures (après avoir été lavées et écrasées), et les fleurs séchées rentrent dans la composition de remèdes contre la toux. Elles contiennent du mucilage, des tannins et des pigments.

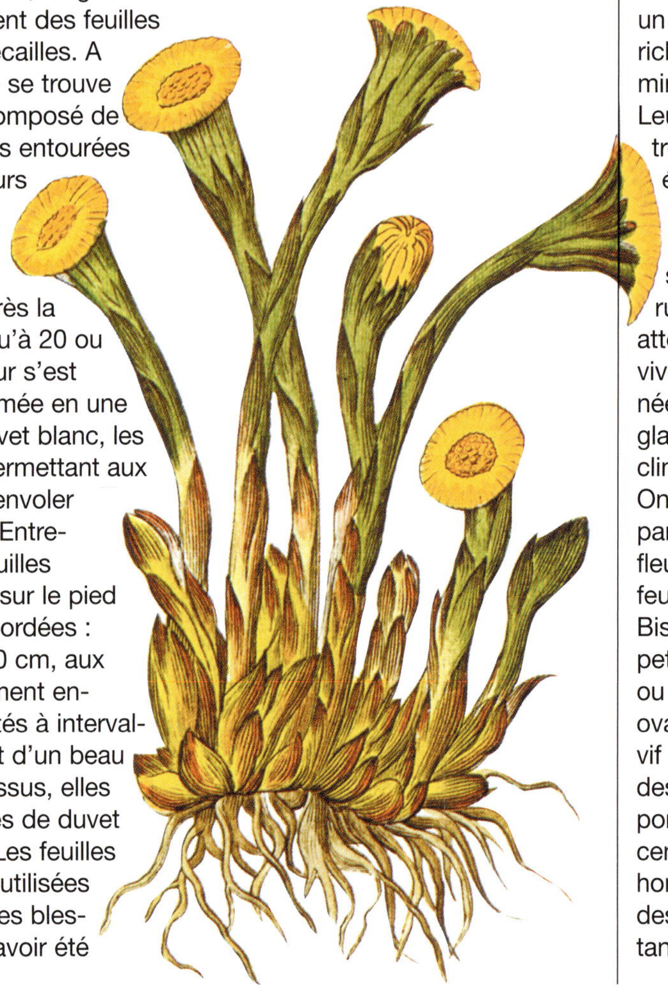

ULMUS MINOR (ULMUS GLABRA) ORME

Ulmacées

233 a) Eur C+S, Af NW, Asie SW
b) Eur, Asie SW, Am N

Ces arbres au magnifique feuillage exigent de la chaleur, de la lumière et un sol profond, riche en minéraux. Leur tronc élancé a une écorce lisse qui se fissure et devient rugueuse avec l'âge. Pouvant atteindre 40 m de haut, ils vivent plusieurs centaines d'années. Le plus robuste est l'U. glabra qui n'a pas besoin d'un climat particulièrement chaud. On le plante souvent dans les parcs et le long des allées. Les fleurs apparaissent avant les feuilles au début du printemps. Bisexuées, elles forment de petites inflorescences rouges ou jaunes. Les feuilles alternes, ovales, dentées, sont d'un vert vif sur le dessus, plus claires en dessous. Les samares sessiles portent les petits fruits au centre d'«ailes » arrondies. En homéopathie on utilise l'écorce des jeunes branches,riche en tannin et en mucilage.

URGINEA MARITIMA SCILLE MARITIME

Liliacées

234 Eur S, Af N
R. chaudes et tempérées

On rencontre la scille maritime dans les sols sablonneux, le long des côtes méditerranéennes. Elle pousse à l'état sauvage, mais il arrive qu'on la cultive. La base de bulbe porte des racines fibreuses. Il est entouré de tuniques minces et parcheminées, celles de l'extérieur d'une couleur rouge ou parfois presque blanche. Les grandes feuilles lancéolées apparaissent après la floraison et se déssèchent au début de l'été. La tige florale se développe de juillet à septembre. Haute de 1 à 2 m, elle porte sur son tiers supérieur un épi composé de nombreuses fleurs blanches, parfois teintées de rouge, qui s'épanouissent en commençant par la base. La récolte des bulbes se fait avant l'apparition des feuilles. Seules sont utilisées les tuniques de la variété blanche. Elles contiennent des principes actifs semblables à ceux de la digitale.

URTICA DIOICA Urtica urens
GRANDE ORTIE Petite ortie
Urticacées
235 Eur, Asie
Régions tempérées

Les orties sont des plantes rudérales, ce qui veut dire qu'elles aiment les sols riches en azote que l'on trouve le plus souvent près des maisons et des étables. Elles sont remarquables, non seulement par leurs tiges et leurs feuilles couvertes de poils urticants, mais aussi par leur très haute teneur en chlorophylle et en fer. Les jeunes pousses sont riches en vitamine C. Il suffit d'avoir touché une fois une ortie pour connaître l'extraordinaire force de son poison urticant : la plus infime quantité suffit à faire ressentir une intense sensation de brûlure. Le poil transperce la peau, produit une cloque qui démange et brûle, provoquant ensuite une irritation cutanée. C'est ce phénomène que l'on utilise en pharmacie. Des tiges souterraines font de nombreux rejets qui deviennent des tiges dressées, carrées, non ramifiées. Les feuilles alternes, cordées et dentées, d'un beau vert, sont velues sur les deux faces. Fleurs mâles et fleurs femelles poussent sur des plants différents (dioica : deux maisons). Les mâles forment des châtons verdâtres, les femelles se groupent en grappes plus longues et pendantes. Le poison des orties est plus actif durant la floraison. L'U. dioïca mesure entre 50 cm et 1.50m, l'U. urens haute de 30 à 60 cm a des feuilles plus petites, ses fleurs des deux sexes poussent sur le même pied.

USNEA BARBATA
USNÉE
Usnéacées
236 Régions tempérées

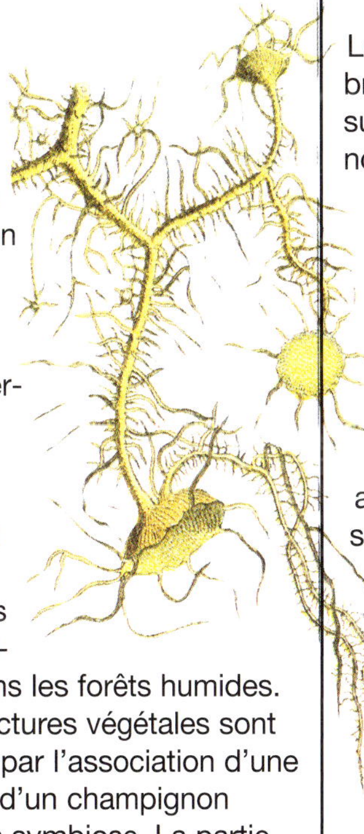

Les usnées sont des lichens en forme de barbes grises verdâtres qui s'accrochent aux branches des conifères dans les forêts humides. Ces structures végétales sont formées par l'association d'une algue et d'un champignon vivant en symbiose. La partie extérieure se compose généralement d'un lacis de structures mycosiques, entourant l'algue proprement dite. On les trouve sur des pierres et des rochers, sur du bois vivant ou mort. Comme la plupart des espèces d'intérêt pharmaceutique, les usnées sont des lichens buissonnants. Les Cetraria (Lichen islandicus) contiennent beaucoup de mucilage. L'Usnea barbata renferme de l'acide usnique aux propriétés antibiotiques. On l'utilise dans les produits destinés à renforcer les défenses naturelles contre la maladie.

VACCINIUM MYRTILLUS
MYRTILLE
Éricacées
237 Eur, Asie W

Les éricacées (famille des bruyères) sont très courantes sur les landes des pays du nord, mais on les trouve aussi en Afrique du Sud. Les myrtilles sont des arbrisseaux aimant les sols riches en humus des forêts claires, de la plaine jusqu'à la montagne. La souche rampante se ramifie sous terre et les rejets deviennent des tiges anguleuses, en partie ligneuses. Elles portent des feuilles alternes, ovales, vert vif, aux bords dentés. Au début de l'été apparaissent de jolies petites fleurs en clochette, d'un vert-jaune ou rougeâtres. Les baies rondes, un peu aplaties, d'un noir bleuté, mûrissent en août. Leur jus est très riche en vitamines. Leur peau contient du tannin et un pigment bleu très efficace dans le traitement de la diarrhée.

VALERIANA OFFICINALIS
VALÉRIANE OFFICINALE
Valérianacées
238 Eur, Asie
Régions tempérées

On rencontre la valériane dans les lieux humides, le long des ruisseaux et des rivières et dans les prés marécageux. D'autres variétés poussent sur le calcaire (V. montana) et dans les forêts de montagne. L'épais rhizome émet des racines secondaires et porte une tige ronde et striée, haute de 80 cm à 1.20 m, se divisant en branches opposées à son extrémité supérieure. Ses grandes feuilles d'un vert jaune, pennées, comprennent entre 9 et 21 folioles verts foncés sur le dessus, plus clairs en dessous et aux bords dentés. La tige se termine par une ombelle de petites fleurs roses pâles. Il ne s'agit cependant pas d'une véritable ombelle où tous les pédoncules partent du même point mais plutôt de ramifications répétées. La plante fraîche n'a pas d'odeur. Le parfum caractéristique de la valériane se dégage de sa racine fraîche.

VERATRUM VIRIDE
FAUX HELLEBORE, Vératre
Liliacées
239 E-Am N

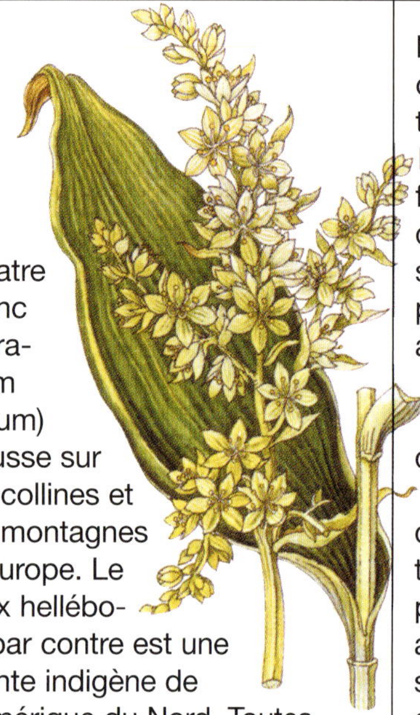

Le vératre blanc (Veratrum album) pousse sur les collines et les montagnes d'Europe. Le faux hellébore par contre est une plante indigène de l'Amérique du Nord. Toutes deux ont des principes actifs presque identiques. Elles sont extrêmement toxiques et irritantes pour la peau et les muqueuses. L'épais rhizome cylindrique du faux hellébore et ses nombreuses racines exigent des sols très humides. Tout d'abord apparaît une tige tubulaire, sans fleur, haute de 1.50 m. De grandes feuilles alternes la gainent jusqu'à la souche. Elles sont plissées en long, aux nervures apparentes, oblongues et mesurent de 20 à 25 cm. Les plus hautes deviennent étroites et courtes. La tige florale n'apparaît pas tous les ans. Elle porte un long épi de petites fleurs en étoile, vertes ou blanches.

VERBASCUM PHLOMOIDES
MOLENE FAUX- PHLOMIS
BOUILLON BLANC (GRAND)
240 Scrophulariacées
Eur, Asie W

Majestueux, le bouillon blanc orne les tas de détritus, les talus de chemin de fer et les bords des chemins. Ses profondes racines ainsi que le duvet qui recouvre sa tige et ses feuilles lui permettent de prospérer dans les terrains arides et de résister à la chaleur du soleil. La première année, sa racine pivotante donne naissance à une rosette de feuilles lancéolées. La deuxième année apparaît une tige florale, haute parfois de 2 m, portant des feuilles engainantes allant en s'amenuisant vers le sommet. Tiges et feuilles sont couvertes d'une masse de poils denses d'un blanc jaunâtre, caractéristiques des plantes à mucilage. De nombreuses fleurs jaune d'or, à 5 pétales spatulés et largement étalés, forment des épis à l'extrémité de la tige. Très utilisées en médecine, elles contiennent du mucilage et des sapofines. Leur pigment aurait également des vertus thérapeutiques. Il faut les faire sécher avec précaution car elles noircissent facilement et perdent alors leurs propriétés. C'est une plante cultivée pour la commercialisation dans plusieurs pays. Sa combinaison très particulière de mucilage, de saponines et de flavones est d'un très grand intérêt pour la médecine.

On utilise les fleurs pour soigner les maladies respiratoires, particulièrement la bronchite. D'autres usages ont été signalés pour des affections aussi diverses que les tumeurs et l'insomnie, sans confirmation sérieuse toutefois.

VIBURNUM PRUNIFOLIUM
VIORNE
Caprifoliacées
241 E-AmN

Ce bel arbuste qui atteint parfois 5 m de hauteur pousse dans les forêts, en bordure des bois, dans les clairières et le long des chemins, sur des sols secs ou humides. Son tronc et ses branches, gris foncé ou bruns, très ramifiés, forment un houppier très fourni. Les feuilles opposées, ovales, dentées, sont longues de 5 à 8 cm. Leur face supérieure est vert-jaune et le dessous plus clair. Des petites ombelles de fleurs blanches font comme des boules de neige dans le feuillage vert. Les fruits sont des baies ovales, d'un noir bleuté, contenant chacune une graine plate. On dit qu'une fois bien mûres et après les premières gelées, elles seraient comestibles. L'écorce du tronc et des branches, extérieurement grise et jaune-brun à l'intérieur, sert à préparer un extrait.

VIOLA ODORATA
VIOLETTE ODORANTE
Violacées
242 Eur S
Régions tempérées

La famille de la violette comprend de nombreuses espèces. Cela fait des siècles qu'on les utilisc comme plantes ornementales, dans les régions du midi elles sont cultivées pour leur parfum. La plupart des espèces se reproduisent par rejets. La violette odorante aime les endroits ombragés au sol friable, on la rencontre dans les taillis, les prés ou le long des vieux murs. D'un joli bleu-violet, elles sont très parfumées. Les feuilles se développent tandis que des petites tiges florales continuent à sortir, portant des fleurs presque sans couleur mais cependant fertiles. On utilise toute la plante, parfois même avec sa racine. D'autres espèces de violettes sont utilisées en pharmacie. Elles contiennent toutes des principes actifs très intéressants, entre autres des saponines et des composés salicyliques.

VIOLA TRICOLOR
PENSÉE SAUVAGE
Violacées
243 Eur, Af N, Asie W
Régions tempérées

La pensée sauvage à fleurs tricolores est l'ancêtre de nos pensées de jardin. Annuelle ou bisannuelle, on la rencontre dans les champs. sur les pâturages de montagne et les collines sablonneuses. Sur ses tiges anguleuses et ramifiées. dressées ou rampantes, sortent de petites feuilles opposées, oblongues, dentées, avec un stipule à la base du pétiole. Les tiges florales longues et fines apparaissent à l'aisselle des feuilles et portent trois fleurs tricolores composées de deux pétales dressés (violets le plus souvent), 2 pétales recourbés sur les côtés et un gros pétale inférieur (jaune ou bleu) se prolongeant par un éperon rempli de nectar. De nombreuses espèces sont utilisées en médecine. La plante entière est récoltée puis séchée. Elle renferme des saponines, des flavones et des composés salicyliques.

VISCUM ALBUM
GUI
Loranthacées
244 Eur,Af N,Asie

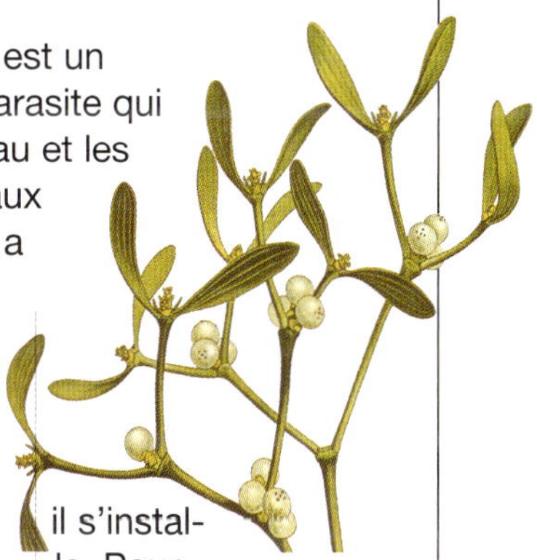

Le gui est un hémiparasite qui tire l'eau et les minéraux dont il a besoin du végétal sur lequel il s'installe. Pour l'usage médicinal on préfère celui qui pousse sur les branches latérales des arbres à feuilles caduques. La cueillette se fait en hiver. C'est un petit buisson aux branches régulières couvertes d'une écorce brun-gris, partant d'un tronc extrêmement court. Ses feuilles vert pâle sont coriaces. Elles restent vertes tout l'hiver et ne tombent qu'au bout de deux ans. Au printemps, des petites fleurs presque invisibles apparaissent à l'aisselle des ramifications. Fleurs mâles et fleurs femelles poussent sur des plants différents. Elles se transforment en baies sphériques, blanches, pleines de mucilage et non comestibles. Les feuilles contiennent des principes actifs très intéressants qui n'ont pas encore été complètement analysés. Ils seraient hypotenseurs et diurétiques. Il est préférable de les utiliser en préparation pharmaceutique.

VITEX AGNUS-CASTUS
GATTILIER
Verbénacées
245 Eur S, Asie W
S-Am N

Haut de 3 à 5 m, ses branches touffues et ramifiées à leur extrémité portent de grandes feuilles vert foncé, composées de 5 à 9 folioles partant tous d'un même point. Les jeunes branches se terminent en un mince épi de fleurs violettes, long de 30 cm. Les fruits sont des baies rondes, de 5 mm de diamètre, renfermant 4 graines. Leurs principes actifs sont une huile essentielle et des glucosides. L'extrémité des jeunes tiges florales contient des flavonosides. Certaines espèces tropicales possèdent des principes actifs de même type.

VITIS VINIFERA
VIGNE CULTIVÉE
Vitacées
246 Eur SE, Asie SW
R. chaudes et tempérées

La vigne est une des plus anciennes plantes cultivées. Dans son habitat d'origine (Caucase, Crimée et Asie) on la rencontre encore à l'état sauvage : elle pousse dans les bois longeant les vallées des grands fleuves. Ses racines sont très profondes et ses tiges font parfois 20 m de haut. Les nombreuses variétés cultivées sont toujours taillées à moins de 2 m pour encourager la fructification. Les premières années, la plante développe une forte racine longue de plusieurs mètres et une tige épaisse, ligneuse et tordue. C'est sur cette dernière qu'apparaissent les jeunes tiges que l'on taille soigneusement. Elles portent de grandes feuilles palmées, à 5 lobes, aux bords dentés à l'opposé desquelles des vrilles permettent à la plante de s'accrocher à des poteaux ou des treillis. Les petites fleurs d'un vert-jaune, assez insignifiantes, forment des grappes pendantes qui, à l'automne, deviennent les grappes de raisin. Leur jus riche en dextrose contient aussi des vitamines et des sels minéraux. En le faisant fermenter en grandes quantités on obtient du vin. Les feuilles contiennent du tannin, des acides organiques, des flavones et sels minéraux.

ZINGIBER OFFICINALE
GINGEMBRE
Zingibéracées
247 Asie S
Régions tropicales

Cultivé depuis des siècles, très apprécié comme épice, il s'est peu à peu répandu de la Chine à l'Inde et jusqu'en Occident. Son gros rhizome présente des nodosités et des ramifications charnues. Ses tiges hautes de 1.50 m portent des feuilles étroites et lancéolées, longues de 20 cm et larges de 1.5 cm à 2.5 cm. Les tiges florales, plus courtes, sont garnies d'inflorescences en épi. Les fleurs violettes et tachées de jaune ont de grandes bractées vertes bordées de jaune. Le rhizome se récolte une fois le feuillage mort. Après avoir été gratté, lavé et épluché, puis séché au soleil, il se présente sous la forme de petits morceaux de racine d'un blanc jaunâtre, parfois légèrement teintés de rouge. Son huile essentielle a des propriétés thérapeutiques.

Maladies et troubles divers

Vous trouverez dans ce chapitre une liste alphabétique des maladies bénignes les plus courantes ainsi que les remèdes végétaux qui leur sont appropriés, et les indications sur la manière de préparer les plantes.

Il n'y a pas si longtemps, faire venir un médecin était un luxe que bien des gens hésitaient à s'offrir. La mère ou l'aïeule diagnostiquait la maladie puis préparait et administrait le remède approprié ; il lui arrivait cependant d'aller consulter un rebouteux le jour du marché, ou, plus récemment, le pharmacien du village.

Gravure sur bois représentant le magasin d'un apothicaire au 17ᵉ siècle : les procédés chimiques se font plus courants en médecine, et on tend à délaisser quelque peu les plantes médicinales. Tirée de l'édition allemande de *Pharmacopoea medico-chymica* du célèbre médecin Johann Schröder, 1685.

Au Moyen Age, soigner les serfs et les domestiques malades faisait partie des devoirs de la châtelaine. Elle cultivait donc un jardin où elle plantait, récoltait et préparait les simples qu'elle administrait à tout son entourage en cas de maladie. Quant à l'Eglise, elle s'occupait autant de soigner les corps que de sauver les âmes ; les jardins de plantes médicinales des couvents furent longtemps célèbres.

De nos jours, les médecins sont si surchargés de patients qu'ils ne peuvent plus consacrer tout le temps et l'attention nécessaires à ceux qui ont besoin d'autre chose que d'une rapide et sommaire consultation. Nous avons trop tendance à médicaliser les choses les plus simples ; il serait sage de trouver un juste milieu. Tout un chacun devrait pouvoir diagnostiquer et traiter les petites maladies courantes qui le guettent. Pour de nombreuses d'entre elles (le rhume par exemple, ou les douleurs rhumatismales...) il n'existe aucun remède spécifique : tout ce que l'on peut faire c'est laisser la nature arranger les choses, ce qui arrive heureusement dans la plupart des cas. Mais il est par contre possible d'aider le processus naturel de guérison. Le malade, s'il s'agit d'un adulte, ou la mère, s'il s'agit d'un enfant, peuvent agir aussi efficacement qu'un médecin. Alors pourquoi se précipiter chez lui à tout bout de champ ? Cela lui fait perdre un temps précieux qu'il pourrait consacrer aux patients ayant réellement besoin de ses services et dont la vie est parfois en jeu. Rappelons-nous cependant que le bon sens et la prudence sont essentiels à tout diagnostic et à tout traitement, particulièrement s'il s'agit de bébés. En principe, pour les enfants de moins d'un an, il vaut mieux ne pas essayer de traiter sans avis médical. Une jeune mère, surtout s'il s'agit d'un premier-né, devrait s'en tenir aux recommandations qui lui ont été prodiguées durant sa grossesse et demander au besoin l'avis de sa propre mère. Ainsi, avec un peu de bon sens, elle pourra sans trop de difficultés faire face toute seule aux petits problèmes de son enfant et chaque nouvelle naissance viendra renforcer son expérience dans ce domaine. Pour ce qui est des adultes, la règle d'or consiste à ne pas persister dans un traitement qu'on s'est choisi s'il n'y a aucun signe d'amélioration et d'aller immédiatement consulter un médecin à la première manifestation de symptômes graves (douleur abdominale aiguë par exemple). N'oubliez pas que toute forte poussée de fièvre requiert un avis médical.

A part cela, rien n'est plus simple et plus logique que de traiter soi-même les maladies bénignes. Cette section sera, pour vous, je l'espère, un guide pour choisir la plante qu'il vous faut !

Maladie	Plante	Mode d'emploi	Préparation et posologie	Notes
ANOREXIE *(Manque d'appétit)*	**3** Acore vrai	Infusion	Verser 1 tasse d'eau bouillante sur 2 cuillerées à café de rhizome (épluché) écrasé. Laisser infuser au moins 15 minutes. Boire tiède.	Stimule l'appétit. A prendre ½ heure avant le repas.
	105 Gentiane jaune	Infusion	Faire bouillir 1 ou 2 cuillerées à café de racine écrasée dans une tasse d'eau pendant 2 minutes. Laisser infuser 5 à 10 minutes. *Ou bien* : verser 1 tasse d'eau chaude sur ½ cuillerée à café de racine écrasée. Laisser infuser 4 à 5 heures. En prendre 1 tasse 15 à 30 minutes avant chaque repas.	
	150 Trèfle d'eau	Teinture	En prendre 20 à 40 gouttes dans ½ verre d'eau avant les repas.	
		Infusion	Mettre 1 cuillerée à café de feuilles sèches ou fraîches dans 1 tasse d'eau. Porter à ébullition, retirer du feu et laisser infuser 5 à 10 minutes. En prendre 1 tasse 15 à 30 minutes avant le repas.	
	50 Petite centaurée	Infusion	Verser 1 tasse d'eau bouillante sur 1 cuillerée à café de feuilles hachées, fraîches ou sèches. Laisser infuser 5 à 10 minutes. En prendre 1 tasse 15 à 30 minutes avant les principaux repas.	
		Vin	Verser 1 litre et demi de vin blanc sur 60 g de petite centaurée, 40 g de fleurs de camomille, 40 g d'écorce d'orange amère hachée fin et le jus de 2 oranges. Mettre en bouteilles, boucher, et laisser macérer au moins une semaine au soleil ou dans un endroit tiède. Filtrer. En boire ½ verre 2 à 3 fois par jour, avant les repas.	
ARTERIO- SCLEROSE	**9** Ail	La plante fraîche	Hacher finement 1 gousse d'ail. Tartiner sur du pain ou mélanger à du lait tiède. En prendre plusieurs gousses par jour pendant quelques semaines ou plus longtemps.	
	10 Ail des Ours	La plante fraîche	Juste avant de servir, hacher plusieurs feuilles fraîches et les mêler à une salade, une soupe ou des légumes. En prendre quotidiennement durant tout le printemps.	
		Infusion	Verser 1 tasse d'eau chaude sur 1 ou 2 cuillerées à café de feuilles sèches. Infuser 5 à 10 minutes. En prendre 1 tasse 2 fois par jour.	
	74 Artichaut	Infusion	Verser 1 tasse d'eau froide sur 1 ou 2 cuillerées à café de feuilles sèches. Porter à ébullition, laisser bouillir 1 minute. Infuser 5 à 10 minutes. En prendre 1 tasse 2 ou 3 fois par jour pendant 1 semaine ou plus.	
		Extrait	S'achète tout préparé. Suivre la posologie indiquée.	
	224 Gui	Infusion	Verser 1 tasse d'eau froide sur 2 à 3 cuillerées à café de branches de gui fraîches ou sèches. Laisser infuser 8 heures. En prendre 1 tasse matin et soir pendant plusieurs semaines ou plus longtemps.	
ASTHÉNIE NERVEUSE	**3** Acore vrai	Bain	Faire bouillir 100 g de racine dans 1 litre d'eau pendant 10 minutes. Faire comme pour le bain de lavande, ci-dessous.	Ne pas se baigner le soir.
	158 Ginseng	Infusion	Faire bouillir ½ cuillerée à café de racine écrasée dans 1 tasse d'eau pendant 1 minute. Laisser infuser 15 minutes. En prendre 1 tasse 2 à 3 fois par jour.	

Maladie	Plante	Mode d'emploi	Préparation et posologie	Notes
		Poudre	Mélanger 1 petite pincée (1 gramme) de racine pulvérisée dans quelques cuillerées d'eau. En prendre 2 à 3 fois par jour.	
	136 Lavande	Bain	Verser 1 litre d'eau bouillante sur 2 poignées (100 g) de fleurs. Laisser infuser 20 à 30 minutes. Passer le liquide et l'ajouter à l'eau du bain, porter à 35-37°. Se baigner pendant 10 à 15 minutes.	Le bain ayant un effet stimulant ne pas le prendre le soir.
		Infusion composée	Mélanger ½ cuillerée à café de fleurs de lavande et ½ cuillerée à café de feuilles de romarin. Verser par-dessus 1 tasse d'eau bouillante. Couvrir et laisser infuser 10 minutes. En prendre 1 tasse deux fois par jour.	
	196 Romarin	Bain	Voir à circulation.	Ne pas se baigner le soir.
		Infusion	Verser 1 tasse d'eau bouillante sur 1 cuillerée à café de feuilles. Laisser infuser 10 minutes. En prendre 1 tasse tous les jours.	
		Vin	Voir vieillesse. En prendre 1 petit verre 2 fois par jour.	
ASTHME	**130** Grande aunée	Infusion	Verser 1 tasse d'eau froide sur 1 à 2 cuillerées à café de racine écrasée. Laisser macérer 8 à 10 heures. Faire chauffer. Boire très chaud, à petites gorgées. Sucrer au miel. En prendre 1 tasse par jour.	
	80 Droséra à feuilles rondes	Infusion	Verser 1 tasse d'eau bouillante sur 1 cuillerée ou ½ cuillerée à café de plante sèche. Laisser infuser 5 à 10 minutes. Sucrer au miel. En prendre 1 tasse 2 fois par jour.	La droséra donne à l'urine une couleur foncée. Sans danger.
		Teinture	Verser 5 tasses d'alcool à 70° sur 1 tasse de la plante fraîche, hachée. Laisser macérer 8 à 10 jours dans un bocal bien bouché, au soleil ou dans un endroit tiède. Agiter fréquemment. Filtrer. En prendre 10 gouttes dans de l'eau 2 à 3 fois par jour.	
	83 Ephedra	Infusion	Verser 1 tasse d'eau bouillante sur 1 cuillerée à café de la plante sèche. Laisser infuser. En prendre 1 tasse 2 à 3 fois par jour.	Sur avis médical, peut aussi se prendre pendant une crise aiguë.
		Teinture	15 à 20 gouttes dans de l'eau. 2 à 3 fois par jour.	
	77 Stramoine	Poudre	Verser sur une assiette 1 cuillerée à café de feuilles sèches. Y mettre le feu avec une allumette et inhaler la fumée.	Plante toxique, à n'utiliser que sur l'avis d'un médecin.
		Cigarettes pour asthmatiques	Mélanger 2 parts de tabac à 1 part de feuilles de stramoine séchées (que l'on peut aussi traiter au préalable dans une solution de nitrate d'ammoniaque). Rouler le mélange dans du papier à cigarettes. En cas de crise, fumer lentement cette cigarette.	
BILE				*(Troubles biliaires) voir Foie*

Maladie	Plante	Mode d'emploi	Préparation et posologie	Notes
BRONCHITE	**182** Primevère élevée Primevère officinale	Infusion	Mettre une cuillerée à café de racine dans une tasse d'eau. Faire bouillir 2 à 3 minutes. Laisser infuser 10 minutes. En prendre 1 tasse 3 fois par jour. Boire chaud et sucrer au miel. *Ou bien* : placer 1 ou 2 cuillerées à café de fleurs avec leur calice dans 1 tasse d'eau froide. Porter à ébullition. Laisser infuser 5 à 10 minutes. En prendre 1 tasse 3 fois par jour, aussi chaude que possible et sucrée au miel.	
		Infusion composée	Mélanger des mesures égales de racine ou fleurs de primevère, de fleurs de tussilage et de graines d'anis. En prendre 2 cuillerées à café et les mettre dans 1 tasse d'eau froide. Porter à ébullition et retirer du feu. Laisser infuser 15 à 20 minutes. Réchauffer. En prendre 1 tasse 2 à 3 fois par jour. Boire chaud et sucrer au miel.	
	88 Eucalyptus	Infusion	Verser 1 tasse d'eau bouillante sur 1 à 2 cuillerées à café de feuilles sèches. Laisser infuser 5 à 10 minutes. Sucrer au miel. En prendre 1 tasse 2 à 3 fois par jour.	
		Bain	Mélanger des mesures égales de feuilles d'eucalyptus et de feuilles de thym. En prendre 4 ou 5 cuillerées à soupe et verser par-dessus 1 litre d'eau bouillante. Laisser infuser 30 minutes. Passer le liquide et l'ajouter à l'eau du bain portée à 38°. Se baigner 10 à 15 minutes.	
		Friction	Diluer 1 volume d'Eucalyptol (pharmacies) dans 5 volumes d'eau. Frictionner la poitrine et le dos plusieurs fois par jour et le soir.	
	55 Mousse d'Irlande	Infusion	Mettre 1 cuillerée à café de mousse hachée dans 1 tasse d'eau froide. Faire bouillir 3 minutes. Laisser infuser 10 minutes. En prendre 1 tasse matin et soir.	
	232 Tussilage	Infusion	Verser 1 tasse d'eau bouillante sur 1 à 2 cuillerées à café de feuilles ou de fleurs. Laisser infuser 5 à 10 minutes. En prendre 1 tasse 3 à 4 fois par jour, aussi chaud que possible. Sucrer au miel.	
	243 Pensée sauvage	Infusion	Mettre 1 cuillerée à café de racine dans 1 tasse d'eau froide. Faire bouillir 2 à 3 minutes. Laisser infuser 10 minutes. *Ou bien* : verser 1 tasse d'eau bouillante sur 2 cuillerées à café de feuilles et de fleurs fraîches ou sèches. Laisser infuser 5 à 10 minutes. En prendre 1 tasse 2 fois par jour, aussi chaude que possible, sucrée au miel.	
BRÛLURES	**73** Cognassier commun	Compresse	Verser ½ litre d'eau froide sur 2 cuillerées de graines. Laisser tremper plusieurs heures. Recueillir le produit gélatineux exudé par les graines et le mettre sur un morceau de lin. Appliquer sur les brûlures plusieurs fois par jour.	Petites brûlures seulement.
	13 Guimauve officinale	Compresse	Verser ½ litre d'eau froide sur 1 ou 2 cuillerées à soupe de racine écrasée (ou 2 cuillerées à café de feuilles). Laisser tremper 6 à 8 heures. En faire une compresse légère. Répéter fréquemment.	Petites brûlures seulement.

Maladie	Plante	Mode d'emploi	Préparation et posologie	Notes
CALCULS BILIAIRES	**74** Artichaut	Infusion	Mettre 1 ou 2 cuillerées à café de feuilles sèches dans 1 tasse d'eau froide. Porter à ébullition et retirer du feu. Laisser infuser 10 minutes. En prendre 1 tasse 2 à 3 fois par jour pendant 4 à 6 semaines.	
	53 Chélidoine	Infusion	Mettre 1 ou 2 cuillerées à café de plante sèche ou 1 cuillerée à café de racine dans 1 tasse d'eau froide. Porter à ébullition. Laisser infuser 10 à 15 minutes. En prendre 1 tasse 3 fois par jour, entre les repas, pendant 3 semaines.	
	57 Chicorée sauvage	Infusion	Faire bouillir pendant 2 à 3 minutes 2 cuillerées à café de racine écrasée dans 1 tasse d'eau. Couvrir et laisser infuser 10 minutes. En prendre 1 tasse 2 fois par jour. *Ou bien* : mettre 2 cuillerées à café de plante sèche dans 1 tasse d'eau. Porter à ébullition et laisser infuser 15 minutes. En prendre 1 tasse 2 fois par jour.	
	161 Pétasite	Infusion	Mettre 1 cuillerée ou ½ cuillerée à café de racine écrasée dans 1 tasse d'eau. Faire bouillir 1 minute. Laisser infuser 15 minutes. En prendre 1 tasse 2 fois par jour pendant plusieurs semaines.	Recommandé pour les crises de coliques hépatiques dues à des calculs.
	224 Pissenlit	Infusion	Mettre 1 ou 2 cuillerées à café de racine écrasée (ou un mélange de feuilles et de racine) dans 1 tasse d'eau froide. Faire bouillir 1 minute. Couvrir et laisser infuser 15 minutes. En prendre 1 tasse matin et soir pendant 4 à 6 semaines.	
CALCULS RÉNAUX				*(Voir Maladies des reins)*
CALCULS DE LA VESSIE	**197** Garance	Infusion	Verser 1 tasse d'eau froide sur ½ cuillerée à café de racine écrasée. Laisser infuser 8 heures. En prendre 1 tasse 2 fois par jour.	La garance donne à l'urine une couleur rouge. Sans danger.
		Poudre	Mélanger 1 gramme de racine pulvérisée dans 1 ou 2 cuillerées à soupe d'eau ou de miel (selon le goût). En prendre 3 fois par jour.	
	14 Herbe aux cure-dents	Préparation commerciale	On ne peut se procurer de l'herbe aux cure-dents qu'en préparation commerciale.	
	120 Herniaire commune	Infusion	Verser 1 tasse d'eau chaude sur 1 cuillerée à café de plante hachée (fraîche ou sèche). Laisser infuser ½ heure. En prendre 1 tasse 3 fois par jour. *Ou bien* : verser 1 tasse d'eau froide sur 1 cuillerée à café de plante hachée. Laisser infuser 8 heures. Réchauffer, et en prendre 1 tasse 3 fois par jour.	Utile également pour les calculs rénaux.
	224 Pissenlit	Infusion	Mettre 1 à 2 cuillerées à café de racine fraîche ou sèche (ou un mélange de racine et de feuilles) dans 1 tasse d'eau. Porter à ébullition et retirer du feu. Laisser infuser 20 minutes. En prendre 1 tasse 3 fois par jour pendant 4 à 6 semaines.	Répéter plusieurs fois dans l'année.
		Infusion composée	Mélanger des parties égales de racine de pissenlit, de baies de genièvre, de graines de persil et d'herniaire. Il en faut 1 cuillère à soupe. Verser par-dessus ½ litre d'eau bouillante et laisser infuser 20 minutes. En prendre 2 tasses tous les matins.	

Maladie	Plante	Mode d'emploi	Préparation et posologie	Notes
CATARRHE NASAL	**88** Eucalyptus	Inhalation	Verser 1 à 2 litres d'eau bouillante sur 2 ou 3 cuillerées à soupe de feuilles, dans une cuvette de préférence. Placer la tête au-dessus de la cuvette en se couvrant bien avec une serviette éponge pour éviter que la vapeur ne s'échappe. Inhaler profondément. Au bout de 10 minutes rajouter de l'eau bouillante. A faire 1 ou 2 fois par jour.	Après l'inhalation se passer le visage à l'eau froide. Ne pas sortir à l'extérieur tout de suite après.
	146 Petite camomille	Inhalation	Verser 1 à 2 litres d'eau bouillante sur 2 ou 3 cuillerées à soupe de fleurs. Inhaler (voir eucalyptus) pendant 10 minutes 1 ou 2 fois par jour.	
	171 Pin sylvestre	Inhalation	Verser 2 litres d'eau bouillante sur 50 à 100 g d'aiguilles de pin fraîches ou sèches (on peut également utiliser les bourgeons). Inhaler (voir eucalyptus) pendant 10 minutes 1 ou 2 fois par jour.	
CHEVEUX *(Chute des)*	**36** Bouleau blanc	Lotion	Mélanger 30 cl de sève de bouleau fraîche à 10 cl d'alcool à 90°. (On peut y ajouter un agent conservateur, trouvé en pharmacie). Ajouter 10 cl d'eau distillée. *Ou bien* : verser 30 cl d'alcool à 70° sur 2 poignées de feuilles de bouleau fraîches ou sèches. Ajouter assez d'eau distillée pour recouvrir les feuilles. Laisser macérer 3 jours. Filtrer. Utiliser 1 à 2 cuillerées à soupe de lotion pour se masser quotidiennement le cuir chevelu, et ce pendant plusieurs semaines.	Consulter un médecin pour s'assurer qu'il n'existe pas de trouble organique. Les herbes médicinales ne sont efficaces qu'en cas de légère chute des cheveux, comme il s'en produit à la suite d'une grossesse ou d'une maladie.
	22 Bardane commune	Lotion	Verser 40 cl d'alcool à 70° sur 3 cuillerées à soupe de racine de bardane écrasée, fraîche ou sèche. Laisser macérer 5 jours. Diluer avec 10 cl d'eau distillée. Filtrer. Utiliser 1 à 2 cuillerées à soupe de lotion pour se masser quotidiennement le cuir chevelu.	
	235 Ortie	Lotion	Verser 30 cl d'alcool à 70° sur 2 poignées de feuilles d'orties fraîches ou sèches. Ajouter suffisamment d'eau distillée pour recouvrir les feuilles. Laisser macérer de 3 à 5 jours. Filtrer. Utiliser 1 ou 2 cuillerées à soupe de lotion pour se masser quotidiennement le cuir chevelu.	
CIRCULATION *(Troubles circulatoires)*	**70** Aubépine	Infusion	Verser 1 tasse d'eau bouillante sur 2 cuillerées à café de fleurs ou de feuilles (ou moitié moitié). Laisser infuser 20 minutes. En prendre 1 tasse, bien chaude et sucrée au miel, 2 à 3 fois par jour pendant plusieurs semaines ou plusieurs mois.	Ne fait de l'effet qu'après un usage prolongé.
	108 Ginkgo	Infusion	Verser 1 tasse d'eau bouillante sur 2 à 3 cuillerées à café de feuilles. Laisser infuser 15 minutes. En prendre 1 tasse 2 fois par jour.	
		Préparation commerciale	Suivant la posologie indiquée sur l'emballage ou suivant l'ordonnance médicale.	Les préparations les plus efficaces sont à base de feuilles fraîches.
	136 Lavande	Infusion composée	Mélanger à parties égales des fleurs de lavande et des feuilles de romarin. Verser 1 tasse d'eau bouillante sur 1 cuillerée à café du mélange. Couvrir. Laisser infuser 10 à 15 minutes En prendre 1 tasse matin et soir plusieurs semaines.	

Maladie	Plante	Mode d'emploi	Préparation et posologie	Notes
		Bain	Verser 1 litre d'eau bouillante sur 100 g de fleurs. Couvrir. Laisser infuser 20 à 30 minutes. Passer le liquide et l'ajouter à l'eau du bain portée à 34-36°. Se baigner 10 minutes 3 fois par semaine.	Le bain a un effet tonique et stimulant. Ne pas se baigner le soir.
	68 Muguet	Teinture diluée	Selon l'ordonnance du médecin.	Plante toxique. A n'utiliser que sous avis médical.
	171 Pin sylvestre	Bain	Mettre 100 g d'aiguilles de pin sèches ou fraîches ou 100 g de l'extrémité des jeunes branches dans ½ litre d'eau. Faire bouillir 1 minute. Laisser macérer 20 minutes. Ajouter à l'eau du bain portée à 34-36°. Se baigner 10 minutes.	
	84 Prêle des champs	Bain	Faire chauffer 5 cuillerées à soupe de plante sèche et hachée dans 1 litre d'eau. Faire bouillir 1 minute. Laisser infuser 20 minutes. Filtrer et ajouter à l'eau du bain portée à 35-37°. Se baigner 10 minutes.	
		Bain de mains et de pieds	Mettre 2 à 3 cuillerées à soupe de plante sèche et hachée dans ½ litre d'eau Verser le mélange dans l'eau du bain à température moyenne. Y tremper les mains ou les pieds.	
	196 Romarin	Infusion	Verser 1 tasse d'eau bouillante sur 1 cuillerée à café de feuilles. Couvrir Laisser infuser 10 minutes. En prendre 1 tasse deux fois par jour (durant la journée) pendant plusieurs semaines.	
		Bain	Verser 1 litre d'eau bouillante sur 100 g de feuilles. Couvrir. Laisser infuser 20 minutes. Passer le liquide et l'ajouter à l'eau du bain portée à 34-36°. Se baigner 10 minutes 3 fois par semaine.	S'allonger pendant au moins ½ heure après le bain. Ne pas se baigner le soir.
CŒUR *(Troubles cardiaques d'origine nerveuse)*	**137** Agripaume cardiaque	Infusion	Verser 1 tasse d'eau bouillante sur 1 cuillerée à café de plante. Laisser infuser 10 minutes. En prendre 1 tasse matin et soir.	
	70 Aubépine	Infusion	Verser 1 tasse d'eau bouillante sur 2 cuillerées à café de fleurs ou de feuilles ou un mélange des deux. Laisser infuser 20 minutes. En prendre 1 tasse 2 à 3 fois par jour pendant plusieurs semaines.	
	123 Houblon	Infusion	Verser 1 tasse d'eau bouillante sur 1 cuillerée à soupe de houblon. Couvrir. Laisser infuser 10 à 15 minutes. En prendre 1 tasse le soir et au besoin une dans la journée.	
	136 Lavande	Infusion	Verser 1 tasse d'eau bouillante sur 1 cuillerée à café de fleurs. Couvrir. Laisser infuser 10 minutes. En prendre 1 tasse matin et soir.	
	238 Valériane officinale	Infusion	Verser 1 tasse d'eau froide sur 2 cuillerées à café de racine écrasée. Laisser infuser 8 heures. Faire chauffer et boire. En prendre 1 tasse le soir et au besoin une dans la journée.	
		Teinture	Prendre 1 cuillerée à café de teinture (vendue en pharmacie) diluée dans un peu d'eau tous les soirs et au besoin dans la journée.	
CONSTIPATION	**190** Bourdaine	Infusion	Mettre 1 cuillerée à café d'écorce ou de baies séchées dans une tasse d'eau. Porter à ébullition et laisser bouillir 1 minute. Faire infuser 10 à 15 minutes. En prendre 1 tasse le soir.	

Maladie	Plante	Mode d'emploi	Préparation et posologie	Notes
	191 Cascara sagrada	Infusion	Mettre 1 cuillerée à café d'écorce bien sèche dans 1 tasse d'eau. Porter à ébullition et laisser bouillir 1 minute. Faire infuser 15 minutes. En prendre 1 tasse le soir.	
	139 Lin usuel	Bouillie	Mélanger 1 à 2 cuillerées à café de graines de lin entières ou fraîchement moulues à un peu d'eau de manière à obtenir une bouillie. En manger 1 ou 2 fois par jour.	Recommandé pour un usage prolongé.
	47 Séné	Infusion	Verser 1 tasse d'eau froide sur 1 à 2 cuillerées à café de feuilles ou sur 5 gousses. Laisser macérer 6 à 8 heures. En prendre 1 tasse le soir.	
		Infusion composée	Mélanger à parts égales des feuilles de séné, de l'écorce de Cascara sagrada, des graines de fenouil et des fleurs de camomille. Verser 1 tasse d'eau bouillante sur 1 à 2 cuillerées à café de ce mélange, couvrir et laisser infuser 10 à 15 minutes. En prendre 1 tasse le soir.	
CONTUSIONS ET ECCHYMOSES	**27** Arnica	Compresse	Mettre 1 cuillerée à soupe de teinture d'arnica dans ½ litre d'eau froide. Appliquer en compresse. Renouveler fréquemment. *Préparation de la teinture* **:** verser ½ litre d'alcool à 70° sur 50 grammes de fleurs d'arnica toutes fraîches. Mettre en bocal de verre transparent et bien boucher. Laisser macérer au soleil pendant au moins 1 semaine. Filtrer.	
	113 Hamamélis	Compresse	Mettre 1 à 2 cuillerées à soupe de feuilles ou d'écorce, ou les deux à la fois, dans ½ litre d'eau froide. Faire bouillir 15 minutes et laisser refroidir. Appliquer en compresse. Renouveler fréquemment	
	147 Mélilot officinal	Compresse	Mettre 2 cuillerées à soupe de plante hachée (fraîche ou sèche) dans 1/2 litre d'eau froide. Faire bouillir 1 minute. Laisser infuser 20 minutes. Appliquer en compresse tiède. Renouveler fréquemment.	
	40 Souci commun	Compresse	Verser ½ litre d'eau bouillante sur 1 ou 2 cuillerées à café de plante hachée. Laisser infuser 15 minutes. Appliquer en compresse tiède. Renouveler fréquemment. *Ou bien* : faire une compresse à la teinture de souci (voir eczéma).	
COQUELUCHE	**48** Châtaignier	Infusion	Verser 1 tasse d'eau bouillante sur 2 cuillerées à café de feuilles sèches. Laisser infuser 15 minutes. Boire chaud 1 à 3 fois par jour.	
	80 Droséra à feuilles rondes	Infusion	Verser 1 tasse d'eau bouillante sur 1 cuillerée ou ½ cuillerée à café de plante séchée. Laisser infuser 10 à 15 minutes. En prendre 1 tasse 2 fois par jour	La droséra donne à l'urine une couleur foncée. Sans danger.
	117 Lierre grimpant	Infusion	Faire bouillir pendant 2 ou 3 minutes 1 cuillerée à café de feuilles fraîches ou sèches dans 1 tasse d'eau. Laisser infuser 10 minutes. Boire aussi chaud que possible, 1 tasse 2 à 3 fois par jour.	
	226 Thym	Infusion	Verser 1 tasse d'eau bouillante sur 2 cuillerées à café de thym. Laisser infuser 10 minutes. En prendre 1 tasse 2 à 3 fois par jour.	

Maladie	Plante	Mode d'emploi	Préparation et posologie	Notes
		Infusion composée	Mélanger 2 mesures de thym à 1 mesure de droséra. Faire infuser 2 cuillerées à café de cette préparation dans 1 tasse d'eau bouillante pendant 10 minutes. En prendre 1 tasse 2 à 3 fois par jour.	
COUPURES				*(Voir Plaies)*
CYSTITE	**36** Bouleau blanc	Infusion	Verser 1 tasse d'eau bouillante sur 1 cuillerée à soupe de feuilles fraîches ou sèches. Laisser infuser 5 à 10 minutes. En prendre 1 tasse 3 fois par jour.	
	155 Bugrane épineuse	Infusion	Verser 1 tasse d'eau bouillante sur 1 ou 2 cuillerées à café de plante hachée ou de racine écrasée. Laisser infuser 15 à 20 minutes. En prendre 1 tasse 2 à 3 fois par jour	
	132 Genévrier commun	Infusion	Verser 1 tasse d'eau bouillante sur 1 cuillerée à soupe de baies légèrement écrasées. Laisser infuser 20 minutes. En prendre 1 tasse matin et soir.	Ne pas prendre en cas d'inflammation rénale ou de grossesse.
	120 Herniaire commune	Infusion	Verser 1 tasse d'eau froide sur 1 cuillerée à café de plante fraîche ou sèche Laisser macérer 8 heures. Réchauffer et boire. *Ou bien :* Verser 1 tasse d'eau sur une cuillerée à café de plante. Laisser infuser ½ heure. En prendre 1 tasse 3 fois par jour.	La plante fraîche est plus efficace.
	138 Livèche	Infusion	Mettre ½ cuillerée à soupe de racine fraîche ou 1 cuillerée à café de racine sèche dans 1 tasse d'eau. Porter à ébullition, retirer du feu et laisser infuser 5 à 10 minutes. En prendre 1 tasse 2 à 3 fois par jour.	
	23 Busserolle officinale	Infusion	Verser 1 tasse d'eau bouillante sur 1 ou 2 cuillerées à café de feuilles sèches. Laisser macérer 6 à 12 heures selon la concentration désirée. Réchauffer et en prendre 1 tasse 2 fois par jour.	Éviter un usage prolongé. N'est pas recommandé aux estomacs sensibles (forte teneur en tannins).
DIARRHÉE	**8** Alchémille alpine ou commune	Infusion	Mettre 1 ou 2 cuillerées à café de feuilles ou de tiges dans 1 tasse d'eau. Faire bouillir 2 minutes.	En prendre 1 tasse plusieurs fois par jour.
	107 Benoîte commune	Infusion	Mettre 1 cuillerée à café de racine dans 1 tasse d'eau froide. Porter à ébullition et retirer du feu. Laisser infuser 5 à 10 minutes. En prendre 1 tasse 2 à 3 fois par jour.	
	193 Cassissier	Jus	Extraire le jus de baies fraîches. En prendre 1 verre, sans sucre, 3 à 4 fois par jour.	
	75 Cynoglosse officinal	Infusion	Verser 1 tasse d'eau bouillante sur 1 cuillerée à café de branches hachées. Laisser infuser 5 à 10 minutes. En prendre 1 tasse 2 fois par jour. *Ou bien :* mettre 1 cuillerée à café de racine fraîche ou sèche dans 1 tasse d'eau. Faire bouillir 2 ou 3 minutes Laisser infuser 5 à 10 minutes. En prendre 1 tasse 2 fois par jour.	
	237 Myrtille	Infusion	Verser 1/2 litre d'eau sur 3 cuillerées à soupe de baies sèches. Laisser tremper 5 à 10 minutes. Faire bouillir 5 minutes. *Ou bien :* faire bouillir 10 minutes sans trempage préalable. En prendre 1 verre 3 à 4 fois par jour.	

Maladie	Plante	Mode d'emploi	Préparation et posologie	Notes
	181 Potentille Tormentille	Infusion	Mettre 2 ou 3 cuillerées à café de racine dans 1 tasse d'eau. Faire bouillir 5 à 10 minutes. En prendre 1 tasse plusieurs fois par jour.	
		Poudre		
DYSMENORRHÉE				*(Voir Règles)*
DYSPEPSIE				*(Voir Indigestion)*
ECZÊMA	**25** Aristoloche commune	Compresse	Porter à ébullition 2 cuillerées à soupe de plante ou 1 cuillerée à soupe de racine dans 1 litre d'eau. Laisser bouillir quelques secondes. Retirer du feu et infuser 20 à 30 minutes. Faire une compresse avec le liquide chaud et appliquer plusieurs fois par jour. Réhumidifier la compresse dès qu'elle commence à sécher.	
	223 Grande consoude	Compresse	Mettre 3 ou 4 cuillerées à soupe de racine épluchée, sèche ou fraîche, dans 1/2 litre d'eau. Faire bouillir 5 minutes. Laisser infuser 20 minutes. En imbiber un tissu de lin, une gaze ou une mousseline. Appliquer la compresse tiède pendant 1 ou 2 heures plusieurs fois par jour.	Réhumidifier la compresse dès qu'elle commence à sécher (toutes les 15-20 minutes).
		Cataplasme	Faire une pâte avec un peu d'eau tiède et 2 à 4 cuillerées à soupe de racine fraîche écrasée ou de racine sèche pulvérisée. Poser sur une serviette de lin et appliquer pendant que le cataplasme est chaud. Le garder au moins 1 heure. Répéter plusieurs fois par jour.	Recommandé pour les ulcères de la jambe.
	131 Noyer	Infusion	Porter à ébullition 2 cuillerées à café de feuilles sèches dans 1 tasse d'eau. Laisser infuser 5 à 10 minutes. En prendre 1 tasse 2 fois par jour pendant plusieurs semaines.	
		Compresse	Porter à ébullition 2 cuillerées à soupe de feuilles dans 1/2 litre d'eau. Laisser bouillir 1 minute et infuser 20 minutes Faire une compresse et appliquer 1 ou 2 heures, 3 fois par Jour.	
FIÈVRE				*(Voir Rhumes)*
FLATULENCE	**15** Aneth odorant	Infusion	Écraser légèrement 1 ou 2 cuillerées à café de graines d'aneth. Verser dessus 1 tasse d'eau bouillante. Laisser infuser 5 à 10 minutes. En prendre 1 tasse 2 fois par jour.	
	16 Angélique archangélique	Infusion	Mettre 1 cuillerée à café de racine dans 1 tasse d'eau froide. Faire bouillir 1 minute, retirer du feu et laisser infuser 15 minutes. En prendre 1 tasse 2 fois par jour.	
	169 Anis vert	Infusion	Écraser légèrement 1 ou 2 cuillerées à café de graines d'anis. Verser par-dessus 1 tasse d'eau bouillante. Laisser infuser 5 à 10 minutes. En prendre 1 tasse 2 fois par jour. Les infusions destinées à soigner les flatulences doivent se prendre chaudes, avant les repas. Boire à petites gorgées	Les graines d'aneth, d'anis, de carvi et de fenouil doivent être légère-ment écrasées avant d'infuser pour libérer leur huile essentielle.
	46 Carvi officinal	Infusion	Écraser légèrement 1 cuillerée à café de graines de carvi. Verser par-dessus 1 tasse d'eau bouillante. Laisser infuser 5 à 10 minutes. En prendre 1 tasse 2 fois par jour.	

Maladie	Plante	Mode d'emploi	Préparation et posologie	Notes
		Mélange	Faire un mélange à parts égales de graines de carvi, de graines de fenouil et de feuilles de menthe. En prendre 1 ou 2 cuillerées à café et verser dessus 1 tasse d'eau bouillante. Laisser infuser 5 à 10 minutes. Prendre 2 tasses par jour.	
	93 Fenouil	Infusion	Écraser légèrement 1 ou 2 cuillerées à café de graines de fenouil. Verser dessus 1 tasse d'eau bouillante. Laisser infuser 5 à 10 minutes. En prendre 1 tasse 2 fois par jour.	
FOIE *(Troubles hépatiques)*	**63** Chardon béni	Infusion	Verser 1 tasse d'eau bouillante sur 1 cuillerée à café de plante. Porter à ébullition et retirer du feu. Laisser infuser 15 à 20 minutes. En prendre 1 tasse 2 à 3 fois par jour.	
	215 Chardon-Marie	Infusion	Verser 1 tasse d'eau bouillante sur 1 cuillerée à café de graines de Chardon-Marie. Laisser infuser 15 à 20 minutes. Boire très chaud. En prendre 1 tasse une demi-heure avant le petit déjeuner et le déjeuner et une au coucher. Poursuivre le traitement pendant 4 semaines.	
	89 Eupatoire chanvrine	Infusion	Verser 1 tasse d'eau bouillante sur 1 ou 2 cuillerées à café de plante. Couvrir et laisser infuser 15 à 20 minutes. En prendre 1 tasse 2 à 3 fois par jour. *Ou bien :* mettre 1 cuillerée à café de racine écrasée dans 1 tasse d'eau froide. Porter à ébullition, faire bouillir 1 minute. Laisser infuser 15 minutes. En prendre 1 tasse 2 à 3 fois par jour	
	246 Vigne	Infusion	Mettre 2 à 4 cuillerées à café de feuilles fraîches ou sèches dans 1 tasse d'eau froide. Porter à ébullition, retirer du feu et laisser infuser 15 minutes En prendre 1 tasse 3 fois par jour durant plusieurs semaines.	
GENCIVES *(Saignement)*	Séneçon	Infusion	Mettre 1 cuillerée à café de plante dans 1 tasse d'eau froide. Porter à ébullition, retirer du feu et laisser infuser 15 minutes. En prendre 1 tasse 2 à 3 fois par jour	Également recommandé en cas d'hémorragie après une extraction dentaire.
GINGIVITE	**27** Arnica	Collutoire	Préparer la teinture suivante : verser 1/2 litre d'alcool à 70° sur 50 g de fleurs d'arnica toutes fraîches. Mettre le tout dans un bocal en verre transparent et bien boucher. Laisser macérer au moins 1 semaine au soleil. Filtrer. Mettre 1 cuillerée à café de teinture dans 1 tasse d'eau tiède. Se rincer la bouche pendant 10 à 15 minutes tous les jours, ou plus souvent si nécessaire.	Prendre par petites gorgées. Garder le collutoire quelques minutes dans la bouche de manière à ce qu'elle soit rincée à fond.
		Teinture (pour les gencives)	Utiliser la teinture non diluée pour en enduire les parties enflammées	Pour les aphtes et ulcères des gencives.
	146 Petite camomille	Collutoire	Verser 1 tasse d'eau bouillante sur 1 ou 2 cuillerées à café de fleurs de camomille. Laisser infuser 10 minutes. Se rincer soigneusement la bouche avec le liquide tiède.	
	143 Grande mauve	Collutoire	Mettre 2 ou 3 cuillerées à café de feuilles fraîches ou sèches dans 1 tasse d'eau froide. Faire bouillir 1 minute. Laisser infuser 5 à 10 minutes. Se rincer la bouche (voir arnica).	
	237 Myrtille	Collutoire	Mettre 1 cuillerée à soupe de baies sèches dans 1 tasse d'eau froide. Faire bouillir 10 minutes. Se rincer la bouche avec le liquide chaud.	(voir arnica).

Maladie	Plante	Mode d'emploi	Préparation et posologie	Notes
	181 Potentille Tormentille	Collutoire	Mettre 2 cuillerées à café de racine écrasée dans 1 tasse d'eau froide et faire bouillir 5 minutes Laisser infuser 10 minutes. Se rincer la bouche avec le liquide chaud.	(voir arnica)
GORGE *(Maux de gorge)*	**146** Petite camomille	Gargarisme	Verser 1 tasse d'eau bouillante sur 1 ou 2 cuillerées à café de fleurs. Laisser infuser 10 minutes. Réchauffer et se gargariser le plus souvent possible.	
	13 Guimauve officinale	Gargarisme	Mettre 2 ou 3 cuillerées à café de racine écrasée ou de feuilles dans 1 tasse d'eau froide. Laisser macérer 6 à 8 heures. Faire chauffer et se gargariser le plus souvent possible.	
	139 Lin usuel	Gargarisme	Mettre 1 cuillerée à soupe de graines de lin dans 1 tasse d'eau froide. Laisser tremper 8 heures. Faire chauffer et se gargariser le plus souvent possible.	
	156 Origan	Gargarisme	Verser 1/2 litre d'eau bouillante sur 2 cuillerées à soupe de plante hachée. Laisser infuser 10 minutes Réchauffer et se gargariser pendant 5 à 10 minutes 3 ou 4 fois par jour (ou davantage).	
	202 Sauge officinale	Gargarisme	Mettre 2 cuillerées à soupe de feuilles dans 1/2 litre d'eau. Porter à ébullition, retirer du feu, couvrir et laisser infuser 10 minutes. Réchauffer et se gargariser le plus souvent possible.	Recommandé en cas d'angine.
GRIPPE				*(Voir Rhumes)*
HÉMORROÏDES	**1** Achillée	Bain de siège	Verser 1 litre d'eau bouillante sur 1 ou 2 poignées de fleurs. Laisser infuser 20 à 30 minutes. Passer le liquide et l'ajouter à l'eau du bain portée à 34-36°. Se baigner 3 fois par semaine.	
	180 Potentille ansérine	Compresse	Mettre 1 ou 2 cuillerées à soupe de plante dans 1/2 litre d'eau. Porter à ébullition puis laisser infuser 20 minutes. Faire une compresse avec le liquide tiède. Ne pas laisser sécher.	
	146 Petite camomille	Bain de vapeur	Mettre 1 ou 2 poignées de fleurs de camomille dans un bidet. Verser par-dessus 2 ou 3 litres d'eau bouillante. S'asseoir au-dessus de la vapeur en s'entourant d'une couverture. Laisser agir la vapeur pendant 10 minutes. Recommencer plusieurs fois par jour si nécessaire.	Pour les inflammations hémorroïdaires.
	113 Hamamélis	Infusion	Mettre 1 cuillerée à café de feuilles ou d'écorce dans 1 tasse d'eau. Faire bouillir 2 ou 3 minutes et laisser infuser 10 minutes. En prendre 1 tasse matin et soir.	En cas d'inflammation et d'hémorragie.
		Compresse	Mettre 2 cuillerées à soupe de feuilles ou d'écorce dans 1/2 litre d'eau. Faire bouillir 5 minutes. Laisser infuser 10 minutes, passer et laisser tiédir. Tremper une serviette de lin dans le liquide et l'essorer de manière à avoir une compresse humide et fraîche. Appliquer pendant 1 heure, 2 à 3 fois par jour. La ré humidifier dès qu'elle commence à sécher.	
	177 Poivre d'eau	Infusion	Mettre 2 ou 3 cuillerées à café de plante sèche ou fraîche dans 1 tasse d'eau froide. Porter à ébullition, retirer du feu et laisser infuser 15 minutes. En prendre 1 tasse matin et soir.	En cas de saignement.
HYDROPISIE	**155** Bugrane épineuse	Infusion	Verser 1 tasse d'eau bouillante sur 2 cuillerées à café de racine écrasée ou de plante hachée. Laisser infuser 15 à 20 minutes. En prendre 1 tasse 2 ou 3 fois par jour.	

Maladie	Plante	Mode d'emploi	Préparation et posologie	Notes
	76 Genêt à balais	Infusion	Verser 1 tasse d'eau bouillante sur 1 cuillerée à café de fleurs. Laisser infuser 15 minutes. En prendre 1 tasse 2 fois par jour.	
	162 Persil	Infusion	Mettre 1 cuillerée à café de graines ou de racine écrasée dans 1 tasse d'eau froide. Porter à ébullition, retirer du feu, couvrir et laisser infuser 15 minutes. En prendre 2 tasses par jour.	Attention : ne pas prendre pendant la grossesse.
		Infusion composée	Mélanger des parts égales de graines de persil, de racine de bugrane épineuse et de prêle hachée. Verser 1 tasse d'eau bouillante sur 1 ou 2 cuillerées à café de cette préparation. Laisser infuser 10 à 15 minutes. En prendre 1 tasse 2 fois par jour.	
HYPERTENSION	**9** Ail	La plante fraîche	Hacher ou écraser 1 gousse d'ail. La tartiner sur du pain ou la mélanger à du lait tiède. En prendre 1 gousse 2 ou 3 fois par jour pendant plusieurs mois.	L'ail ne fait de l'effet qu'après un usage régulier et prolongé.
	70 Aubépine	Infusion	Verser 1 tasse d'eau bouillante sur 2 cuillerées à café de fleurs (ou sur 1 cuillerée à café de fleurs et 1 cuillerée à café de feuilles). Laisser infuser 20 minutes. En prendre 1 tasse 2 à 3 fois par jour.	
	244 Gui	Infusion	Verser 1 tasse d'eau bouillante sur 2 ou 3 cuillerées à café de plante hachée (fraîche ou sèche). Laisser infuser 8 heures. En prendre 1 tasse matin et soir pendant plusieurs semaines ou plusieurs mois	
	154 Olivier d'Europe	Infusion	Mettre 2 cuillerées à café de feuilles dans 1 tasse d'eau froide. Porter à ébullition, retirer du feu et laisser infuser 15 à 20 minutes. En prendre 1 tasse après les repas 2 ou 3 fois par jour	Les feuilles d'olivier peuvent irriter l'estomac. A prendre après les repas.
	189 Rauvolfia	Extrait en poudre	Posologie selon l'ordonnance médicale.	Sur ordonnance médicale seulement.
HYPOTENSION	**4** Adonide de printemps	Teinture, extrait	Posologie selon l'ordonnance médicale.	Contient des glucosides toxiques qui peuvent affecter le cœur. N'utiliser que sous ordonnance médicale.
	158 Ginseng	Infusion	Mettre 1/2 cuillerée à café de racine dans 1 tasse d'eau. Faire bouillir 1 minute. Laisser infuser. En prendre 1 tasse 2 fois par jour.	
		Poudre	Mettre 1 pincée (1 g) de racine pulvérisée dans 1 ou 2 cuillerées à soupe d'eau ou autre liquide. En prendre 2 ou 3 fois par jour.	
	196 Romarin	Infusion	Verser 1 tasse d'eau bouillante sur 1 cuillerée à café de feuilles fraîches ou sèches. Laisser infuser. En prendre 2 fois par jour.	
		Bain	Verser 1/2 litre d'eau sur 50 g de feuilles. Laisser infuser 20 minutes. Passer le liquide et l'ajouter à l'eau du bain portée à 34-36° Se baigner 10 minutes	A un effet tonique et stimulant. Ne pas se baigner le soir et observer 1/2 heure de repos après le bain.

Maladie	Plante	Mode d'emploi	Préparation et posologie	Notes
INDIGESTION	**28** Absinthe	Infusion	Verser 1 tasse d'eau bouillante sur 1 cuillerée à café de feuilles. Couvrir et laisser infuser 10 minutes. En prendre 1 tasse 2 ou 3 fois par jour après les repas.	On peut également utiliser les plantes mentionnées à Anorexie et flatulence.
	1 Achillée	Infusion	Verser 1 tasse d'eau bouillante sur 1 ou 2 cuillerées à café de fleurs ou de feuilles. Couvrir et laisser infuser 10 minutes. En prendre 1 tasse 2 ou 3 fois par jour après les repas.	
	53 Chélidoine	Infusion	Mettre 2 cuillerées à café de feuilles ou de racine dans 1 tasse d'eau froide. Porter à ébullition, retirer du feu et laisser infuser 10 minutes. En prendre 1 tasse 2 fois par jour.	
	93 Fenouil	Infusion	Écraser légèrement 1 cuillerée à café de graines de fenouil. Verser par-dessus 1 tasse d'eau bouillante. Couvrir et laisser infuser 10 à15 minutes. Boire chaud, 1 tasse 3 fois par jour.	Particulièrement recommandé aux jeunes enfants
	123 Houblon	Infusion	Verser 1 tasse d'eau bouillante sur 1 cuillerée à soupe de houblon. Laisser infuser 10 à 15 minutes. En prendre 1 tasse 1 ou 2 fois par jour avant les principaux repas.	
	163 Impératoire	Infusion	Mettre 1 ou 2 cuillerées à café de racine écrasée dans 1 tasse d'eau froide. Porter à ébullition, retirer du feu, couvrir et laisser infuser 15 minutes. En prendre 3 fois par jour après les repas	
	148 Mélisse officinale	Infusion	Verser 1 tasse d'eau bouillante sur 2 ou 3 cuillerées à café de feuilles. Couvrir et laisser infuser 15 minutes. En prendre 1 tasse 2 fois par jour.	
		Infusion composée	Mélanger 1 cuillerée à café de feuilles de mélisse et 1 cuillerée à café de feuilles de menthe poivrée. Verser par-dessus 1 tasse d'eau bouillante. Couvrir et laisser infuser 10 à 15 minutes. En prendre 1 tasse 2 fois par jour.	Pour les douleurs violentes de l'estomac.
	149 Menthe poivrée	Infusion	Verser 1 tasse d'eau bouillante sur 1 ou 2 cuillerées à café de feuilles. Couvrir et laisser infuser 10 minutes. En prendre 1 tasse 2 à 3 fois par jour après les repas.	
	61 Bigaradier	Infusion	Verser 1 tasse d'eau bouillante sur 1 ou 2 cuillerées à café de fleurs, de feuilles ou d'écorce hachée. Couvrir et laisser infuser 10 à 15 minutes. En prendre 1 tasse 2 fois par jour.	
INSOMNIE	**87** Eschscholtzia de Californie	Infusion	Verser 1 tasse d'eau bouillante sur 1 ou 2 cuillerées à café de plante. Laisser infuser 1 5 minutes. En prendre 1 tasse le soir.	
	123 Houblon	Infusion	Verser 1 tasse d'eau bouillante sur 1 cuillerée à soupe de houblon, laisser infuser 10 à 15 minutes. En prendre 1 tasse le soir	
	160 Passiflore	Infusion	Verser 1 tasse d'eau bouillante sur 1 cuillerée à café de plante hachée. Laisser infuser 15 mlnutes. En boire 1 tasse le soir.	
	238 Valériane officinale	Infusion	Verser 1 tasse d'eau froide sur 2 cuillerées à café de racine écrasée. Laisser macérer 8 heures. Faire chauffer et en boire le soir.	
		Bain	Verser 1 litre d'eau bouillante sur 50 à 100 g de racine écrasée. Laisser infuser 30 minutes. Passer le liquide et l'ajouter à l'eau du bain portée à 35-37°. Se baigner 10 minutes.	Prendre un bain avant le coucher.

Maladie	Plante	Mode d'emploi	Préparation et posologie	Notes
LACTATION *(Insuffisance de lactation)*	**46** Carvi officinal	Infusion composée	Mélanger 2 mesures de graines de carvi, 1 mesure de graines de fenouil et 1 de graines d'anis. En prendre 1 ou 2 cuillerées à café et les écraser légèrement. Mettre dans 1 tasse d'eau, porter à ébullition et retirer du feu. Laisser infuser. En prendre 1 tasse 3 fois par jour.	
	228 Fenugrec	Infusion composée	Mélanger 2 mesures de graines de fenugrec et 1 mesure de graines d'anis. En mettre 2 cuillerées à café dans 1 tasse d'eau froide. Porter à ébullition, retirer du feu et laisser infuser 10 minutes. En prendre 1 tasse 3 fois par jour	
	98 Galéga officinal	Infusion	Mettre 1 ou 2 cuillerées à café de plante dans 1 tasse d'eau froide. Faire bouillir 2 à 3 minutes. Laisser infuser 10 minutes. En prendre 1 tasse 3 fois par jour.	
LARYNGITE	**170** Petit boucage saxifrage	Infusion Gargarisme	Mettre 1 ou 2 cuillerées à café de racine écrasée dans 1 tasse d'eau. Porter à ébullition et laisser infuser 15 à 20 minutes. En prendre 1 tasse par jour. Se gargariser 5 à 10 minutes avec l'infusion plusieurs fois par jour.	
	143 Grande mauve	Gargarisme	Mettre 1 ou 2 cuillerées à soupe de fleurs ou de feuilles (ou les deux à la fois) dans 1/2 litre d'eau. Faire bouillir 1 minute. Laisser infuser 10 minutes. Se gargariser 5 à 10 minutes avec cette infusion chaude plusieurs fois par jour	
	30 Gingembre	Infusion	Mettre 1 cuillerée à café de rhizome écrasé dans 1 tasse d'eau froide. Porter à ébullition, retirer du feu et laisser infuser 15 minutes. En prendre 1 tasse 2 fois par jour.	
	202 Sauge officinale	Gargarisme	Mettre 2 cuillerées à soupe de feuilles dans 1/2 litre d'eau. Porter à ébullition, retirer du feu et laisser infuser 15 minutes. Se gargariser 5 à 10 minutes avec cette infusion chaude plusieurs fois par jour	
MAUX DE TÊTE	**182** Primevère élevée ou Primevère officinale	Infusion	Verser 1 tasse d'eau bouillante sur 2 cuillerées à café de fleurs sans calice. Laisser infuser 15 minutes. En prendre 1 tasse 2 fois par jour	
	136 Lavande	Infusion	Verser 1 tasse d'eau bouillante sur 1 cuillerée à café de fleurs. Couvrir et laisser infuser 10 à 15 minutes. En prendre régulièrement 1 tasse matin et soir pendant 2 ou 3 semaines	
MÉTABOLISME *(Troubles du métabolisme)*	**148** Mélisse officinale	Friction	Alcoolat de mélisse verser 1/2 litre d'alcool à 90° sur 50 g de feuilles fraîches ou de jeunes sommités. Mettre dans un bocal transparent et bien boucher. Laisser macérer au soleil au moins 8 jours. Secouer de temps en temps. Filtrer le liquide. L'utiliser pour se frictionner le front et les tempes.	
		Infusion	Verser 1 tasse d'eau bouillante sur 2 cuillerées à café de feuilles fraîches ou sèches. Laisser infuser 10 minutes. Boire chaud et sucré, 2 fois par jour.	Pour maux de tête d'origine nerveuse.
	92 Reine des prés	Infusion	Verser 1 tasse d'eau bouillante sur 2 cuillerées à café de fleurs. Laisser infuser 15 minutes. En prendre 1 tasse 2 fois par jour.	

Maladie	Plante	Mode d'emploi	Préparation et posologie	Notes
	201 Saule blanc	Infusion	Mettre 1 cuillerée à café d'écorce écrasée dans 1 tasse d'eau froide. Faire bouillir 1 minute et laisser infuser 10 minutes. En prendre 1 tasse 2 fois par jour.	
	238 Valériane officinale	Infusion	Verser 1 tasse d'eau froide sur 2 cuillerées à café de racine écrasée. Laisser macérer 8 heures. En prendre 1 tasse le soir ou en cas de migraine.	
	7 Petit chiendent	Infusion	Mettre 2 cuillerées à café de rhizome écrasé dans 1 tasse d'eau froide et faire bouillir 2 à 3 minutes. Laisser infuser 15 minutes. En prendre 1 tasse 2 fois par jour pendant 4 à 6 semaines.	
	18 Flouve odorante	Bain	Mettre 400 g de fleurs de foin dans 4 litres d'eau froide. Faire bouillir 1 minute, couvrir et laisser infuser 15 minutes. Passer le liquide et l'ajouter à l'eau du bain portée à 38°. Se baigner 10 minutes 2 fois par jour pendant 1 ou 2 mois.	
	224 Pissenlit	Infusion	Mettre 1 ou 2 cuillerées à café de racine écrasée (ou d'un mélange de feuilles et de racine) dans 1 tasse d'eau froide. Faire bouillir 1 minute et laisser infuser 15 minutes. En prendre 1 tasse 2 fois par jour pendant 4 à 6 semaines.	
MIGRAINES				*(voir maux de tête)*
NAUSEE	**72** Artichaut	Infusion	Mettre 1 ou 2 cuillerées à café de feuilles dans 1 tasse d'eau bouillante. Porter à ébullition, retirer du feu, couvrir et laisser infuser 15 minutes. En boire 1 ou 2 tasses, aussi chaudes que possible.	
	107 Benoîte commune	Infusion	Verser 1 tasse d'eau bouillante sur 1 cuillerée à café de racine écrasée. Couvrir et laisser infuser 15 minutes. En boire 1 ou 2 tasses aussi chaudes que possible.	
	149 Menthe poivrée	Infusion	Verser 1 tasse d'eau bouillante sur 1 ou 2 cuillerées à café de feuilles. Couvrir et laisser infuser 10 minutes. En boire 1 ou 2 tasses, à petites gorgées, aussi chaudes que possible.	
		Infusion composée	Mélanger des mesures égales de menthe poivrée, de fleurs de camomille et de feuilles de mélisse. En prendre 1 ou 2 cuillerées à café et verser par-dessus 1 tasse d'eau bouillante. Couvrir et laisser infuser 10 minutes. En boire 1 ou 2 tasses, à petites gorgées, aussi chaudes que possible.	
NERVOSITÉ	**100** Aspérule odorante	Infusion	Verser 1 tasse d'eau bouillante sur 2 cuillerées à café de plante fraîche ou sèche. Laisser infuser 10 à 15 minutes. En prendre 1 tasse matin et soir.	Toutes les plantes mentionnées à Insomnie peuvent être utilisées ici. Dose : 2 tasses par jour.
	148 Mélisse officinale	Infusion	Verser 1 tasse d'eau bouillante sur 2 ou 3 cuillerées à café de feuilles sèches. Laisser infuser 10 minutes. En prendre 1 tasse matin et soir.	
		Bain	Verser 1 litre d'eau sur 100-150 g de feuilles sèches. Laisser infuser 20 à 30 minutes. Passer le liquide et l'ajouter à l'eau du bain portée à 34-36°. Se baigner 10 à 15 minutes 3 ou 4 fois par semaine.	

Maladie	Plante	Mode d'emploi	Préparation et posologie	Notes
	61 Bigaradier	Infusion	Verser 1 tasse d'eau bouillante sur 1 ou 2 cuillerées à café de fleurs, de feuilles ou d'écorce d'orange écrasée. Couvrir et laisser infuser 10 à 15 minutes En prendre 1 tasse matin et soir.	
NÉVRALGIES	**33** Avoine	Bain	Mettre 500 g d'avoine écrasée dans 2 litres d'eau et laisser tremper 1/2 heure. Passer le liquide et l'ajouter à l'eau du bain portée à 36-38°. Se baigner 10 à 15 minutes.	
	136 Lavande	Liniment	Préparer un alcoolat de lavande : verser 1/2 litre d'alcool à 90° sur 50 g de fleurs fraîches ou sèches. Mettre dans un bocal bien fermé. Laisser macérer au moins 1 semaine dans un endroit clair et chaud. Secouer de temps en temps. Filtrer. Frictionner les régions douloureuses avec cet alcoolat plusieurs fois par jour.	
	127 Millepertuis officinal	Liniment	Préparer une huile.Ecraser 50 g de fleurs fraîches ou un mélange de fleurs et de feuilles. Ajouter 1 cuillerée à café d'huile d'olive ou de tournesol. Mettre dans un bocal et recouvrir d'huile. Laisser macérer 14 jours au soleil. Secouer de temps en temps. Filtrer. Retirer le liquide accumulé en surface. Conserver à l'abri de la lumière. En frictionner les parties douloureuses ou appliquer en compresse plusieurs fois par jour.	
	196 Romarin	Liniment	Préparer un alcoolat de romarin avec 50 g de feuilles fraîches ou sèches et 1/2 litre d'alcool à 90° (voir lavande). En frictionner les parties douloureuses plusieurs fois par jour.	
	201 Saule blanc	Infusion	Mettre 1 cuillerée à café d'écorce écrasée dans 1 tasse d'eau. Faire bouillir 2 minutes. Laisser infuser 15 minutes. En prendre 1 tasse 2 fois par jour.	
		Infusion composée	Mélanger 2 mesures d'écorce de saule, 1 mesure de fleurs de reine des prés et 1 mesure de fleurs de sureau. En mettre 2 cuillerées à café dans 1 tasse d'eau froide, bouillir 1 minute et laisser infuser 15 minutes. En prendre 1 tasse 2 fois par jour.	
PEAU *(Maladies de peau)*	**7** Petit chiendent	Infusion	Mettre 2 cuillerées à café de rhizome écrasé dans 1 tasse d'eau. Faire bouillir 1 minute et laisser infuser 15 à 20 minutes. En prendre 1 tasse matin et soir et plusieurs fois par semaine.	
	235 Ortie (grande ou petite)	Infusion	Verser 1 tasse d'eau bouillante sur 1 ou 2 cuillerées à café de feuilles. Laisser infuser 10 minutes. En prendre 1 tasse matin et soir pendant plusieurs semaines.	
		Jus	Extraire le jus de jeunes plants. En prendre 1 cuillerée à soupe 2 ou 3 fois par jour pendant plusieurs semaines.	
	243 Pensée sauvage	Infusion	Verser 1 tasse d'eau bouillante sur 2 cuillerées à café de plante. Couvrir et laisser infuser 15 minutes. En prendre 1 tasse matin et soir pendant plusieurs semaines.	

Maladie	Plante	Mode d'emploi	Préparation et posologie	Notes
		Bain	Mélanger 2 mesures de pensée sauvage, 1 mesure de racine de saponaire, 1 mesure de feuilles de noyer et 1 mesure de feuilles d'hamamélis. En mettre 4 cuillerées à soupe dans 1 litre d'eau et faire bouillir 1 minute. Laisser infuser 20 à 30 minutes, passer le liquide et l'ajouter à l'eau du bain portée *à* 34-36°. Se baigner 10 à 15 minutes 2 ou 3 fois par semaine.	(voir arnica).
	84 Prêle des champs	Infusion	Verser 1 tasse d'eau bouillante sur 2 cuillerées à café de plante. Laisser infuser 15 minutes. En prendre 1 tasse matin et soir pendant plusieurs semaines	(voir arnica).
	207 Saponaire officinale	Infusion	Verser 1 tasse d'eau froide sur 1 cuillerée à café de racine écrasée. Laisser macérer 6 à 8 heures. En boire 1 tasse matin et soir.	(voir arnica).
PHLÉBITE	**27** Arnica	Compresse	Préparer comme il est indiqué à Contusions et ecchymoses.	(voir arnica).
	223 Grande consoude	Compresse	Préparer comme il est indiqué à eczéma.	(voir arnica).
		Cataplasme	Faire une pâte avec 4 à 5 cuillerées à soupe de racine fraîche et écrasée, ou de racine pulvérisée, et un peu d'eau. Mettre la pâte sur un linge ou une compresse en gaze et appliquer sur la partie malade. Garder en place 1/2 heure à 1 heure.	(voir arnica).
	147 Mélilot officinal	Infusion	Verser 1 tasse d'eau bouillante sur 2 cuillerées à soupe de plante hachée. Laisser infuser 10 minutes. En prendre 1 tasse 3 à 4 fois par jour.	(voir arnica).
	200 Rue fétide	Infusion	Verser 1 tasse d'eau bouillante sur 2 cuillerées à café de plante hachée. Couvrir et laisser infuser 15 minutes. En prendre 1 tasse 3 fois par jour.	(voir arnica).
PLAIES LENTES A CICATRISER	**27** Arnica	Compresse	Utiliser de la teinture d'arnica (voir gingivite). En diluer 1 ou 2 cuillerées à soupe dans 1/2 litre d'eau. Tremper un morceau de gaze, de mousseline ou de lin dans ce liquide et le placer sur la plaie, sans trop serrer. Renouveler plusieurs fois par jour.	Toutes ces préparations peuvent aussi s'utiliser pour laver les plaies.
	25 Aristoloche commune	Compresse	Mettre 2 ou 3 cuillerées à soupe de plante (ou 1 ou 2 cuillerées à soupe de racine) dans 1 litre d'eau. Faire bouillir 1 minute. Laisser infuser 30 minutes. Préparer une compresse avec le liquide tiède (voir arnica).	(voir arnica).
	146 Petite camomille	Compresse	Verser 1/2 litre d'eau bouillante sur 1 ou 2 cuillerées à soupe de fleurs. Laisser infuser 20 minutes. Faire une compresse avec le liquide tiède. Appliquer plusieurs fois par jour.	(voir arnica).
	113 Hamamélis	Compresse	Mettre 2 cuillerées à soupe de feuilles dans 1/2 litre d'eau. Faire bouillir 2 à 3 minutes. Laisser infuser 15 minutes. Préparer une compresse avec le liquide tiède (voir arnica). Appliquer plusieurs fois par jour.	(voir arnica).
	206 Sanicle d'Europe	Compresse	Mettre 2 cuillerées à soupe de plante dans 1/2 litre d'eau froide. Porter à ébullition, retirer du feu et laisser infuser 20 à 30 minutes. Faire une compresse avec le liquide (voir arnica). Appliquer plusieurs fois par jour.	
	40 Souci commun	Pommade	Extraire le jus de 4 à 6 g de fleurs fraîches (ou d'un mélange de fleurs et de feuilles). Incorporer ce jus à 30 g de vaseline. Enduire la plaie plusieurs fois par jour.	On peut aussi utiliser des compresses de souci (voir Eczéma).

Maladie	Plante	Mode d'emploi	Préparation et posologie	Notes
PSORIASIS				*(Voir Maladies de peau)*
RÈGLES *(Troubles menstruels)*	**1** Achillée	Infusion	Verser 1 tasse d'eau bouillante sur 1 ou 2 cuillerées à café de plante (feuilles ou fleurs). Couvrir et laisser infuser 10 minutes. En prendre 1 tasse 2 fois par jour.	Pour règles douloureuses.
		Bain	Pour un bain de siège : verser 1/2 litre d'eau bouillante sur 50 g de plante (fleurs ou feuilles). Laisser infuser 20 à 30 minutes. Passer le liquide et l'ajouter à l'eau du bain portée à 35-37°. Se baigner 10 à 15 minutes 3 fois par semaine. Suivre ce traitement pendant une longue période. *Pour un bain* : doubler les proportions.	
	8 Alchémille alpine ou commune	Infusion	Mettre 1 ou 2 cuillerées à café de plante dans 1 tasse d'eau froide. Faire bouillir 1 minute et laisser infuser 1 5 minutes. En prendre 1 tasse matin et soir.	
	41 Bourse-à-Pasteur	Infusion	Mettre 2 cuillerées à café de plante sèche (ou 3 ou 4 cuillerées à café de plante fraîche) dans 1 tasse d'eau froide. Faire bouillir 1 minute. Laisser infuser 1 5 minutes. En prendre 1 tasse 2 à 4 fois par jour.	Pour des règles trop abondantes.
	127 Millepertuis officinal	Infusion	Mettre 2 cuillerées à café de plante dans 1 tasse d'eau froide. Porter à ébullition et retirer du feu. Laisser infuser 15 minutes. En prendre 1 tasse matin et soir sur une longue période.	
	134 Ortie blanche	Infusion	Verser 1 tasse d'eau bouillante sur 2 cuillerées à café de plante. Laisser infuser 10 minutes. En prendre 1 tasse 2 fois par jour.	
		Infusion composée	Mélanger 1 cuillerée à café de fleurs ou feuilles d'achillée à 1 cuillerée à café de fleurs d'ortie blanche. Verser par-dessus 1 tasse d'eau bouillante. Couvrir et laisser infuser 10 minutes. En prendre 1 tasse 2 fois par jour, pendant 3 ou 4 semaines.	
	213 Séneçon	Infusion	Mettre 1 ou 2 cuillerées à café de plante dans 1 tasse d'eau froide. Porter à ébullition, retirer du feu et laisser infuser 15 à 20 minutes. En prendre 1 tasse 2 à 3 fois par jour.	
REINS *(Maladies des reins)*	**203** Hièble	Infusion	Mettre 1/2 cuillerée à café de racine écrasée dans 1 tasse d'eau froide. Faire bouillir 1 ou 2 minutes. Laisser infuser 10 minutes. En prendre 1 tasse 2 fois par jour,	Les plantes mentionnées à Calculs biliaires peuvent être également utilisées.
	162 Persil	Infusion	Verser 1 tasse d'eau bouillante sur 1 cuillerée à café de graines de persil. Couvrir et laisser infuser 15 minutes. En prendre 1 tasse par jour (pas le soir).	Ne pas prendre pendant la grossesse et ne pas dépasser la dose prescrite.
	157 Thé de Java	Infusion	Verser 1 tasse d'eau bouillante sur 2 cuillerées à café de feuilles. Laisser infuser 15 minutes. En prendre 1 tasse 2 ou 3 fois par jour.	
	218 Verge d'or	Infusion	Mettre 2 ou 3 cuillerées à café de plante hachée dans 1 tasse d'eau froide, Porter à ébullition, retirer du feu et laisser infuser 10 à15 minutes. En prendre 1 tasse 2 à 4 fois par jour.	
RHUMES	**28** Absinthe	Infusion	Verser 1 tasse d'eau bouillante sur 1 cuillerée à café de plante hachée (fraîche ou sèche). Laisser infuser 5 à 10 minutes. Boire très chaud. En prendre 1 tasse 3 fois par jour.	

Maladie	Plante	Mode d'emploi	Préparation et posologie	Notes
	122 Argousier faux-nerprun	Jus	Écraser les baies mûres et en extraire le jus. Pour le conserver, faire bouillir avec du sucre ou du miel (1 mesure de sucre pour 3 mesures de jus). En prendre 1 cuillerée à café, au besoin délayée dans un peu d'eau, 3 fois par jour.	Fait tomber la fièvre.
	195 Églantier	Infusion	Mettre 2 cuillerées à café de cynorrhodons hachés dans 1/2 litre d'eau froide. Faire bouillir 1 0 minutes. En prendre 1 tasse 2 fois par jour.	
	89 Eupatoire chanvrine	Infusion	Verser 1 tasse d'eau bouillante sur 1 ou 2 cuillerées à café de plante hachée. Laisser infuser 5 à 1 0 minutes. En prendre 1 tasse 2 à 3 fois par jour.	
	128 Houx	Infusion	Mettre 2 cuillerées à café de feuilles sèches dans 1 tasse d'eau. Faire bouillir 2 ou 3 minutes. Laisser infuser 5 à 10 minutes. En prendre 1 tasse 2 fois par jour.	Fait tomber la fièvre,
	59 Quinquina	Infusion	Mettre 1/2 cuillerée à café d'écorce écrasée dans 1 tasse d'eau. Faire bouillir 5 minutes. Laisser infuser 5 à 10 minutes. En prendre 1 tasse 2 fois par jour,	
	92 Reine des prés	Infusion	Verser 1 tasse d'eau bouillante sur 2 cuillerées à café de fleurs. Laisser infuser 5 à 10 minutes. En prendre 1 tasse 2 fois par jour.	Fait tomber la fièvre.
	82 Rudbeckia	Teinture	En prendre 10 ou 20 gouttes dans un peu d'eau plusieurs fois par jour.	A prendre toutes les 2 heures tout au début de l'infection.
	201 Saule blanc	Infusion	Mettre 1 cuillerée à café d'écorce écrasée dans 1 tasse d'eau froide. Faire bouillir 1 minute. Laisser infuser 15 minutes. En prendre 1 tasse 2 fois par jour.	Fait tomber la fièvre.
	204 Sureau noir	Infusion	Verser 1 tasse d'eau bouillante sur 2 cuillerées à café de fleurs sèches ou fraîches. Laisser infuser 10 minutes. Boire chaud, 1 tasse 2 fois par jour.	Au début d'un rhume, prendre un bain chaud et 2 tasses de tisane.
		Jus	Mettre les baies fraîches pendant 2 ou 3 minutes dans de l'eau bouillante puis en extraire le jus. Pour le conserver, le faire bouillir avec du sucre ou du miel (1 mesure de sucre pour 10 mesures de jus). Diluer dans un verre d'eau très chaude et en prendre 2 fois par jour.	
	227 Tilleul à grande feuilles ou Tilleul des bois	Infusion	Verser 1 tasse d'eau bouillante sur 1 cuillerée à café de fleurs sèches ou fraîches. Laisser infuser 10 minutes. Boire très chaud et à petites gorgées. En prendre 1 tasse 2 à 3 fois par jour.	
		Infusion composée	Mélanger des mesures égales de tilleul, de sureau et de camomille. Verser 1 tasse d'eau bouillante sur 1 cuillerée à café de mélange et laisser infuser 5 à 10 minutes. Boire chaud, 1 tasse 2 fois par jour.	
	236 Usnée	Infusion	Mettre 1 poignée de mousse fraîche ou sèche dans 1/2 litre d'eau. Faire bouillir 2 à 3 minutes. Laisser infuser 5 à 10 minutes. En prendre 1 tasse 2 fois par jour.	
RHUMATISMES	**18** Flouve odorante	Cataplasme	Remplir un petit sac de toile avec des fleurs de foin et le fermer soigneusement. Le mettre dans 2 ou 3 litres d'eau et faire bouillir 1 minute. Laisser tremper encore 15 minutes et l'essorer. Appliquer aussi chaud que possible sur les régions douloureuses.	

Maladie	Plante	Mode d'emploi	Préparation et posologie	Notes
		Bain	Mettre 400 ou 500 g de fleurs de foin dans 4 litres d'eau. Faire bouillir 1 minute. Laisser infuser 15 minutes. Passer le liquide et l'ajouter à l'eau du bain portée à 38°. Se baigner 10 à 15 minutes, 2 ou 3 fois par semaine.	Observer 1/2 heure à 1 heure de repos après le bain.
	132 Genévrier commun	Infusion	Verser 1 tasse d'eau bouillante sur 1 cuillerée à café de baies légèrement écrasées. Couvrir et laisser infuser 20 minutes. En prendre 1 tasse matin et soir pendant 4 à 6 semaines,	Recommandé pour les rhumatismes chroniques. Faire une cure 2 fois par an (printemps et automne).
	115 Harpagophytum	Infusion	Mettre 1 cuillerée à café de racine écrasée dans 1/2 litre d'eau. Faire bouillir 1 minute, retirer du feu et laisser infuser 8 heures. En boire 1/2 litre réparti dans la journée. Suivre ce traitement pendant 3 à 6 semaines.	Les plantes mentionnées à Névralgies peuvent être également utilisées pour les rhumatismes.
	37 Moutarde noire	Cataplasme	Faire une pâte épaisse avec 100 grammes de graines de moutarde fraîchement écrasées et de l'eau chaude (45° maximum). Mettre sur un linge de la taille de la région à traiter. Appliquer et garder 1 minute. Un morceau de gaze humide posé directement sur la peau empêchera le cataplasme de coller. Après le traitement. pour soulager les régions cutanées rougies et irritées par la moutarde, les enduire de talc ou d'huile d'olive.	Cette préparation étant très forte ne pas l'utiliser sur des peaux sensibles.
	235 Ortie grande et petite	Infusion	Mettre 1 ou 2 cuillerées à café de feuilles sèches dans 1 tasse d'eau froide. Faire bouillir 1 minute. Laisser infuser 15 minutes. En prendre 1 tasse 2 fois par jour pendant 4 à 6 semaines, 2 ou 3 fois par an.	
	224 Pissenlit	Infusion	Mettre 1 ou 2 cuillerées à café de racine écrasée (ou d'un mélange racine-feuilles) dans 1 tasse d'eau froide. Faire bouillir 1 minute. Laisser infuser 15 minutes. En prendre 1 tasse matin et soir pendant 4 à 8 semaines, au printemps et en automne.	
TROUBLES DE LA MENOPAUSE	**137** Agripaume cardiaque	Infusion	Verser 1 tasse d'eau bouillante sur 1 cuillerée à café de plante. Laisser infuser 10 minutes. En prendre 1 tasse le matin et soir pendant plusieurs semaines.	
	8 Alchémille alpine ou commune	Infusion	Mettre 1 ou 2 cuillerées à café de feuilles dans 1 tasse d'eau froide. Porter à ébullition, retirer du feu et laisser infuser 10 minutes. En prendre 1 tasse matin et soir pendant plusieurs semaines.	
	127 Millepertuis officinal	Infusion	Mettre 2 cuillerées à café de feuilles ou de fleurs, sèches ou fraîches. dans 1 tasse d'eau froide. Porter à ébullition, retirer du feu et laisser infuser 15 minutes. En prendre 1 tasse matin et soir pendant plusieurs semaines ou plusieurs mois.	
TOUX	**169** Anis vert	Infusion	Ecraser légèrement 1 ou 2 cuillerées à café de graines. Verser par-dessus 1 tasse d'eau bouillante. Laisser infuser 15 minutes. Réchauffer et boire chaud. En prendre 1 tasse 2 à 3 fois par jour.	

Maladie	Plante	Mode d'emploi	Préparation et posologie	Notes
	240 Bouillon blanc	Infusion	Verser 1 tasse d'eau bouillante sur 1 ou 2 cuillerées à café de fleurs sèches. Laisser infuser 10 minutes. Sucrer au miel et boire très chaud. En prendre 1 tasse 2 à 3 fois par jour.	
	174 Plantin lancéolé	Infusion	Verser 1 tasse d'eau bouillante sur 2 cuillerées à café de feuilles hachées. Couvrir et laisser infuser 10 à 15 minutes. Sucrer au miel. En prendre 1 tasse 2 à 3 fois par jour.	
		Sirop	Hacher et écraser les feuilles fraîches pour en exprimer le jus. Le mélanger à une même quantité de miel ou de sucre brun. Faire bouillir 20 minutes. En prendre 1 cuillère à soupe 2 ou 3 fois par jour.	Particulièrement recommandé aux enfants.
	109 Réglisse	Infusion	Mettre 1 ou 2 cuillerées à café de racine écrasée dans 1 tasse d'eau. Faire bouillir 1 minute. Laisser infuser 10 minutes. En prendre 1 tasse 2 fois par jour.	
	226 Thym	Infusion	Verser 1 tasse d'eau bouillante sur 1 ou 2 cuillerées à café de thym frais ou sec. Couvrir et laisser infuser 10 minutes. En prendre 1 tasse 3 fois par jour.	
		Bain	Verser 1 litre d'eau bouillante sur 4 cuillerées à soupe de thym frais ou sec. Laisser infuser 20 minutes. Passer le liquide et l'ajouter à l'eau du bain portée à 38°. Se baigner 10 à 15 minutes en inhalant profondément la vapeur qui s'en dégage.	
ULCÈRES GASTRIQUES	**146** Petite camomille	Infusion	Verser 1 tasse d'eau bouillante sur 1 ou 2 cuillerées à café de fleurs fraîches ou sèches. Couvrir et laisser infuser 10 à 15 minutes. Boire à petites gorgées, aussi chaud que possible. En prendre 1 tasse 3 fois par jour (entre les repas) pendant plusieurs semaines	
	38 Chou potager	Jus	Hacher un chou tout frais et en extraire le jus. Pour le goût, on peut y ajouter un petit peu d'eau. En boire 1/2 litre ou 1 litre par jour, réparti en petites doses, pendant 3 ou 4 semaines.	Le jus de chou doit être préparé tous les jours pour être frais. Ne pas prendre à jeun.
	139 Lin usuel	Infusion	Verser 1 tasse d'eau froide sur 1 cuillerée à café de graines de lin. Laisser tremper 8 heures. En boire 1 tasse, tiède, 1 à 3 fois par jour avant le petit déjeuner et 1/2 heure avant les repas.	
	109 Réglisse glabre	Extrait	Écraser 20 à 25 g de bâtons de réglisse et les diluer dans 2 ou 3 tasses d'eau tiède ou d'infusion de camomille. En boire 2 ou 3 tasses par jour, réparties en petites doses après les repas, pendant 3 ou 4 semaines. Observer un régime sans sel pendant le traitement.	Des effets secondaires (légers vertiges, gonflement , maux de tête) disparaîtront à la fin du traitement.
VARICES	**147** Mélilot officinal	Infusion	Verser 1 tasse d'eau froide sur 1 cuillerée à café de plante. Laisser tremper 8 heures. En prendre 1 tasse 3 fois par jour pendant plusieurs semaines.	
	200 Rue fétide	Infusion	Verser 1 tasse d'eau bouillante sur 1 ou 2 cuillerées à café de plante. Laisser infuser 15 minutes. En prendre 1 tasse 2 à 3 fois par jour pendant plusieurs semaines.	
VÉSICULE BILIAIRE	**38** Absinthe	Infusion	Verser 1 tasse d'eau bouillante sur 1 cuillérée à café de plante fraîche ou sèche. Couvrir et laisser infuser 10 minutes. En prendre 1 tasse 3 fois par jours.	

Maladie	Plante	Mode d'emploi	Préparation et posologie	Notes
	6 Aigremoine commune	Infusion	Verser 1 tasse d'eau bouillante sur 1 cuillerée à café de feuilles. Laisser infuser 10 minutes. En prendre 1 tasse 2 fois par jour.	
	63 Chardon béni	Infusion	Verser 1 tasse d'eau bouillante sur 1 cuillerée à café de plante. Laisser infuser 15 à 20 minutes. Réchauffer. En prendre 1 tasse 2 à 3 fois par jour.	
	97 Fumeterre officinale	Infusion	Verser 1 tasse d'eau bouillante sur 1 ou 2 cuillerées à café de plante. Couvrir et laisser infuser 15 minutes. En prendre 1 tasse 2 fois par jour pendant 4 à 6 semaines.	
	144 Marrube blanc	Infusion	Mettre 2 cuillerées à café de plante dans 1 tasse d'eau froide. Porter à ébullition, retirer du feu et laisser infuser 10 à 15 minutes. En prendre 1 tasse 2 à 3 fois par jour.	
	149 Menthe poivrée	Infusion	Verser 1 tasse d'eau bouillante sur 1 ou 2 cuillerées à café de feuilles fraîches ou sèches. Couvrir et laisser infuser 10 à 15 minutes. En prendre 1 tasse 2 à 3 fois par jour.	
VIEILLESSE *(Troubles de la vieillesse)*	**9** Ail	Plante fraîche	Hacher finement ou écraser 1 gousse d'ail. La tartiner sur du pain ou la mélanger à 1 tasse de lait tiède, En prendre 1 gousse plusieurs fois par jour, pendant plusieurs semaines ou plusieurs mois.	Pour les estomacs fragiles il vaut mieux prendre l'ail en capsules pharmaceutiques.
	158 Ginseng	Infusion	Mettre 1/2 cuillerée à café de racine écrasée froide. Faire bouillir 1 minute. Laisser infuser. Prendre 1 tasse 2 à 3 fois par jour.	
		Poudre	Prendre 1 pincée de racine pulvérisée dans de l'eau, du jus de fruit ou tout autre liquide,	
	196 Romarin	Infusion	Verser 1 tasse d'eau bouillante sur 1 cuillerée à café de feuilles sèches ou fraîches (ou un mélange de feuilles et de fleurs). Laisser infuser 5 à 10 minutes. En prendre 1 tasse 2 fois par jour.	Soulage les douleurs
		Vin	Verser 1 litre de xérès ou de porto sur 6 à 7 branches de romarin (frais ou sec) ou sur 1 poignée de feuilles. Mettre dans une bouteille bien bouchée et laisser macérer au	Soulage les douleurs
YEUX *(Affections des yeux et des paupières)*	**187** Anémone pulsatille	Infusion	Verser 1 tasse d'eau bouillante sur ½ cuillerée à café de plante sèche. Laisser infuser 5 minutes. En prendre 1 tasse 2 fois par jour.	Ne pas prendre pendant la grossesse.
	146 Petite camomille	Compresse	Verser 1 tasse d'eau bouillante sur 1 cuillerée à soupe de fleurs. Laisser infuser 15 minutes. En faire une compresse tiède (sur du coton ou de la gaze) et l'appliquer sur les yeux pendant 10 ou 15 minutes. Répéter le traitement plusieurs fois par jour.	Pour l'inflammation des paupières. En compresse chaude contre les orgelets.

L'efficacité des substances thérapeutiques

Examen détaillé des 247 plantes du lexique. Vous trouverez dans cette section les détails suivants : parties utilisées, composants (principes actifs) et effet thérapeutique. Vous apprendrez d'autre part quand les cueillir et comment les conserver.
Nous avons utilisé les abréviations suivantes :

- sève
- fruit/baie
- feuille
- fleur
- la plante avec la racine
- bois
- bourgeon
- plante sans la racine
- mousse
- noix
- champignon
- écorce
- graines
- peau
- tige
- paille
- rhizome et tubercule
- racines
- bulbe

A droite : La médecine médiévale était surtout un art des simples pratiqué par les moniales.

Pendant longtemps, les critiques de la phytothérapie se moquèrent des «chichis» comme ils disaient, que faisaient les herboristes pour récolter leurs plantes des moments particuliers de la journée ou dans certaines conditions atmosphériques. Ils qualifiaient tout cela d'obscurantisme, et pourtant ils avaient tort !
Des recherches récentes ont donné raison aux anciens : la concentration du principe actif d'une plante varie considérablement selon l'heure, la saison ou les différentes parties du végétal
Le pavot par exemple contient quatre fois plus de morphine le matin que le soir. Dans la pervenche, le principe actif n'apparaît que trois semaines après le début de la germination, puis il disparaît pour réapparaître la huitième semaine. La floraison coincide souvent avec une recrudescence du principe actif, mais dans certaines plantes elle en marque au contraire le déclin. C'est pourquoi l'époque et l'heure de cueillette sont très importantes. Par ailleurs, il faut savoir aussi dans quelle partie de la plante se développe son composant actif.
Ces connaissances, progressivement accumulées au cours des siècles se sont retrouvées en grande partie assimilées au folklore rural. Il n'y a pas si longtemps, toutes les campagnardes savaient avec quelle plante soigner telle maladie. Elles en connaissaient aussi les parties utiliser, l'époque où la récolter et comment la conserver. Heureusement pour nous, ce folklore n'est pas mort, et il a contribué aux connaissances des producteurs de plantes médicinales, de l'industrie pharmaceutique et des herboristes. C'est ce genre de renseignement que nous présentons dans ce chapitre. Bien évidemment, il a été impossible d'inclure tous les détails dans un espace limité, mais l'essentiel y est. Ceux qui veulent avoir la satisfaction et le plaisir de ramasser et de conserver leurs propres herbes y trouveront un guide pratique et efficace.

Si de nombreuses personnes préfèrent aller acheter les préparations de l'herboriste ou du pharmacien de leur quartier, d'autres préfèreront sans doute aller cueillir elles-mêmes leurs plantes médicinales, en profitant pour aller se promener dans la nature et faire elles-mêmes leurs propres mélanges.
Il n'est point nécessaire d'être un adepte enthousiaste (ou fanatique) du Retour à la La Nature pour réa1iser que nous en faisons tous intrinsèquement partie. Si elle produit ces végétaux qui nous guérissent, pourquoi ne pas les ramasser ? Bien sûr, il y aura toujours des erreurs et des échecs, mais c'est comme cela que l'on apprend.
Tous ceux qui ont bavardé avec des paysans âgés savent bien qu'il y a quelque chose de profondément satisfaisant à fabriquer soi-même, à partir des plantes qui nous entourent, le remède infaillible contre la toux ou l'indigestion! Si vous n'avez pas un amour inné de la campagne ou si vous n'avez pas les pouces « verts » vous trouverez tout de même dans les tableaux qui suivent de quoi apprécier les aspects les plus curieux et subtils des herbes qui guérissent. Consulté conjointement avec d'autres chapitres de cet ouvrage, il permet une meilleure compréhension de la variété infinie des plantes médicinales.
Il nous faudrait aujourd'hui réaliser une symbiose entre l'homme et son univers naturel, à travers laquelle, médecins et chercheurs pourraient consacrer leur énergie à explorer les richesses thérapeutiques de la nature pour les mettre au service dc l'humanité souffrante.

Plante		Composants et effet	Récolte et conservation
ABSINTHE **28**		*Composants :* huile essentielle à la thuyone, alcool de thuyone, phellandrène, cadinène, azulène, absinthine et anabsinthine (principes amers) composés de flavone, acides, lactone. *Effet* : active la sécrétion des sucs gastriques et de la bile, carminatif.	Cueillir feuilles et inflorescences à la floraison (juillet-septembre). Sécher à l'ombre,
ACHILLEE **1**		*Composition :* huiles essentielles au cinéol et chamazulène, achilléine (principe amer), tanin. *Effet :* stimule la sécrétion des sucs gastriques et des glandes intestinales, cholérétique, régularise la fonction rénale, astringent, anti-inflammatoire.	Cueillir les tiges ou l'inflorescence à la floraison (juin-septembre). Retirer les tiges trop épaisses. Sécher à l'ombre au-dessous de 40°.
ACONIT NAPEL **2**		*Composants :* alcaloïdes (plusieurs aconitines), alkamines, acides organiques, sucre, résine, graisse, amidon, *Effet :* analgésique, fébrifuge.	Déterrer en automne (septembre-octobre). Sécher à l'ombre, rapidement, au-dessous de 40°.
ACORE VRAI **3**		*Composants :* huile essentielle à asarone, principes amers, tanins, mucilage, amidon. *Effet :* stimule la sécrétion des sucs gastriques, tonique.	Ramasser le rhizome en automne, Retirer feuilles et racines. Bien nettoyer. Sécher à l'ombre.
ADONIDE DE PRINTEMPS **4**		*Composants :* des glucosides comme ceux de la digitale. *Effet :* stimulant cardiaque.	Cueillir à la floraison. Sécher rapidement à la chaleur artificielle : 1/2 heure à 55-60°.
AGAR-AGAR **103**		*Composants* : jusqu'à 90 % de mucilage. *Effet* : gonfle dans l'intestin, retient l'eau, stimule le péristaltisme intestinal, purgatif léger.	Algues ramassées dans la mer (mai-septembre).
AGRIPAUME CARDIAQUE **137**		*Composants :* principes amers, léonurine, glucosides aux principes amers, alcaloïdes, tanins, traces d'huile essentielle, résines. *Effet* : sédatif léger, décourage la flatulence, contrôle la diarrhée, stimule l'utérus.	Cueillir les rameaux à la floraison (juin-septembre). Sécher à l'ombre.
AIGREMOINE COMMUNE **6**		*Composants* : tanins, glucosides à principes amers, acide amidenicotinique, acide silicique, fer, vitamines B et K, huile essentielle. *Effet :* Stimule les sécrétions gastriques et biliaires, antispasmodique léger, astringent, constipant, anti-inflammatoire.	Cueillir feuilles ou rameaux en mai et juin, peu avant la floraison. Sécher à l'ombre à moins de 40°.
		Composants : voir feuille, ci-dessus. *Effet :* voir feuille.	Cueillir les inflorescences de juin à mi-août. Sécher à l'ombre à moins de 40°.
AIL **9**		*Composants :* huile essentielle comportant du soufre et du diallyldisulphide comme agent odorant, alliinne, vitamines A et C, acide nicotinique. *Effet* : stimule les sécrétions de l'estomac et de la vésicule biliaire, empêche les fermentations et putréfactions gastriques, vermifuge, antispasmodique, vasodilatateur, fortifiant.	Déterrer les têtes lorsque les feuilles commencent à se faner (septembre). Conserver dans un endroit sec et frais.
AIL DES OURS **10**		*Composants :* huile essentielle sulfureuse, aldéhyde, vitamine C. *Effet :* facilite la digestion, vermifuge, vasodilatateur léger.	*Plante entière :* Cueillir à la floraison (avril-juin). Sécher rapidement à l'ombre à moins de 40°. *Feuilles :* Cueillir au printemps et en été. Sécher à l'ombre à moins de 40°.
ALCHEMILLE COMMUNE **8**		*Composants* : tanin, glucoside à tanin, traces d'acide salicylique, autres composants encore peu connus. *Effet :* astringent, empêche l'inflammation, spasmolytique léger, sédatif.	Cueillir les inflorescences ou les feuilles pendant la floraison (mai-septembre) de préférence avant la mi-août. Sécher à l'ombre ou au soleil.
ALOES **11**		*Composants :* Aloïne, glucoside à principe amer. *Effet :* purgatif, stimule la sécrétion biliaire.	Couper les feuilles pleines de sève. Les faire sécher au soleil ou par vaporisation.

Plante		Composants et effet	Récolte et conservation
AMANDIER **183**		*Composants :* glucoside hydrocyanique (amygdaline), huile grasse aux acides oléiques et linoléiques, albumine, mucilage, enzymes. *Effet :* analgésique léger, calme les irritations.	Cueillir les fruits mûrs à la fin de l'été (août-septembre). Traités commercialement pour usage médical.
ANEMONE PULSATILLE **187**		*Composants :* huile essentielle de ranunculine ou ses produits de transformation (protoanémonine ou anémonine), glucosides, tanins, résine, un peu de saponine. *Effet :* irritant pour la peau et les muqueuses, détruit les globules rouges.	Cueillir les rameaux à la floraison (mars-avril). Sécher à l'ombre. Ses principes actifs étant très volatils, il est recommandé d'en faire une teinture ou un extrait.
ANETH ODORANT **15**		*Composants :* huile essentielle, huile grasse, divers acides.	Cueillir les fruits à maturité lorsqu'ils sont devenus brun foncé. Etaler et sécher. Eviter la chaleur artificielle.
		Composants : huile essentielle. *Effet :* (fruit et feuilles) stimule la sécrétion des sucs gastriques, combat la flatulence, antispasmodique léger.	Cueillir les tiges de préférence avant la floraison ou lorsqu'elles se fanent. Sécher rapidement à l'ombre, à 40°.
ANGELIQUE ARCHANGELIQUE **16**		*Composants :* huile essentielle au phellandrène, acide angélique, composés de coumarine, principe amer, tanin. *Effet* stimule la digestion, combat la flatulence, expectorant.	Déterrer à la fin de l'automne (septembre-octobre). Sécher à l'ombre ou au soleil.
		Composants : huile essentielle, huile grasse, composés de coumarine, principe amer. *Effet :* stimulant de l'estomac, diurétique, diaphorétique.	Ramasser les graines mûres en été (juillet).
ANIS VERT **169**		*Composants :* huile essentielle à anéthol, huile grasse, choline. *Effet :* expectorant, carminatif.	Ramasser les graines mûres et sèches de juillet à septembre.
ANTHYLLIDE VULNERAIRE **19**		*Composants :* saponines, tanins, xanthophylle. *Effet :* en usage externe cicatrise les plaies, digestif léger.	Cueillir les fleurs au début de l'été (mai-juillet). Sécher à l'ombre.
APOCYNUM **20**		*Composants :* cymarine (glucoside cardiaque) et K-strophanthine, acétovanilline, androstérone, traces de saponine, tanin, résine. *Effet :* ralentit les battements du cœur, régularise la tension artérielle, diurétique, irritant de la muqueuse intestinale.	Déterrer la racine à l'automne (septembre-octobre). Sécher à l'ombre ou au soleil.
ARALIA **21**		*Composants :* huile essentielle, tanins, sapogénines acides diterpéniques. *Effet :* expectorant, diurétique, carminatif.	Déterrer en été et en automne (juillet-octobre). Couper en morceaux. Couper les racines très épaisses dans le sens de la longueur. Sécher au soleil ou à la chaleur.
AREQUIER **24**		*Composants :* alcaloïdes, arecaïdine, arecoline, huile grasse, tanin, rouge d'arec, huile essentielle, *Effet :* stimulant, augmente la sécrétion salivaire, vermifuge.	Ramasser les baies mûres. Retirer les graines, libérer de la bogue.
ARGOUSIER **122**		*Composants :* nombreuses vitamines B,C,E, carotènes, huile aux acides gras non saturés, flavonosides.	Ramasser les baies mûres à l'automne (septembre-octobre). Extraire le jus frais et conserver dans le sucre ou dans le miel.
ARISTOLOCHE COMMUNE **25**		*Composants :* aristolochine, huile essentielle, tanin, principe amer, jaune d'aristoloche, résine, amidon, sucre. *Effet :* anti-inflammatoire, irrite les reins.	Déterrer la racine au printemps (mars) ou à l'automne (septembre-octobre). Sécher à l'ombre.
		Composants : aristolochine (moins que dans la racine huile essentielle, tanin à principe amer, allantoïne, flavonosides, saponine, substances antibiotiques. *Effet :* le même que la racine.	Cueillir les feuilles avant la floraison (avril-mai) ou au début de la floraison (mai-juillet). Sécher à l'ombre.

Plante		Composants et effet	Récolte et conservation
ARMOISE COMMUNE **29**		*Composants :* huile essentielle, cinéole, thuyone, principe amer. *Effet :* apéritif.	Cueillir les feuilles et les tiges florales peu après la floraison (juillet-septembre). Sécher à l'ombre, à la chaleur naturelle ou artificielle.
ARNICA **27**		*Composants :* huile essentielle, flavone, principe amer non glucosidique, substances encore peu connues agissant sur le cœur et les artères, composés acétyléniques, tanin. *Effet :* stimule le processus de cicatrisation, réduit les ecchymoses, vasodilatateur, stimule la respiration.	*Fleur :* cueillir à la floraison (juin-août). Sécher rapidement à l'ombre à moins de 35°. *Racine :* déterrer en avril-mai ou septembre- octobre. Sécher à la chaleur. *Feuille* : cueillette possible durant tout l'été. Sécher rapidement à l'ombre.
ARTICHAUT **74**		*Composants :* Cynarine, principe amer, tanin, mucilage, enzyme. *Effet :* stimule la fonction hépatique, encourage la circulation de la bile, réduit le taux de graisse dans le sang.	Cueillir les feuilles peu avant la floraison ou lorsque le fruit est mûr. Sécher à la chaleur ou au soleil. Ne pas utiliser les feuilles comestibles entourant la fleur (sans effet).
ASARET **30**		*Composants :* huile essentielle à asarone, acides, tanins, résines, flavonosides. *Effet :* stimule la sécrétion des glandes muqueuses du système respiratoire, purgatif, diurétique émétique.	Cueillir la plante entière à la floraison (avril-mai). Sécher à l'ombre au-dessous de 35°.
		Composants : voir plante entière (ci-dessus.) *Effet* : voir plante entière.	Déterrer la racine à la fin de l'été, retirer les parties dépassant à la surface du sol. Sécher à l'ombre à moins de 35°.
ASCLEPIADE **31**		*Composants :* asclépiadine (glucoside), asclépione (principe amer), cardénolides, traces d'huile essentielle, résine, stérol. *Effet :* diaphorétique, expectorant, agit sur le cœur et la circulation.	Déterrer la racine au printemps (mars-avril). Laver et couper en deux dans le sens de la longueur. Sécher à l'ombre ou au soleil
ASPERULE ODORANTE **100**		*Composants :* glucoside de coumarine, aspéruloside, tanin, principe amer, traces d'acide nicotinique. *Effet :* sédatif, antispasmodique.	Cueillir les feuilles avant la floraison (avril-début mai) ou pendant la floraison (mai-juin). Sécher à l'ombre.
AUBEPINE **70**		*Composants :* rhamnoside, vitexine et autres flavonosides, acides triterpéniques, acides ursolique et oléanolique, dérivés de purine, choline et acétylcholine, acides organiques, catéchine, tanins *Effet :* vasodilatateur, hypo-tenseur, sédatif cardiaque.	Cueillir les feuilles en été (mai-juillet). Sécher à l'ombre.
		Composants : voir feuille (ci-dessus), plus de la triméthylamine (huile essentielle).	Cueillir les fleurs au début de l'été. Sécher délicatement à l'ombre au-dessous de 35°.
		Composants : flavonosides, acides triterpéniques, acides de fruit, huiles grasses, sucre, carotènes, pigments anthocyaniques, tanin, vitamines B et C.	Cueillir les baies rouges et mûres en septembre-octobre. Commencer le séchage à l'ombre et le poursuivre à la chaleur artificielle.
GRANDE AUNEE **130**		*Composants :* huile essentielle à principes amers, résine, inuline. *Effet* : soulage la toux, expectorant, apéritif, diurétique léger.	Déterrer à l'automne (septembre-octobre). Sécher au soleil puis à 50-70°. Couper les grosses racines en morceaux.
AVOINE **33**		*Composants :* environ 50% d'amidon, albumine, saponines, vitamine B, calcium, trigonelline, flavone, graisse, sucre. *Effet :* nourrissant, soigne la diarrhée, calmant.	Ramasser les grains et la paille à la moisson (en août, un mois après la moisson de seigle), couper les épis et les lier, faire sécher debout. Battre les épis pour libérer les grains.
		Composants : beaucoup d'acide silicique, saponine, mucilage, vitamine A, calcium. *Effet* : stimule le métabolisme de la peau, fortifie les tissus.	Ecraser les tiges sèches (pallie).

Plante	Composants et effet	Récolte et conservation
BARDANE COMMUNE **22**	*Composants :* huile essentielle, beaucoup d'inuline, tanin, résine, mucilage, acides, substance antibiotique. *Effet :* légèrement diurétique et diaphorétique, cicatrisant des plaies, stimule la croissance du cheveu (non prouvé).	En octobre-novembre, déterrer la racine de plants âgés de 1 an, encore sans tige. En avril-mai, déterrer les racines des plants âgés de 2 ans (reconnaissables à leur tige). Bien nettoyer, couper les grosses racines en long. Sécher au-dessous de 70°.
BELLADONE **32**	*Composants :* atropamine (alcaloïde), glucosides de flavone, scopoline et scopoletine (coumarine) tanin, acides, phytostérol. *Effet :* antispasmodique, analgésique, réduit les sécrétions , mydriatique.	Cueillir les feuilles, les inflorescences ou les fruits à la floraison (juillet-août). Sécher rapidement à l'ombre ou à la chaleur artificielle (60°).
	Composants : hyoscyamine (alcaloïde), atropine, scopolamine, belladonine, cuskhygrine (alcaloïdes secondaires). *Effet :* voir feuilles (ci-dessus).	Déterrer les racines à l'automne après la chute des feuilles (octobre-novembre). Couper les plus épaisses dans le sens de la longueur, nettoyer, couper en morceaux de 10 cm. Sécher à l'ombre ou au soleil.
BENOITE COMMUNE **107**	*Composants :* huile essentielle à la géine et à l'eugénol, de nombreux tanins, principes amers, flavone, résine, acides organiques. *Effet :* astringent, antiseptique, anti-inflammatoire, anesthésique léger, digestif.	Déterrer le rhizome et les racines au printemps (avril-mai) ou pendant la floraison (mai-octobre). Sécher à l'ombre.
	Composants : principes amers, enzyme, tanin, huile essentielle. *Effet* . digestif, tonique.	Cueillir les feuilles à la floraison (mai-octobre). Sécher à l'ombre.
BIGARADIER **61**	*Composants :* huile essentielle, hespéridine (glucoside). principes amers. *Effet :* sédatif léger, stimule la sécrétion des sucs gastriques.	Cueillir les fleurs en bourgeon ou épanouies (l'époque de floraison n'est pas uniforme; plusieurs floraisons par an). Sécher à l'ombre.
	Composants : voir fleur (ci-dessus). *Effet :* voir fleur.	Cueillir les feuilles en été (mai-juillet). Sécher à l'ombre
	Composants : voir fleur, plus des carotènes. *Effet :* voir fleur.	Cueillir les fruits mûrs. Retirer l'écorce, enlever la partie blanche, sécher à l'ombre.
BOLDO **164**	*Composants :* huile essentielle à ascaridol, alcaloïdes, flavonosides. *Effet :* stimule les sécrétions gastriques et biliaires, favorise l'élimination d'acide urique.	Cueillir les feuilles tout au long de l'année. Sécher délicatement à l'ombre au-dessous de 40°.
PETIT BOUCAGE SAXIFRAGE **170**	*Composants :* huile essentielle, dérivés de coumarine, tanin, saponine. *Effet :* stimule les sécrétions bronchiques, calme la toux.	Déterrer au printemps (mars-avril) ou à la fin de l'automne (septembre-octobre). Sécher à l'ombre ou au soleil.
BOUILLON BLANC **240**	*Composants :* mucilage, saponines, hespéridine et verbascoside (flavonosides), pigments jaunes, traces d'huile essentielle. *Effet :* protège les muqueuses, calme les irritations, expectorant.	Ramasser les fleurs sans le calice, par temps sec, de juillet à septembre. Cueillir délicatement et sécher à l'ombre ou à la chaleur artificielle (35-40°). A l'humidité les fleurs brunissent et perdent leurs propriétés.
BOULEAU BLANC **36**	*Composants :* saponines, tanin, traces d'huile essentielle, principes amers, glucosides. *Effet :* diurétique léger, désinfectant léger.	Cueillir au printemps ou au début de l'été, pas plus de deux mois après l'apparition des feuilles. Sécher à l'ombre à moins de 40°.
	Composants : haute teneur en sucre. *Effet* : stimule le cuir chevelu et la pousse du cheveu.	Recueillir la sève au printemps, début avril en coupant des branches ou en incisant le tronc.
BOURDAINE **190**	*Composants :* composés d'anthraquinoline, tanin, ferments, traces d'alcaloïdes, principe amer. *Effet* : purgatif léger, léger stimulant des sécrétions biliaires. Ecorce fraîche : émétique.	Détacher l'écorce de branches coupées à la fin du printemps (avril-mai). Sécher rapidement au soleil ou à la chaleur artificielle. Conservez un an avant l'emploi.

Plante	Composants et effet	Récolte et conservation
	Composants : anthraqulnone (glucoside) rhamnotoxine, saponine, glucosides de flavone et de phénol, tanin, amygdaline. *Effet :* voir écorce.	Cueillir les fruits verts ou déjà rouges à la fin de l'été (août-septembre). Sécher au soleil ou à l'ombre.
BOURSE-A-PASTEUR **41**	*Composants :* tyramine, choline, acétylcholine, tanin, huile essentielle, résine, saponine, flavonosides, disomine, acides, potassium, sels de sodium. *Effet :* stimule l'utérus, coagule le sang (composants et effet encore contestés)	Cueillir les tiges portant des fleurs et des fruits. de mars à novembre; presque toute l'année dans les régions très tempérées. Sécher rapidement à l'ombre à 35-40°.
BRYONE DIOIQUE **39**	*Composants :* bryorésine, bryocinine (alcaloïde), glucosides, trimethyl-amine, huile essentielle. *Effet :* fort purgatif, antirhumatismal, anti-inflammatoire, rubéfiant.	Déterrer la grosse racine à l'automne (septembre-octobre). Laver et couper en morceaux de 1 cm. Sécher à l'ombre ou au soleil.
BUCHU **34**	*Composants :* huile essentielle au camphre de barosma. *Effet* : diurétique, antiseptique des voies urinaires.	Cueillir les feuilles tout au long de l'année. Sécher à l'ombre au-dessous de 40°.
BUGRANE EPINEUSE **155**	*Composants :* huile essentielle, ononine, flavone, triterpène, ononide, tanin, saponine (contesté). *Effet :* Hydragogue.	Déterrer la racine à l'automne (octobre) ou au printemps (avril). Couper en long les racines épaisses. Sécher à l'ombre ou au soleil.
	Composants : huile essentielle, ononine, ononide, tanin. *Effet :* diurétique.	Cueillir les tiges à la floraison (juillet-septembre). Sécher à l'ombre.
BUSSEROLE OFFICINALE **23**	*Composant :* arbutine, en partie méthylarbutine, haute teneur en tanin. *Effet :* antiseptique des voies urinaires.	Récolte possible tout au long de l'année, mais de préférence au printemps et en été. Sécher à l'ombre ou au soleil.
CAFE **65**	*Composants :* caféine (alcaloïde), acide chlorogénique, trigonelline, huile grasse de café, huile essentielle, tanin. *Effet :* stimulant du système nerveux central, vasodilatateur (excepté pour les vaisseaux sanguins abdominaux), active la fonction cérébrale, stimulant général, accroît le débit du cœur, stimule les sécrétions gastriques et biliaires, diurétique, digestif.	Ramasser les fruits du caféier plusieurs fois par an, à maturité. Libérer les grains de la pulpe (plusieurs procédés techniques). Les griller.
CAMOMILLE ROMAINE **17**	*Composants :* huile essentielle, principe amer, glucosides de flavone, coumarine, *Effet :* antispasmodique, diaphorétique, stimule la digestion, réduit les inflammations, cicatrisant, ressemble à la petite camomille.	Cueillir les inflorescences en été (juin-août) par temps sec, et de préférence après une période de beau temps. Humides, les fleurs deviennent grises. Sécher rapidement à l'ombre au-dessous de 35°
PETITE CAMOMILLE **146**	*Composants :* huile essentielle au chamazulène et bisabol, coumarine, glucosides de flavone, mucilage, acides gras, sucre. *Effet :* antispasmodique, soulage de la flatulence, analgésique, anti-inflammatoire, cicatrisant, antiseptique.	Cueillir les fleurs de mai à août, de préférence par beau temps, La concentration maximale d'agents actifs a lieu plusieurs jours après la floraison. Sécher à l'ombre au-dessous de 35°. Ne pas confondre avec la camomille romaine *(Anthemis nobilis)* ou la fausse camomille *(Boltonia).*
	Composants : les mêmes que la fleur (voir ci-dessus). *Effet:* les mêmes que la fleur mais plus faibles.	
CANNELLE **60**	*Composants :* huile essentielle au cinnamaldehyde, acide cinnamique, eugénol, terpènes, tanin, amidon, oxalate de calcium, traces de mucilage. *Effet :* stimule la sécrétion des sucs gastriques.	Détacher l'écorce des troncs et des branches de jeunes arbres. Retirer les feuilles, décoller l'écorce avec un couteau en cuivre. Retirer la couche extérieure. Sécher à l'ombre,
CAPUCINE **230**	*Composants :* benzyl (huile de moutarde), gly-cotropacoline, myrosine (enzyme), substances bactéricides inconnues. *Effet :* bactéricide.	Cueillir feuilles, fleurs et éventuellement graines à la floraison (juillet-octobre). Ne pas sécher. Utiliser frais ou en préparation.
	Composants : voir plante entière, *Effet :* voir plante entière.	Ramasser les graines à la fin ou tout de suite après la floraison. Utiliser frais ou en préparations.

Plante		Composants et effet	Récolte et conservation
CARLINE ACAULE **45**		*Composants :* huile essentielle à l'oxyde de Carlina, carlènes, sesquiterpènes, tanin, beaucoup d'inuline. *Effet :* diurétique, diaphorétique, cicatrisant des plaies.	Déterrer les racines en automne (octobre) c au printemps (mars-avril). Sécher à l'ombre ou au soleil.
CARVI OFFICINAL **46**		*Composants :* huile essentielle au carvène ou limonène, huile grasse aux acides linoléique, oléique et petroselinique, substances nitrogénées, traces de tanin, coumarine, résine. *Effet* : antispasmodique, efficace contre la flatulence, facilite la digestion, désinfectant, expectorant léger, galactogène.	Ramasser les graines juste avant maturité (juillet-août). Cueillir les ombelles dès que les petits fruits commencent à brunir. Laisser finir de mûrir, au soleil ou à l'ombre. Détacher les graines.
CASCARA SAGRADA **191**		*Composants :* glucosides d'émodine et de type aloïne, cascarosides, chrysaloïne, chrysophanol, émodine-aloès, tanins, principe amer, ferment, résine. *Effet* : purgatif, stimule légèrement la sécrétion biliaire, écorce fraîche : émétique.	Récolter l'écorce sur les troncs et les branches au printemps et en été (mi avril-août). Sécher au soleil ou à l'ombre partie extérieure vers le haut, Conserver 1 an avant d'utiliser.
CASSIS **193**		*Composants :* tanin, traces d'huile essentielle, enzyme. *Effet :* diurétique.	Cueillir les feuilles après la floraison et avant que les baies ne soient mûres. Retirer les tiges. Sécher à l'ombre.
		Composants : vitamine C, pigment foncé, acides de fruit, potassium, rutine (flavonoside), pectine, sucre, tanin. *Effet :* fournit de la vitamine C, calme la toux. étanche la soif.	Cueillir les baies à maturité (juillet-août). Ne pas sécher. Préparations à base de fruits frais.
CEANOTHUS **49**		*Composants :* alcaloïdes (céanothyne, etc.), tanin, phlobaphène, quercitrine, résine. *Effet :* astringent, favorise la coagulation sanguine.	Déterrer les racines au printemps (avril-mai), laver, retirer les radicelles, retirer l'écorce. Sécher cette dernière à l'ombre ou au soleil.
		Composants : tanin, résine, principe amer, un peu d'huile essentielle. *Effet :* astringent	Cueillir les feuilles en été. Sécher à l'ombre.
PETITE CENTAUREE **50**		*Composants :* gentiopicrine et erythrocentaurine (glucoside à principes amers), composés d'acide nicotinique, traces d'huile essentielle, acide oléanolique et autres acides, résine. *Effet :* apéritif et digestif.	Cueillir les feuilles à la floraison (juillet-septembre). Sécher à l'ombre ou au soleil.
CEREUS **212**		*Composants :* glucosides cardiaques, pigment, glucosides de flavovol et d'isorhamnetine. *Effet :* stimule le muscle cardiaque, régularise le rythme cardiaque, diurétique.	Cueillir les fleurs et les jeunes tiges juteuses en été (juillet). Sécher à l'ombre. Plus généralement, on fait une teinture avec la plante fraîche.
CHARDON BENI **63**		*Composants :* principe amer de cnicine, flavonosides, tanin, traces d'huile essentielle mucilage en abondance. *Effet :* augmente les sécrétions gastriques et biliaires, tonique.	Cueillir les feuilles et inflorescences à la pleine floraison (juin-août). Sécher à l'ombre. Couper en morceaux.
		Composants : huile grasse à acides oléiques et linoléiques, albumine, principe amer de cnicine, arctine. *Effet :* digestif.	Ramasser les fruits (graines) en automne (août-septembre).
CHARDON-MARIE **215**		*Composants :* silbine (=silymarine), silydianine et silychristine (corps flavonosique), huile essentielle, tyramine et histamine, principe amer, acide fumarique, mucilage, huile grasse, albumine. *Effet :* Active la sécrétion et la circulation de la bile.	Ramasser les synacarpes peu avant leur complète maturité (août-septembre). Laisser achever de mûrir à l'ombre. Faire tomber les graines.

Plante	Composants et effet	Récolte et conservation
CHATAIGNIER **48**	*Composants* tanin, quercetine, graisse, résine, sucre, pectine. *Effet :* expectorant, antirhumatismal.	Cueillir à l'automne (septembre-octobre). Sécher à l'ombre.
	Composant : tanin. *Effet :* Soigne la diarrhée.	Ramasser les fruits mûrs et tombés, en automne (octobre). Laisser sécher.
CHELIDOINE **53**	*Composants :* chélidonine, chélérythrine, coptisine, protopine, etc. (alcaloïdes), acides chélidoniques et autres, traces d'huile essentielle, saponine, pigments (carotènes), enzymes. *Effet :* antispasmodique, analgésique, stimule la circulation de la bile, sédatif, irritant pour la peau.	Déterrer les racines à la fin de l'été ou en automne (août-octobre). Sécher à l'ombre ou au soleil.
	Composants : voir racine (ci-dessus), moins d'alcaloïdes, pas de saponine. *Effet :* voir racine.	Cueillir les feuilles à la floraison (mai-juin). Sécher rapidement à l'ombre.
CHENE-ROUVRE **188**	*Composants :* tanins (phlobatannine et phlobaphène dans l'écorce âgée). *Effet :* astringent, anti-inflammatoire, styptique, soigne la diarrhée, antiseptique.	Au printemps (avril-mai), ramasser la jeune écorce sur des troncs et des branches ne dépassant pas 10 cm de diamètre. Elle doit être lisse et saine. Sécher au soleil, à l'ombre ou à la chaleur artificielle.
	Composants : sucre de gland (quercite), tanin, sucre, amidon, huile grasse, albumine. *Effet :* astringent, fortifiant, stimulant (café de glands).	Ramasser les glands mûrs tombés de l'arbre en automne (septembre-octobre). Eplucher et faire griller.
CHICOREE SAUVAGE **57**	*Composants :* principe amer, intybine, inuline.	Cueillir tiges et feuilles à la floraison (juillet-septembre). Sécher à l'ombre.
	Composants : principe amer, intybine, glucoside, cichorine. *Effet :* stimule légèrement la fonction biliaire, facilite la digestion.	Déterrer les racines au printemps (avril) ou en automne (octobre). Sécher à l'ombre ou au soleil.
PETIT CHIENDENT **7**	*Composants :* triticine de polysaccharide, traces d'huile essentielle, substance antibiotique, mucilage, acide silicique, potassium, inosite, mannite, glucosides. *Effet :* diurétique, antiseptique, calme les irritations.	Déterrer le rhizome au printemps (mars-avril) ou au début de l'automne (août-septembre). Laver soigneusement. Sécher à l'ombre ou au soleil.
CHIONANTHUS **54**	*Composants :* phyllirine (glucoside), saponine. *Effet* stimule la sécrétion et la circulation biliaire, purgatif léger, cicatrisant.	Déterrer la racine au printemps (mars-avril) ou en automne (octobre). Bien laver, éplucher et sécher l'écorce à l'ombre.
CHIRATA **222**	*Composants :* swertimarine, chiratine (principes amers), tanin, résine. *Effet :* stimule les sécrétions gastriques et biliaires, tonique.	Cueillir les rameaux floraux (ou en fruit) à l'époque de floraison (février-mars). Sécher à l'ombre.
CHOU POTAGER **38**	*Composants :* glucobrassine (glucoside de l'huile de moutarde), myrosinase (enzyme), facteur anti-ulcère, vitamines A, B, C. substances minérales. *Effet :* cicatrise les ulcères gastriques, analgésique, cicatrisant, anti-inflammatoire.	Ramasser les choux en automne ou en hiver selon le climat. Conserver dans un endroit sec et frais. Utiliser frais.
CIMIFUGA **58**	*Composants :* actaéine, etc. (glucosides), cimicifugine, racemosine (substance amère), substances d'œstrogène, triterpènes, acide isoférulique, tanin. *Effet :* stimule la menstruation.	Déterrer le rhizome et les racines à l'automne après la maturation des fruits. Couper en long. Sécher à l'ombre ou au soleil.
COCA **86**	*Composant :* cocaïne et autres alcaloïdes secondaires, acide tannique de coca, huile essentielle, nicotine, acides. *Effet :* anesthésique local, réduit la sécrétion glandulaire, rétrécit les muqueuses, anorexique, diminue la soif, stimulant, augmente la performance physique.	Cueillir les jeunes feuilles tout au long de l'année (4 récoltes en moyenne). Sécher à l'ombre.

Plante		Composants et effet	Récolte et conservation
COCHLEARIA OFFICINAL **64**		*Composants :* glucoside d'huile de moutarde et produits de transformation, huile essentielle, principe amer, tanin, vitamine C, sels minéraux. *Effet :* stimule le métabolisme, active les sécrétions gastriques, diurétique.	Cueillir les tiges florales ou simplement les feuilles de mai à juin. Sécher à l'ombre au-dessous de 35°. Après la floraison, ramasser les feuilles fraîches pour les manger en salade ou pour en faire du jus.
COGNASSIER COMMUN **73**		*Composants :* Mucilage, amygdaline , enzyme (émulsion), huile grasse, tanin, protéine. *Effet :* anti-inflammatoire, purgatif léger, astringent.	Cueillir les fruits mûrs (fin septembre-octobre). Retirer les pépins de la pulpe (cette dernière pour sauce ou jus). Sécher à 40-50°.
COLA **66**		*Composants :* caféine, théobromine, tanin de catéchine, colarot, glucoside, huile essentielle, huile grasse, amidon. *Effet :* stimulant, augmente les performances physiques, euphorique.	Récolter les noix mûres (la saison varie selon la région). Retirer les graines, les laver. Sécher à la chaleur.
COLCHIQUE D'AUTOMNE **67**		*Composants :* colchicine (substance ressemblant à un alcaloïde) et ses produits de décomposition, substances encore inconnues, huile grasse, phytostérol, sucre.	Cueillir les gousses de graines presque mûres de mai à juin, avant les foins. Etaler et sécher à l'ombre ou au soleil.
		Composants : Colchicine et ses produits de transformation, acide chélidonique, phytostérine, divers acides. *Effet :* les mêmes que les graines (voir ci-dessus).	Déterrer les bulbes au printemps ou au début de l'été (avril-juin). Sécher au soleil ou à la chaleur artificielle (pas plus de 65°).
GRANDE CONSOUDE **223**		*Composants :* allantoïne, tanin, mucilage, amidon, inuline, traces d'huile. *Effet :* cicatrisant, stimule la formation des tissus, calme les irritations, anti-inflammatoire.	Déterrer de préférence au printemps avant l'apparition de bourgeons (avril) ou après la floraison, à la fin de l'automne (septembre-octobre). Couper en deux dans le sens de la longueur. Sécher au soleil ou à la chaleur artificielle (40-60°).
CORYDALE BULBEUSE **69**		*Composants :* bulbocapnine, corvdalline (alcaloïdes), etc. *Effet :* antispasmodique.	Déterrer les tubercules au printemps avant la floraison. Sécher à l'ombre, au soleil ou à la chaleur artificielle.
COTON **110**		*Composants :* cellulose, eau, cire. *Effet :* très absorbant.	Traitement industriel (dégraissage, blanchissage…).
		Composants : substance résineuse contenant de l'acide phénol-carbonique, acide salicylique, bétaïne, sucre, traces d'huile essentielle. *Effet :* Astringent.	Déterrer après la récolte. Éplucher finement en bandes larges de 3 cm et longues de 30 cm. Sécher rapidement. Retirer toute la capsule, ou enlever la fibre de coton avec un mouvement de torsion.
COURGE **71**		*Composants :* composant principal inconnu, huile grasse à acides linoléique et oléique, cucurbitine (acide aminé), albumine, lecithine, résine, phytostérine. *Effet :* vermifuge, diurétique léger.	Récolter les courges mûres à la fin de l'été (août-septembre). Retirer les graines de la pulpe. Sécher à l'ombre ou au soleil.
CRESSON DE FONTAINE **152**		*Composants :* glucoside d'huile de moutarde, huile essentielle, iode, principe amer. *Effet :* stimule le métabolisme, active la sécrétion biliaire.	Cueillir les feuilles, pour les manger en salade ou pour en faire du jus, de préférence avant la floraison (fin mars-début mai) ou à la rigueur pendant la floraison. Utiliser immédiatement.
CURCUMA **72**		*Composants :* huile essentielle, curcumine et autres pigments, principes amers, huile grasse, tcides. résine, amidon. *Effet :* stimule les sécrétions gastriques, irrite les muqueuses, stimule la circulation de la bile.	Déterrer le rhizome quand les feuilles commencent à faner (décembre-janvier). Le dégager des racines et des feuilles. Le laver. Ebouillanter ou faire bouillir 1 heure. Sécher au soleil.
CYNOGLOSSE OFFICINAL **75**		*Composants :* alcaloïdes, héliosupine, tanin, allantoïne, huile essentielle, mucilage. *Effet :* astringent, soigne la diarrhée, calmant, analgésique, cicatrisant.	Cueillir les tiges entières à la floraison (mai-juin). Sécher à l'ombre.
		*Composants :*alcaloïdes, cynoglossine, consolidine, principe amer, cynoglossidine, tanin, mucilage, allantoïne.	Déterrer les racines au printemps (mars) ou en automne (novembre). Retirer l'écorce et sécher à

Plante	Composants et effet	Récolte et conservation
	Effet : voir tige florale (ci-dessus).	l'ombre.
DAMIANA **231**	*Composants :* huile essentielle au cinéol, cymol et pinène; arbutine, glycol hydrocyanique, principe amer, tanin, résine. *Effet :* tonique nerveux, diurétique.	Cueillir les feuilles à la floraison. Sécher à l'ombre.
DIGITALE POURPRE **78**	*Composants :* glucosides cardiaques, saponines, flavonosides, tanin, acides organiques, mucilage. *Effet :* améliore l'action du cœur, diurétique.	Cueillir les feuilles à la floraison (juin-septembre), si possible par temps sec et ensoleillé, vers la fin de l'après-midi. Sécher à l'ombre ou au soleil. Porter des gants pour la cueillette.
DOUCE-AMERE **217**	*Composants :* solasodine, salangustidine, principe amer de glucoside, saponine, tanin. *Effet* : stimule le système nerveux central, diurétique.	Ramasser avant l'apparition des bourgeons mars-avril) ou après la chute des feuilles (octobre). Sécher à la chaleur.
DROSERA A FEUILLES RONDES **80**	*Composants :* dérivés de naphthoquinone, plumbagine et hydroplumbagine, enzymes, flavonosides, traces d'huile essentielle, acides organiques. *Effet :* calme les toux d'irritation, antispasmodique.	Cueillir à la floraison (juillet-août). Sécher à l'ombre.
EGLANTIER **195**	*Composants :* beaucoup de vitamine C, vitamines B et K, carotène, acides de fruit, tanin, pectine, sucre, un peu d'huile essentielle à la vanilline. *Effet :* source de vitamine C léger astringent, purgatif et diurétique légers.	Ramasser les cynorrhodons mûrs, rouges et encore durs, à la fin de l'été et au début de l'automne (août-octobre). Les couper en deux et les faire sécher à l'ombre au-dessous de 50°.
	Composants : huile essentielle, huile grasse, lecithine, sucre, vitamine E. *Effet :* diurétique léger.	Ouvrir le fruit mûr et retirer les graines. Retirer, en le lavant, le cilium blanc adhérant à la chair. Sécher au soleil ou à la chaleur.
EPHEDRA **83**	*Composants :* éphédrine (alcaloïde), pseudoephédrine, etc. tanin, saponine, flavone, huile essentielle. *Effet :* vasodilatateur, fait monter la tension artérielle stimule la circulation. antiallergique.	Cueillir les jeunes branches fertiles ou les plants femelles à l'automne, avant les premières gelées et si possible après une longue période sans pluie. Sécher au soleil.
EPINE-VINETTE **35**	*Composants :* berberine et autres alcaloïdes, acide chélidonique, résine, tanin, cire. *Effet :* digestif, stimule la sécrétion biliaire.	Déterrer la racine au printemps ou en automne (septembre-octobre). Sécher à l'ombre ou au soleil.
	Composants : acides de fruit, vitamine C, pigment, pectine, caoutchouc. *Effet :*purgatif léger.	Cueillir les baies mûres. Sécher à l'ombre, au soleil ou à la chaleur artificielle. Utiliser les baies fraîches pour faire du jus.
ERGOT DE SEIGLE **62**	*Composants :* alcaloïdes (quelques dérivés de l'acide glysergique), ergotamine, ergotoxine, ergométrine, etc.,Tyramine, histamine, stérols, pigments. *Effet :* stimule les contractions utérines, vasoconstricteur.	Ramasser les ergots sur les épis de seigle en début de maturité (fin juillet-août), ou après la moisson, sur du seigle battu. Sécher à 35-40°.
ESCHSCHOTZIA DE CALIFORNIE **87**	*Composants* alcaloïdes ressemblant à ceux du pavot à opium, protopine, allocryptopine, etc., glucosides de flavone. *Effet :* soporifique, antispasmodique, analgésique.	Ramasser la plante à la floraison (juin-septembre). Sécher à l'ombre.
EUCALYPTUS **88**	*Composants :* huile essentielle au cinéol, tanin, acides ellagiques et galliques, principe amer, résine, cire, substance bactério-statique. *Effet :* expectorant, antiseptique rubéfiant.	Ramasser tout au long de l'année les jeunes feuilles en forme de croissant apparaissant sur les vieilles branches. Ne pas prendre les feuilles primaires, en forme de cœur, poussant sur les jeunes arbres. Sécher à l'ombre.
EUPATOIRE CHANVRINE **89**	*Composants :* principe amer (eupatorine), tanin, traces d'huile essentielle, résine. *Effet* stimule la fonction hépatique, diurétique.	Cueillir à la floraison (juillet-septembre). Sécher à l'ombre.
	Composants : eupatorine, huile essentielle. *Effet :* stimule la fonction hépatique	Déterrer à la fin de l'automne (octobre). Sécher à l'ombre.

Plante		Composants et effet	Récolte et conservation
EUPHRAISE OFFICINALE **90**		*Composants :* composés similaires à l'aucubine tanin, huile essentielle. *Effet :* Réduit l'inflammation des muqueuses, particulièrement des yeux.	Cueillir à la floraison (juin-octobre). Sécher à l'ombre.
FAUX HELLÉBORE **239**		*Composants :* germidine (alcaloïde stéroïde), protovératrine, jervine, veratramine, germerine. *Effet :* hypotenseur.	Déterrer le rhizome après que les feuilles sont fanées (octobre). Bien nettoyer, couper en long et sécher au soleil.
FAUX JASMIN **104**	 	*Composants :* alcaloïdes, gelsemine, gelsemicine, sempervirine, huile essentielle, huile grasse, tanin. *Effet :* vasodilatateur, hypotenseur, sédatif cardiaque, dilate les bronches, analgésique.	Déterrer le rhizome à l'automne (octobre). Sécher à l'ombre ou au soleil.
FENOUIL **93**		*Composants :* huile essentielle comprenant anéthol et fenchol, huile grasse, albumine, sucre. *Effet :* antispasmodique, réduit la flatulence, stimule l'estomac, expectorant.	Récolter les fruits mûrs à l'automne (septembre-octobre). Couper les ombelles, faire tomber les graines brunes. Sécher légèrement à l'ombre.
		*Composants :* huile essentielle au dillapiole et à l'anéthol, coumarine, sucre, amidon. *Effet :* empêche la flatulence, diurétique.	Déterrer au printemps (mi mars-avril). Sécher à l'ombre au-dessous de 35°.
FENUGREC **228**		*Composants :* mucilage, trigonelline (alcaloïde), albumine huile grasse, principe amer. *Effet :* adoucit mains et lèvres gercées, soigne l'indigestion, stimule la lactation.	Cueillir la plante à maturité (vers août-septembre). Battre les gousses pour faire tomber les graines.
FEVE DE CALABAR **166**		*Composants :* alcaloïdes, huile grasse, huile essentielle, stigmastérol, albumine, amidon. *Effet :* contracte la pupille, réduit la tension interne de l'œil, stimule le péristaltisme, ralentit le rythme cardiaque.	Cueillir les fruits mûrs. Sortir les graines de leur cosse.
FIGUIER **91**		*Composants :* sucre inversé, pectine, acides organiques, graisse, albumine, vitamines A et B. *Effet :* purgatif léger, calme la toux, expectorant léger.	Cueillir les fruits mûrs, de préférence à l'automne (septembre). Ils se conservent 6 mois ou plus. Faire sécher en les suspendant ou les étalant.
FLOUVE ODORANTE **18**		*Composants :* coumarine, acide silicique. *Effet :* irrite la peau, rubéfiant (augmente localement l'apport sanguin), analgésique.	Recueillir les petites herbes qui tombent du foin rentré au fenil. Retirer les plus grosses.
FOUGERE MALE **81**		*Composants :* filicine aux dérivés de phloroglucine (aspidinol, albaspidine, acide flavaspidique, acide filixique, etc.), tanin, huile grasse, traces d'huile essentielle, résine, amidon, sucre. *Effet :* vermifuge (ténia).	Déterrer le rhizome en automne (septembre-octobre). Retirer les racines secondaires et les parties mortes. Ne pas couper la base des tiges. Sécher au soleil ou à la chaleur artificielle (40-50°).
FRAISIER SAUVAGE **94**		*Composants :* tanin, vitamine C, huile essentielle, acide silicique, flavone. *Effet :* astringent, diurétique.	Cueillir les jeunes feuilles (mai-juin). Sécher à l'ombre.
		*Composants :* sucre, pectine, vitamine C, acides, composés de fer, arômes. *Effet :* tonique.	Cueillir les fruits mûrs selon le climat (juin-septembre).
FRENE **95**		*Composants :* quercitrine, flavone, mannite, tanin, huile essentielle, composés de coumarine, acide malique. *Effet :* purgatif léger, favorise l'élimination de l'urine et de l'acide urique.	Cueillir en été (juin-août). Détacher les folioles. Sécher à l'ombre au-dessous de 40°.
		*Composants :* composés de coumarine, glucosides (fraxine), mannite, tanin, huile essentielle. *Effet :* fébrifuge, diurétique.	Cueillir de jeunes branches au printemps (avril-mai) et en retirer l'écorce. Sécher à l'ombre.

Plante		Composants et effet	Récolte et conservation
FUMETERRE OFFICINAL **97**		*Composants :* fumarine et autres alcaloïdes, acide fumarique, résine, principes amers, mucilage. *Effet :* régularise la sécrétion biliaire, diurétique léger, purgatif léger.	Cueillir à la floraison (juin-septembre). Sécher à l'ombre.
GAIAC **112**		*Composants :* triterpenosaponines, résine, substance ressemblant au caoutchouc, caoutchouc, vanilline, traces d'huile essentielle, guajacolum. *Effet :* diurétique, diaphorétique, purgatif léger.	Arbres abattus pour usage technique. Morceler le cœur et l'aubier au cours du traitement (écorcés).
GAILLET JAUNE **101**		*Composants :* glucosides, composés de flavone, tanin, traces d'huile essentielle, acides organiques, beaucoup d'acide silicique. *Effet :* légèrement diurétique, stimule le métabolisme, fait cailler le lait.	Cueillir à la floraison (mai-septembre). Sécher à l'ombre ou au soleil.
GALEGA OFFICINAL **98**		*Composants :* galégine glukokinine, glucosides de flavones, saponine, tanin, principe amer. *Effet :* réduit le taux du sucre, stimule la lactation.	Cueillir à la floraison (juillet-août), sécher à l'ombre.
		Composants : galégine glukokinine, glucoside de flavone, saponine, huile grasse, saccharose. *Effet* : stimule les sécrétions rénales, anti-inflammatoire, cicatrisant.	Ramasser les graines mûres en août-septembre. Laisser sécher.
GALEOPSIS BLANC-JAUNATRE **99**		*Composants :* acide silicique, glucoside (principe amer), tanin, saponine, acides, huiles essentielles, résine, substances ressemblant à la pectine. *Effet* : stimule le métabolisme de la peau, astringent, dissout le mucus.	Cueillir les tiges à la floraison (juillet-septembre). Sécher à l'ombre.
GARANCE **197**		*Composants :* dérivés d'anthraquinone comme l'alizarine (pigment rouge garance) et le glucoside d'acide carboxylique purpurine, acides organiques, pectine, sucre albumine, huile grasse. *Effet :* vermifuge (ténia).	Déterrer la racine en automne (septembre-octobre). Retirer les fibres et la peau. Sécher à l'ombre ou au soleil.
GATTILIER **245**		*Composants :* huile essentielle, huile grasse, castine iridoglycols agnuside et aucubine. *Effet :* stimule la production de progestérone.	Cueillir les baies brunes foncées ou noires, à maturité (octobre-novembre). Sécher à l'ombre ou au soleil.
GAULTHERIE DU CANADA **102**		*Composants :* gaulthérine (glycol), gaulthérase (enzyme), aldéhyde, 1 alcool, 1 ester, tanin, mucilage, cire. *Effet :* analgésique, antirhumatismal, antiseptique, diurétique, rubéfiant.	Ces feuilles persistantes se récoltent toute l'année, de préférence en été. Sécher à l'ombre. Pour extraire l'huile essentielle, tremper les feuilles pendant 12-24 heures dans de l'eau chaude et distiller à la vapeur.
GENET A BALAI **76**		*Composants :* spartéine (alcaloïde), alcaloïdes secondaires (cystine et autres), tanin, principe amer, traces d'huile essentielle. *Effet :* vasodilatateur, régularisateur cardiaque.	Cueillette possible du printemps à l'automne, de préférence février-mars ou octobre. Sécher au soleil ou à la chaleur.
		Composants : spartéine, principe amer, tanin, glucoside de flavone, traces d'huile essentielle. *Effet :* diurétique.	Cueillir à la floraison (mai-juin). Sécher au soleil ou à la chaleur.
GENEVRIER **132**		*Composants :* huile essentielle à monoterpènes (alpha-pinène. etc.) et sesquiterpènes (alphacadinènes, etc.), sucre inversé, glucoside de flavone, résine, tanin, principe amer. *Effet :* diurétique, antiseptique, digestif.	Cueillir les baies mûres, noires et non fripées, à l'automne (octobre). Sécher à l'ombre, éviter la chaleur artificielle.
GENTIANE JAUNE **105**		*Composants :* principes amers (gentiopicrine, gentiamarine) sucre fermentable, pectine, mucilage, traces de tanin. *Effet :* Accroît les sécrétions salivaires et gastriques, apéritif, aide l'estomac à se vider plus rapidement, fortifiant.	Déterrer en automne (octobre). Sécher à l'ombre ou au soleil.

Plante		Composants et effet	Récolte et conservation
GERANIUM HERBE-A-ROBERT **106**		*Composants :* tanin, principe amer (géraniine), traces d'huile essentielle, acides malique et citrique. *Effet :* astringent, soigne la diarrhée, styptique.	Cueillir feuilles et tiges à la floraison (mai-octobre). Sécher à l'ombre.
		*Composants :* mêmes que les tiges et feuilles (voir ci-dessus) mais une plus grande proportion de tanin, de la résine et de l'acide ellagique. *Effet :* plus prononcé que pour tiges et feuilles.	Récolter la plante entière avec ses racines à la floraison (mai-octobre). Sécher à l'ombre.
GERMANDREE PETIT-CHENE **225**		*Composants :* huile essentielle, principe amer, tanin, composés de nitrogène, polyphénols. *Effet :* stimule la sécrétion des sucs gastriques, astringent léger, cicatrisant des plaies.	Cueillir les feuilles à la floraison (juin-septembre). Sécher à l'ombre au-dessous de 35°.
GINGEMBRE **247**		*Composants :* huile essentielle à gingiberène et gingibérole, phellandrène, bornéol, linéol, citral, résine, amidon. *Effet :* encourage la sécrétion de sucs gastriques, carminatif	Déterrer le rhizome quand les feuilles se fanent. Retirer tiges et radicelles. Bien laver, éplucher, tremper dans l'eau froide toute une nuit. Sécher au soleil. Peut s'utiliser aussi non épluché.
GINKGO		*Composants :* huile de camphre, quercétine, lutéoline,tanins de catéchine, résine, huile essentielle, huile grasse. *Effet :* dilate les vaisseaux sanguins augmentant le flux du sang.	Cueillir les feuilles en été (juin-août). Sécher à l'ombre ou utiliser les feuilles fraîches pour des extraits.
GINSENG **108**		*Composants :* ginseng d'Amérique saponine : panaquiline, panacine, huile essentielle. Ginseng d'Asie : saponine, acide panaxique et autres, huile essentielle, glucosides, vitamine B, sucre, mucilage, amidon. *Effet :* augmente les performances physiques et psychiques, régularise la fonction cérébrale et la circulation du sang, accroît les résistances naturelles.	A l'automne, déterrer les racines de plants vieux de 6 à 8 ans. Sécher au soleil ou à la chaleur artificielle. Le ginseng « rouge » d'Asie s'obtient par un traitement à la vapeur et à l'eau chaude.
GRATIOLE **111**		*Composants :* gratioside (glucoside) gratioligénine, gratiotoxine, huile essentielle, résine. *Effet :* stimulant général et local, fait saigner, diurétique. fort purgatif.	Cueillir à la floraison (juillet-septembre). Sécher partiellement à l'ombre, terminer le séchage à la chaleur artificielle (environ 60°).
GUI **244**		*Composants :* viscotoxine, protéines de base inhibitrices de tumeurs, choline. *Effet :* hypotenseur, inhibiteur des tumeurs.	Cueillir les jeunes branches feuillues à l'automne et en hiver ou au printemps. Sécher à l'ombre au-dessous de 45°.
GUIMAUVE OFFICINALE **13**		*Composants :* mucilage, traces d'huile essentielle *Effet* calme les muqueuses, émollient.	Cueillir en été (juillet-août), de préférence après la floraison.
		*Composants :* mucilage, amidon, sucre, pectine, tanin, asparagine. *Effet :* calmant, réduit le péristaltisme, réduit l'inflammation, soigne la diarrhée.	Déterrer à la fin de l'automne (octobre-novembre). Dégager la racine principale, retirer les radicelles, détacher les deux couches d'écorce. Sécher immédiatement à 50-60°. Ne jamais sécher avant d'éplucher.
		*Composants :* mucilage, traces d'huile essentielle, sucre, asparagine. *Effet :* calmant léger.	Cueillir à la floraison (juillet-septembre). Sécher à l'ombre.
HAMAMELIS **113**		*Composants :* hamamélitanine et autres tanins, traces d'huile essentielle, flavonosides, choline, 1 saponine. *Effet :* astringent, anti-inflammatoire, styptique	Cueillir les feuilles tout l'été (juin-août). Sécher rapidement à l'ombre. Eviter la chaleur artificielle. Séchées trop lentement, elles perdent leur couleur.
		*Composants :* voir feuilles (ci-dessus), moins de tanin. *Effet :* voir feuille.	Récolter l'écorce au printemps, après l'apparition des bourgeons. Sécher à l'ombre ou au soleil.

Plante	Composants et effet	Récolte et conservation
HARICOT **165**	*Composants :* glukokinine, acides aminés, acide silicique, hémicellulose. *Effet :* diurétique.	Cueillir les gousses jaunes ou blanches. Retirer les graines. Faire sécher les gousses à l'ombre ou à la chaleur artificielle.
HARONGA **114**	*Composants :* pigment phénolique.,triterpene, acide de bétuline, composés d'anthraquinone, tanin. *Composants :* pigment phénolique, hypéricine, flavone, tanin. *Effet :* accroît les sécrétions du pancréas, de la bile et des sucs gastriques.	Récolter les feuilles et l'écorce tout au long de l'année. Sécher à l'ombre.
HARPAGOPHYTUM **115**	*Composants :* harpagoside (glucoside), harpagide, procumbine, sucre, stachyose. *Effet :* anti-inflammatoire, analgésique.	Déterrer les rhizomes à l'automne. N'utiliser que les parties jeunes. Couper en morceaux de 2 cm et sécher.
HELLEBORE NOIR **119**	*Composants :* glucosides cardiaques, helléborine, saponine, acide aconitique, traces d'huile essentielle. *Effet :* régulateur de l'activité cardiaque similaire à la strophantine et à la digitaline, hydragogue, irrite les muqueuses, donne la diarrhée.	Déterrer le rhizome toute l'année. Faire sécher à l'ombre, au soleil ou à la chaleur artificielle.
HERBE AUX CURE-DENTS **14**	*Composants :* kelline de furanochromone, visnagine, kelloglucoside, huile grasse, protéine. *Effet :* antispasmodique, dilate les bronches, vasodilatateur, relaxe les muscles (voies urinaires).	Récolter les fruits a la fin de l'été (août-septembre) juste avant maturité. Sécher à l'ombre ou au soleil.
HERBE AUX PUCES **173**	*Composants :* mucilage, aucubine, enzymes, protéine, graisse. *Effet :* purgatif, calme les irritations cutanées.	Récolter les graines mûres (août-septembre).
HERNIAIRE COMMUNE **120**	*Composants :* saponines (dont l'herniarine), huile essentielle. *Effet :* astringent et diurétique.	Cueillir à la floraison (juin-août). Sécher à l'ombre.
HIEBLE **203**	*Composants :* principe amer encore non analysé, saponine. *Effet :* diurétique, diaphorétique.	Déterrer le rhizome au printemps (mars) ou en automne (octobre). Nettoyer et sécher à l'ombre ou au soleil.
	Composants : tanin, huile essentielle, traces de glycolhydroxy-anine, anthocyanine (pigment). *Effet :* laxatif, diurétique diaphorétique	Cueillir les baies noires quand elles sont mûres (août-septembre). Sécher à l'ombre.
HOUBLON **123**	*Composants :* résine avec acide picrique, lupulène et humulone, huile essentielle, tanins, substances d'estrogène, hopéine. *Effet :* sédatif léger, calme l'estomac, irritant pour la peau.	Cueillir les pistils des fruits femelles vers la fin de l'été avant complète maturité (août-septembre). Sécher à l'ombre. On extrait le lupulin en battant et passant les pistils des fruits frais.
HOUX **128**	*Composants :* tanin, principe amer, un peu de thébromine, acides ursolique et ilicique, rutine, résine. *Effet :* diaphorétique, diurétique léger.	Cueillir les feuilles tout au long de l'année. Sécher à l'ombre ou au soleil.
HYDNOCARPUS **124**	*Composants :* huile essentielle comprenant de l'huile de Chaulmoogra, acide hydnocarpique, protéine, glucoside. *Effet :* soigne la lèpre, fort irritant du canal gastro-intestinal, vermifuge.	Cueillir les fruits mûrs, dégager les graines de la pulpe. C'est à partir de ces dernières que l'on extrait commercialement l'huile de Chaulmoogra.
HYDRASTIS DU CANADA **125**	*Composants :* alcaloïdes (hydrastine, berberine, etc.), traces d'huile essentielle, résine, acide chologénique, huile grasse, sucre, albumine. *Effet :* stimule la fonction hépatique et le métabolisme, astringent.	Déterrer le rhizome et les racines de pieds âgés de 3 ans. à l'automne, après maturité des graines. Nettoyer soigneusement. Sécher à l'air libre, étalé sur un tissu.

Plante	Composants et effet	Récolte et conservation
IGNAME **79**	*Composants :* dioscorine, saponines, beaucoup d'amidon, *Effet :* expectorant, diurétique, antirhumatismal.	Déterrer à l'automne (septembre). Sécher à l'ombre ou au soleil.
IMMORTELLE **118**	*Composants :* hélichrysine,salipurposide, etc. (flavonosides), coumarine, traces d'huile essentielle, principe amer, résine phytostérine, hydrocarbones. *Effet :* stimule les sécrétions de l'estomac, du pancréas, de la bile.	Cueillir les fleurs avant la pleine floraison, en été (juillet-septembre). Sécher à l'ombre.
IMPERATOIRE **163**	*Composants :* huile essentielle avec terpènes, acide palmitique et esters, composés de coumarine (principes amers), tanin, résine, amidon, huile grasse, hespéridine. *Effet :* apéritif, digestif, expectorant, tonique. *(Aconitum).* Le risque de confusion est moins grand, à l'apparition des feuilles.	Déterrer le rhizome au printemps ou en automne. Sécher à l'ombre ou au soleil en automne. Ne pas confondre avec des racines de plantes toxiques, comme par exemple l'Hellébore blanc *(Veratrum album)* ou l'aconit.
IPECACUANHA **51**	*Composants :* alcaloïdes, saponines. *Effet :* expectorant, encourage la sécrétion salivaire, utilisée dans le traitement de la dysenterie amibienne.	Déterrer la racine tout au long de l'année, sauf en période de pluie (plants de 3 à 4 ans). Sécher rapidement au soleil.
JABORANDI **168**	*Composants :* alcaloïdes (pilocarpine. pilosine et alcaloïdes secondaires), huile essentielle, traces de tanin. *Effet* : stimule l'activité des glandes salivaires et sudoripares, stimule les extrémités des nerfs parasympathiques, miotique, réduit la tension intérieure de l'œil.	Cueillir les feuilles toute l'année (quatre récoltes en moyenne). Détacher les folioles. Sécher à l'ombre.
JUSQUIAME NOIRE **126**	*Composants :* alcaloïdes (hyoscyamine et atropine), choline, tanin, traces d'huile essentielle. *Effet :* calmant, analgésique.	Plante annuelle : cueillir les feuilles en début de floraison ; bisannuelle : à la fin de l'été de la première année. Sécher à l'ombre ou au soleil.
KAVA **172**	*Composants :* résine à lactones de kawahine, yangonine. méthysticine, etc., glucosides, amidon. *Effet :* insensibilise à la douleur, calmant et relaxant, stimule l'activité mentale.	Déterrer le rhizome tout au long de l'année. Retirer les racines, éplucher, couper en deux et sécher au soleil.
LAICHE DES SABLES **43**	*Composants :* acide silicique, saponine, tanin, un peu d'huile essentielle, glucoside, résine, mucilage, amidon. *Effet :* stimule le métabolisme, diaphorétique.	Déterrer le rhizome au printemps (mars-mai). Sécher à l'ombre ou au soleil.
LAMIER BLANC **134**	*Composants :* catéchine (tanin), histamine, tyramine, méthylamine, choline, flavonosides, acides, trace d'huile essentielle, mucilage. *Effet :* astringent, protège les muqueuses.	Cueillir les corolles des fleurs par temps sec et ensoleillé (mai-septembre). Sécher délicatement à l'ombre au-dessous de 35°.
	Composants : comme la fleur (voir ci-dessus). mais une plus grande proportion de tanin et du xantophylle, peut-être aussi de la saponine. *Effet* : astringent, protège les muqueuses, expectorant léger, diurétique.	Cueillir fleurs et feuilles de mai à septembre. Sécher rapidement à l'ombre au-dessous de 35°.
LAURIER **135**	*Composants :* huile essentielle au cinéol et pinène,huile grasse à l'acide laurique, acides palmitique, oléique, phytostérine d'acide linoléique, alcool laurique. *Effet :* apéritif, diurétique, irritant pour la peau.	Cueillir les feuilles en été ou tout au long de l'année. Sécher à l'ombre. L'huile de laurier s'extrait à partir des fruits frais (pressage ou étuvage).
	Composants : huile essentielle, principe amer. *Effet :* apéritif.	Cueillir les fruits en été (juillet-août). Sécher à l'ombre
LAURIER-ROSE **153**	*Composants :* glucosides cardiaques (oléandrine, oléandrigénine, nériine, flavonosides, rutine), tanin, résine, *Effet :* aide le cœur et la circulation, diurétique.	Cueillir les feuilles d'avril à juin, avant la floraison. Sécher rapidement à l'ombre ou au soleil,

Plante		Composants et effet	Récolte et conservation
LAVANDE **136**		*Composants :* huile essentielle comprenant environ 40 composants (y compris acétate de linalyle et linalol). coumarine, tanin. *Effet* : calmant léger. carminatif.	Cueillir les fleurs juste avant qu'elles ne s'épanouissent (juin-septembre). Sécher à l'ombre au-dessous de 35°.
LIERRE GRIMPANT **117**		*Composants :* hédèra et autres saponines, hédérine ou hélixine (dans la feuille fraîche). *Effet :* calmant, expectorant. La feuille fraîche contient un agent qui provoque des ampoules.	Cueillir les jeunes feuilles au printemps et au début de l'été (avril-juin). Sécher à l'ombre. Pour usage externe : cueillir les feuilles dans des bois ombragés à la fin de l'été.
LIN USUEL **139**		*Composants :* mucilage, huile grasse aux acides linoléique, linolénique et oléique, acides saturés, protéine, glucosides. *Effet :* anti-inflammatoire, purgatif léger, analgésique, émollient cutané.	Récolter les gousses contenant les graines (par battage principalement) à complète maturité (septembre).
LIVECHE **138**	 	*Composants :* huile essentielle aux phthalidène, terpinéol, carvacrol, acide isovalérianique, coumarine, acide angélique, acide benzoïque, acide malique, résine, amidon, sucre. *Effet :* diurétique, stomachique, carminatif léger, expectorant léger.	Déterrer les racines des plants âgés de 2 ou 3 ans, à l'automne (septembre-octobre). Fendre en deux les gros rhizomes. Sécher à l'ombre au-dessous de 35°.
LOBELIA **140**		*Composants :* alcaloïdes (lobéline. isolobéline, etc.), acides lobélique et chélidonique. *Effet :* stimulant respiratoire, antispasmodique, anti-asthmatique.	Cueillir toute la tige, avec les graines et les petites fleurs, à la fin de la floraison (août-septembre). Sécher à l'ombre ou à la chaleur artificielle au-dessous de 40°.
LYCOPE DE VIRGINIE **141**		*Composants :* tanin, traces d'huile essentielle, acide lithospermique, substances phénoliques. *Effet :* sédatif, astringent.	Cueillir les feuilles à la floraison (juillet-septembre). Ne pas sécher. Utiliser frais ou en extraits et teintures.
MARRONNIER D'INDE **5**		*Composants :* saponine d'Aesculus contenant de l'aescine, tanin, flavonosides, composés de purine, beaucoup d'amidon, sucre, albumine, huile grasse. *Effet :* hémostatique, accroît la tonicité des veines.	Ramasser les marrons tombés à l'automne (septembre-octobre). Sécher à l'ombre ou au soleil.
		*Composants :* esculine et flaxine (glucosides de coumarine), quercitrine (flavone) aescine (saponine), phytostérine, tanin, résine, pigment. *Effet :* astringent.	Ramasser l'écorce sur des jeunes branches (pas plus de 5 ans), au printemps (mars-avril) ou en automne (octobre-novembre). Sécher à l'ombre ou au soleil.
MARRUBE BLANC **144**		*Composants :* marrubiinne (principe amer), tanin, huile essentielle. *Effet :* expectorant, stimule la sécrétion biliaire, cicatrisant.	Cueillir à la floraison (juin-septembre). Sécher à l'ombre au-dessous de 35°.
MARSDENIA **145**		*Composants :* condurangine (glucosides de principe amer). huile essentielle, résine, acides organiques, substances ressemblant au caoutchouc, amidon. *Effet :* apéritif, digestif.	Récolter l'écorce du tronc et des branches tout au long de l'année. Sécher à l'ombre ou au soleil.
MATE **129**		*Composants :* caféine, théobromine, tanins, acide chlorogénique, traces de vanilline, quelques huiles essentielles et grasses, substances résineuses. *Effet :* stimulant léger, laxatif léger, diurétique.	Cueillir l'extrémité des tiges. Pour éviter toute fermentation les passer sur un feu sans fumée (Processus de Zapekier »). Le séchage est achevé selon diverses méthodes.
GRANDE MAUVE **143**		*Composants :* mucilage, pigment, malvine, tanin. *Effet :* adoucissant, expectorant, astringent, anti-inflammatoire.	Cueillir les fleurs épanouies, de juillet à septembre. Sécher délicatement à l'ombre, bien étalées.
		*Composants :* mucilage (davantage que dans la fleur). tanin. *Effet :* voir fleur (ci-dessus).	Cueillir les feuilles en été, de mi-juin à mi-septembre. Sécher à l'ombre.

Plante		Composants et effet	Récolte et conservation
MELILOT OFFICINAL **147**		*Composants :* mélitotine et autres glucosides de coumarine. acide mélitotique, flavonosides, mucilage, tanin, traces d'huile essentielle. *Effet :* anti-inflammatoire, émollient.	Cueillir feuilles et tiges florales à la floraison (juillet-août), Sécher lentement à l'ombre, au-dessous de 40°. La coumarine ne se forme qu'en cours de séchage.
MELISSE OFFICINALE **148**		*Composants :* huile essentielle au citral, citronnellal, géraniol et linallol, principe amer, acides, tanin (acide labiatique). *Effet :* antispasmodique, sédatif, carminatif.	Cueillir les feuilles sur les jeunes pousses ne dépassant pas 30 cm (2 à 3 récoltes par an, de juin à septembre). Sécher à l'ombre au-dessous de 35°.
		Composants : voir feuille (ci-dessus). *Effet :* voir feuille	Cueillir les inflorescences de juin à août. Sécher à l'ombre au-dessous de 35°.
MENTHE POIVRÉE **149**		*Composants :* huile essentielle au menthol et menthone, jasmone, tanin (acide labiatique), principe amer. *Effet :* carminatif, antispasmodique, active la sécrétion et la circulation de la bile.	Cueillir les feuilles à la floraison (juin-août) par temps sec et ensoleillé. Sécher à l'ombre au-dessous de 35°.
MERISIER **184**		*Composants :* prunasine (glucoside hydrocyanique), émulsine (enzyme), acide coumarique, tanin, scopolétine, traces d'huile essentielle. *Effet :* expectorant, calme les toux irritantes.	Ramasser l'écorce sur des jeunes troncs en été et en automne (juillet-octobre). Retirer l'écorce extérieure, conserver l'aubier. Le sécher délicatement à l'ombre.
MILLEPERTUIS OFFICINAL **127**		*Composants* : huile essentielle, flavonosides, hypérine, rutine, hypericine (pigment rouge), tanin, pectine, choline. *Effet :* cicatrisant, anti-inflammatoire, astringent, antidépressif.	Cueillir les tiges florales entières ou les inflorescences, en été (juin-août). Les fleurs peuvent être ouvertes partiellement ou bien épanouies. Sécher rapidement à l'ombre.
		Composants .' voir tiges ci-dessus. *Effet :* voir tiges.	Les utiliser fraîches pour faire l'huile de millepertuis.
MONARDE ECARLATE **151**		*Composants :* huile essentielle au phénolène, tanin, principe amer, anthocyane de monardéine. *Effet :* apéritif léger, combat la flatulence, régulateur menstruel, léger, diurétique.	Cueillir fleurs et rameaux à la floraison (juillet-septembre). Sécher à l'ombre à moins de 35°.
MOUSSE D'IRLANDE **55**		*Composants :* mucilage, protéines, acides aminés, un peu d'iode, bromine, sels de manganèse. *Effet :* calme les muqueuses, laxatif.	Ramasser les algues déposées sur la plage ou les récolter à marée basse. Nettoyer. Sécher au soleil en mouillant fréquemment.
MOUSSE D' ISLANDE **52**		*Composants :* mucilage, surtout de la lichénine, acides fumariques amers (cétrarinine, acide protolichenstérique, acide fumarique), usnine, un peu d'iode. *Effet :* calme l'irritation des muqueuses, stimule l'appétit et la digestion, antiseptique léger, nourrissant.	Ramasser le lichen tout au long de l'année, mais de préférence de mai à septembre par temps sec. Retirer les impuretés (autres lichens et mousses). Sécher à l'ombre ou au soleil.
MOUTARDE NOIRE **37**		*Composants :* allyle (huile de moutarde), myrosinase (enzyme), huile grasse, protéine, acide phytinique, sinapine, mucilage. *Effet :* irrite la peau, rubéfiant, stimule localement la circulation.	Cueillir les gousses noires et mûres vers la fin de l'été (août-septembre). Faire tomber les graines (par battage pour les cultures extensives). Sécher en couche mince. Remuer fréquemment.
MUGUET **68**		*Composants :* convallamarine, convallatoxine, convalloside (glucosides cardiaques), convallarine et acide convallarique (saponines) asparagine, acide chélidonique et autres acides organiques. *Effet :* stimule le muscle cardiaque, diurétique, fort irritant de l'estomac et de l'intestin (doses excessives).	Cueillir les feuilles à la floraison (mai-juin). Sécher à l'ombre ou à la chaleur artificielle à environ 60°.
		Composants : glucosides cardiaques (voir feuilles) mais en plus grande proportion, huile essentielle au farnesol. *Effet :* voir feuille (ci-dessus).	Cueillir les fleurs épanouies en mai-juin. Sécher à l'ombre ou à la chaleur artificielle (60°).

Plante		Composants et effet	Récolte et conservation
		Composants : voir feuilles et fleur. *Effet :* voir feuilles.	Cueillir la plante à la floraison. Sécher à l'ombre ou à la chaleur artificielle (60°).
MYRTILLE **237**		*Composants :* tanin, flavone, glucoquinine, arbutine, hydroquinone (contesté). *Effet :* réduit légèrement le taux de sucre dans le sang.	Cueillir les feuilles avant la maturité des fruits (juin-juillet). Sécher à l'ombre au-dessous de 55° ou au soleil.
		Composants : sucre inversé, acides organiques, myrtilline, tanin, pectine, vitamines B et C. *Effet :* astringent, diurétique, soigne la diarrhée.	Ramasser les baies mûres. Sécher à plat à l'ombre ou au soleil. Utiliser les baies fraîches pour extraire le jus.
NOIX VOMIQUE **221**		*Composants :* alcaloïdes indoliques (strychnine, brucine). *Effet :* stimule les sécrétions gastriques, tonique.	Cueillir les fruits mûrs (époque variant selon les régions).
NOYER **131**		*Composants :* tanins, juglone, flavonosides huiles essentielles. *Effet :* astringent, anti-inflammatoire.	Cueillir les feuilles au début de l'été (mai-mi juin). Sécher rapidement à l'ombre au-dessous de 40°. Séchées trop lentement, elles deviennent brun-noir.
OLIVIER D'EUROPE **154**		*Composants :* huile grasse à acide oléique, acide linoléique, acide palmitique, acide stéarique, acide arachidique, quelques acides gras, phytostérine, traces de lécithine, enzymes, principe amer, pigment. *Effet :*calmant, anti-inflammatoire, laxatif, stimule la sécrétion de la bile.	Cueillir les olives noires et mûres à la fin de l'automne et en hiver (novembre-janvier). L'huile s'extrait par pression. Plusieurs pressions à différentes températures.
		Composants : oléoside (glucoside), principe jamer, oléuropéine, etc., choline, flavonosides, acides organiques, chinaalcaloïdes, tanin, carotènes, traces d'huile essentielle. *Effet :* hypotenseur, antispasmodique, vasodilatateur, astringent.	Cueillir les feuilles toute l'année, de préférence par temps chaud (mai-octobre). Sécher à l'ombre ou au soleil.
ORIGAN **156**		*Composants* : huile essentielle au thymol, carvacrol, acides, tanin, principes amers. *Effet :* astringent, expectorant, stimule la bile.	Cueillir à la floraison (juillet-septembre). Retirer les tiges épaisses. Sécher à l'ombre au-dessous de 35°.
ORME **233**		*Composants* : mucilage, tanin, principe amer. *Effet* : calme les irritations, astringent, anti-inflammatoire.	Recueillir l'écorce des jeunes branches au printemps, avant l'apparition des bourgeons. Retirer l'écorce extérieure. Sécher au soleil ou à la chaleur artificielle.
GRANDE ET PETITE ORTIES **235**		*Composants :* toxine d'ortie, histamine, acide formique, chlorophylle, glucoquinine, fer, vitamine C. *Effet :* aide à l'élimination de l'acide urique, hydragogue léger, stimule le métabolisme, en usage externe épispastique et anti-rhumatismal.	Cueillir les feuilles des jeunes plants (30-35 cm) à la fin du printemps ou au début de l'été. Sécher rapidement à l'ombre au-dessous de 50°. Ramasser les jeunes pousses comme légume (mars-avril).
		Composants : tanin, sels minéraux. *Effet :* astringent.	Déterrer rhizome et racines en automne. Sécher au soleil ou à la chaleur artificielle.
		Composants : voir feuilles (ci-dessus). *Effet :* voir feuilles.	Cueillir les plantes à la floraison. Sécher à l'ombre au-dessous de 50°.
GRANDE OSEILLE ET PATIENCE CRÉPUE **199**		*Composants :* composés d'antraquinone (émodine), acides, tanin. *Effet :* purgatif.	Déterrer à la fin de l'été ou en automne (août-octobre). Sécher à 50-70°. Les parties les plus grosses, étalées, peuvent sécher au soleil.
		Composants : tanin. *Effet* : soigne la diarrhée.	Cueillir les fruits mûrs et secs (graines), de juillet à septembre.
PAPAYE **44**		*Composants :* pectines, ferments dissolvants de l'albumine, acides organiques, résines, vitamines A, B, C, huile essentielle. En jus laiteux nombreux ferments (notamment de la papaïne), phospholipides gras, peptides, acides aminés libres. *Effet:* aide à digérer les graisses, les protéines et les hydrates de carbone, vermifuge.	Le jus laiteux s'extrait en fendant délicatement le fruit vert. Il s'écoule lentement sur des tissus tendus au-dessous. Le latex coagulé est séché au soleil ou à la chaleur artificielle. Il peut ensuite être réduit en poudre.

Plante	Composants et effet	Récolte et conservation
PASSIFLORE **160**	*Composants :* harmine, harman, harmol, etc. (alcaloïdes), mélange de stérol, glucosides de flavone. *Effet* : calmant léger, antispasmodique.	Cueillir les feuilles à la floraison (mai-juillet) ou les feuilles et les fruits après la floraison (juillet-septembre). Sécher à l'ombre.
PAVOT **159**	*Composants :* environ 40 % d'alcaloïdes (morphine), codéine, papavérine, narcotine, thébaïne, etc.), albumine, caoutchouc, résines, sucre, graisses, mucilage, cire. *Effet :* puissant analgésique, anesthésique, antispasmodique, arrête la diarrhée, accoutumance.	L'opium brut s'extrait en fendant la capsule encore verte du pavot. Le jus laiteux qui s'en écoule durcit à l'air et on le racle le lendemain pour le ramasser.
	Composants : alcaloïdes opiacés en moindre quantité *Effet :* sédatif léger, somnifère.	Cueillir les tiges et les feuilles à la floraison (juin-août). Sécher à l'ombre.
PENSEE SAUVAGE **243**	*Composants :* saponines, flavones, composés alicyliques, tanin, mucilage. *Effet :* diurétique, fébrifuge, expectorant.	Cueillir à la floraison (juin-août). Sécher rapidement à l'ombre.
PERSIL **162**	*Composants :* huile essentielle à l'apiol, myristioïne, pinène et autres terpènes, apiine (glucoside de flavone), bergaptène de furanocoumarine, huile grasse à acide pétrosélénique. *Effet :* digestif, carminatif, diurétique, stimule l'utérus.	Ramasser les graines d'août à septembre. Couper les ombelles avant la complète maturité (les fruits mûrs tombant facilement), étaler et laisser sécher à l'ombre.
	Composants : huile essentielle, apiine, bergaptène, isoimpératorine, mucilage, sucre. *Effet :* voir fruit (ci-dessus), mais plus léger.	Déterrer la racine en automne (octobre-novembre) ou au printemps (avril). Sécher à l'ombre au-dessous de 40°.
PETASITE **161**	*Composants :* pétasine et S-pétasine, traces d'huile essentielle, inuline, pectine, mucilage, glucoside (principe amer), résine. *Effet :* antispasmodique, analgésique, dissout le mucus, diurétique et diaphorétique.	Déterrer le rhizome à la fin de l'été (août-septembre). Sécher à l'ombre ou au soleil.
	*Composants :*traces d'huile essentielle, mucilage, tanin, albumine, résine, pétasine. *Effet :* voir rhizome (ci-dessus).	Cueillir les feuilles en été (juin-juillet). Sécher à l'ombre.
PEUPLIER NOIR **179**	*Composants :* huile essentielle, flavones, populime, salicine (phénolglucosides et tanins). *Effet :* diurétique, anti-inflammatoire, arrête les démangeaisons.	Cueillir les très jeunes pousses au printemps, avant l'apparition des bourgeons.
	Composants : phénolglucosides, huile essentielle, pigment jaune, glucosides. *Effet :* fébrifuge, antirhumatismal, diurétique.	Récolter l'écorce des jeunes branches, avant l'apparition de bourgeons (mars-avril). Sécher rapidement à l'ombre.
	Composants : voir écorce (ci-dessus). *Effet :* voir écorce.	Cueillir les feuilles jusqu'au début de l'été (mai-juin). Sécher à l'ombre.
PHYTOLACCA **167**	*Composants* saponine, acide formique, tanin, phytolaccine (peu étudiée), huile grasse, résine, sucre. *Effet :* stimule le métabolisme, fort purgatif, anesthésique, émétique, irritant cutané	Déterrer la racine à la fin de l'automne (octobre-novembre). Bien nettoyer. Couper en rondelles. Sécher à l'ombre ou au soleil.
PIMENT **42**	*Composants* : capsaïcine. carotènes, flavones, vitamine C, traces d'huile essentielle, sucre. *Effet :* irritant cutané, localement augmente le flux sanguin, active le péristaltisme.	Récolter les fruits mûrs (fin juillet-septembre). Sécher à l'ombre, à la chaleur, mais au-dessous de 35° Le fruit, le calice et le pétiole peuvent être ensuite réduits en poudre.

Plante		Composants et effet	Récolte et conservation
PIN SYLVESTRE **171**		*Composants :* huile essentielle à terpènes, pinipicrine (principe amer), tanin, résine, vitamine C (à l'état frais). *Effet :* ralentit la sécrétion des bronches, désinfectant, diurétique léger, tonique.	Cueillir les jeunes bourgeons et les jeunes pousses au printemps (avril-mai). Sécher à l'ombre.
		Composants : voir bourgeons (ci-dessus). *Effet :* voir bourgeons.	Ramasser les aiguilles au printemps ou durant le reste de l'année. Sécher à l'ombre.
		Composants : acides résiniques, huile essentielle. *Effet :* ralentit la sécrétion des bronches, antiseptique, irrite les reins, épispastique en usage externe, augmente le flux sanguin.	On extrait la résine en incisant le tronc des arbres après en avoir retiré l'écorce. On en tire ensuite la thérébentine et la collophane.
PISSENLIT **224**		*Composants :* taraxacine (principe amer), alcool de céryl, lactucérol, tanin, traces d'huile essentielle, inuline, choline, taraxacerine cireuse, sucre, résine, acides. *Effet :* diurétique, stimule la sécrétion de la bile, des sucs gastriques et du pancréas, tonique.	Déterrer les racines au printemps (mars-avril) ou en automne (août-septembre). Sécher à l'ombre ou au soleil.
		Composants : taraxacine, alcool de céryl, lactucérol, taraxacérine, inosite, choline, vitamines A et B, acide nicotinique, arnidiol et faradiol. *Effet :* voir racine (ci-dessus).	Cueillir les feuilles du printemps à la fin de l'été (avril-août). Sécher à l'ombre. Pour manger en salade cueillir les jeunes feuilles au printemps (mars-avril), avant la floraison.
PLANTAIN LANCEOLE **174**		*Composants :* aucubine (glucoside) tanins, mucilage, acides chlorogénique et ursolique, potassium, acide silicique. *Effet :* expectorant, calme les irritations, protège les muqueuses, astringent.	Cueillir les feuilles à la floraison (mai-septembre). Sécher rapidement au soleil ou à l'ombre entre 30 et 50°. Séchées lentement elles changent de couleur et perdent leurs propriétés.
		Composants : voir feuille (ci-dessus). *Effet :* voir feuille.	Cueillir la plante à la floraison. Sécher comme les feuilles.
PODOPHYLLUM **175**		*Composants :* résine (podophylline) contenant de la podophyllotoxine et des glucosides, huile grasse, cire, amidon, oxalate de calcium. *Effet* : fort purgatif, vermifuge, stimule la bile, inhibiteur de la division de cellules (inhibiteur de certains cancers).	Déterrer le long rhizome à l'automne, après la maturité des fruits (octobre-novembre). Laver et couper en morceaux de 10 cm. Sécher à la chaleur.
POIVRE D'EAU **177**		*Composants :* huile essentielle au tadéonal et terpènes, composés de flavone (rutine et rhamnazine), tanin. *Effet :* styptique, diurétique.	Cueillir à la floraison (juillet-septembre). Sécher à l'ombre au-dessous de 45°.
POLYGALA **176**		*Composants :* saponines, acide salicylique, salicylate de méthyl, huile grasse, mucilage, résine. *Effet :* expectorant.	Déterrer les racines en automne (septembre-octobre). Retirer tiges et feuilles. Nettoyer. Sécher à l'ombre ou au soleil.
POLYPODE VULGAIRE **178**		*Composants :* principe amer de glycol, saponine, mucilage, traces d'huile essentielle, sucre, résine. *Effet :* calme la toux, expectorant, vermifuge, purgatif léger, stimule la bile.	Déterrer en automne (septembre-novembre). Replanter le haut du rhizome. Sécher à l'ombre ou au soleil.
POTENTILLE ANSERINE **180**		*Composants :* tanin, flavone, acides organiques, stéarines, choline, principe amer, substances inconnues à action spasmolytique. *Effet :* astringent, combat l'inflammation.	Cueillir à la floraison (mai-août) de préférence avant août. Sécher à l'ombre.
POTENTI LLE TORMENTILLE **181**		*Composants :* très haute teneur en tanin, rouge de Tormentille, un peu d'huile essentielle. *Effet* : contracte les muqueuses.	Récolter en été ou au début de l'automne (juin-septembre), le matin si possible. Sécher rapidement au soleil.
POULIOT D'AMÉRIQUE **116**		*Composants :* huile essentielle au menthone et pulégone, flavone, tanin, acides. *Effet :* stimule la digestion et la circulation de la bile, antirhumatismal.	Cueillir à la floraison (juillet-août). Sécher à l'ombre.

Plante	Composants et effet	Récolte et conservation
PRELE DES CHAMPS **84**	*Composants :* acide silicique, saponine, glucoside de flavone, acides organiques, nicotine, palustrine. *Effet* : active le processus de cicatrisation, diurétique léger.	Cueillir la plante en été, sans fruits, de juin à août. Eviter les plants tâchés de brun (champignons parasites). Sécher à l'ombre (ils doivent rester verts).
PRIMEVERE ELEVEE ET PRIMEVERE OFFICINALE **182**	*Composants :* acide A primulique et autres saponines, huile essentielle, alcool de sucre, volemite. *Effet :* expectorant, diurétique.	Déterrer les racines avant ou pendant la floraison (mars-mai). ou en automne (octobre). Bien laver. Sécher à l'ombre ou au soleil.
	Composants : saponines, flavonosides, huile essentielle, carotènes, pigments. *Effet :* comme la racine mais moins fort.	Cueillir les fleurs et leur calice vert de mars à mai. Sécher rapidement à l'ombre.
	Composants : flavonosides, huile essentielle, icarotènes, pigments. *Effet* : sédatif léger.	Cueillir les corolles sans le calice, de mars à mai. Sécher rapidement à l'ombre.
PRUNELIER **185**	*Composants :* traces de glucosides peut-être de l'amygdaline, composés de coumarine. *Effet* : purgatif léger, diurétique, stimule le métabolisme.	Ramasser les fleurs au printemps (avril-mai). Sécher à l'ombre.
PULMONAIRE OFFICINALE **186**	*Composants :* mucilage, acide silicique, tanin, saponines allantoïne, glucosides (quercetine et Kampférol), vitamine C, sels minéraux. *Effet :* expectorant, calmant léger, diurétique léger, astringent, liant.	Cueillir les rameaux à la floraison (mars-mai). Sécher à l'ombre ou au soleil.
QUINQUINA **59**	*Composants :* alcaloïdes (quinine, quinidine et de nombreux alcaloïdes secondaires), tanins, principes amers, acide quinique. *Effet :* stimule la sécrétion des sucs gastriques, tonique. Quinine : fébrifuge et analgésique. Quinidine : agit sur le cœur.	Il y a diverses manières de récolter l'écorce abattage et décorticage d'arbres âgés de 6 à 8 ans, ou décorticage sur pied, ou par déterrage de plants épais à 6 à 7 ans. Ecorce séchée au soleil ou à la chaleur artificielle.
SALICAIRE COMMUNE **142**	*Composants :* tanins, glucoside, salicarine, mucilage. traces d'huile essentielle, résine. *Effet :* astringent cicatrisant.	Cueillir le bout des tiges à la floraison (juin août). Sécher à l'ombre.
SALSEPAREILLE **216**	*Composants :* parilline et sarsaponine (saponines), Glucosides, sitostérol, stigmastérine, traces d'huile essentielle, résine, sucre, graisse. *Effet :* diurétique, diaphorétique	Déterrer rhizome et racines tout au long de l'année. Retirer le rhizome, nettoyer les racines et sécher à l'ombre ou au soleil.
SANGUINARIA **205**	*Composants* : chélidonine, sanguinarine, berbérine, chelerythrine, etc. (alcaloïdes). *Effet :* expectorant, émétique, pour usage externe (maladies de peau).	Déterrer le rhizome et les racines au début de l'été (mai-juin) ou en automne lorsque les feuilles sont fanées (septembre-novembre). Sécher délicatement à l'ombre ou au soleil.
SANICLE D'EUROPE **206**	*Composants :* saponines, un peu d'huile essentielle, tanin, principe amer, allantoïne. *Effet :* anti-inflammatoire, cicatrisant, expectorant.	Cueillir feuillage et fleurs en mai-juillet. Sécher à l'ombre.
	Composants : voir tige (ci-dessus). *Effet :* voir tige.	Cueillir les feuilles à la floraison (mai-juillet). Sécher à l'ombre.
SAPONAIRE OFFICINALE **207**	*Composants :* saponines. *Effet* : expectorant, diurétique léger, laxatif, stimule le métabolisme de la peau.	Déterrer le rhizome et les racines au printemps (avril) ou en automne (septembre-octobre). Sécher au soleil ou à la chaleur artificielle.
	Composants : saponines, *Effet :* voir rhizome (ci-dessus) effet plus faible.	Cueillir fleurs et feuilles à la floraison (juillet-septembre). Sécher au soleil ou à l'ombre.
SASSAFRAS **208**	*Composants* : huile essentielle au safrol, tanin, résine. *Effet* : diurétique, diaphorétique, stimule le métabolisme de la peau.	Abattre les arbres au printemps avant l'apparition des bourgeons ou à l'automne après la chute des feuilles.
	Composants : voir rhizome (ci-dessus). *Effet* : voir rhizome.	Écorcer les racines. Faire sécher l'écorce intérieure à l'ombre ou la chaleur modérée.

Plante	Composants et effet	Récolte et conservation
SAUGE OFFICINALE **202**	*Composants :* huile essentielle au thuyone, linalol, camphre, bornéol, acides triterpénique, oléanolique et ursolique, acide labiaténique, principes amers, flavones, résine, substance oestrogène. *Effet :* astringent, anti-inflammatoire. Antiseptique, réduit la sécrétion des glandes sudoripares.	Cueillir les feuilles juste avant ou au tout début de la floraison, par temps sec et ensoleillé (mai-juillet). Sécher à l'ombre au-dessous de 35°.
SAULE BLANC **201**	*Composants :* salicine et autres phénoglucosides, enzyme. tanin, résine, oxalate. *Effet* : fébrifuge, antirhumatismal, antinévralgique, antiseptique, astringent.	Recueillir l'écorce sur les jeunes branches (2-5 ans) au printemps, à l'apparition des bourgeons (avril-mai). Sécher à l'ombre au-dessous de 35°.
SCILLE MARITIME **234**	*Composants* : glucosides cardiaques (scillarène A. glucoscillarène A. proscillaridine A), mucilage, tanin, un peu d'huile essentielle, huile grasse. *Effet* : diurétique, stimule le muscle cardiaque, régularise le rythme cardiaque.	Déterrer le bulbe de l'espèce blanche après la floraison et avant la chute des feuilles (septembre). Retirer la couche extérieure brune et les parties gluantes de l'intérieur. Couper la pulpe du centre en lanières. Sécher au soleil.
SCOPOLIA **209**	*Composants :* hyoscyamine, atropine, scopolamine, composés de coumarine (scopoline et scopolétine), choline, bétaïne. *Effet :* antispasmodique, narcotique, dilate les pupilles.	Déterrer les racines à l'automne après la chute des feuilles (octobre-novembre). Couper en long les racines les plus épaisses. Découper en morceaux de 10 cm. Sécher,
SCROPHULAIRE NOUEUSE **210**	*Composants :* saponines, glucosides (flavonides). *Effet :* purgatif léger, efficace pour certaines maladies de peau chroniques.	Cueillir les tiges à la floraison (juin-octobre). Sécher rapidement à l'ombre.
SEDUM ACRE **211**	*Composants :* rutine (flavonol), tanin, alcaloïdes, acides organiques, mucilage, caoutchouc. *Effet :* astringent, cicatrisant.	Cueillir feuilles et fleurs durant tout l'été (mai-août). Sécher au soleil ou à la chaleur artificielle.
SENE **47**	*Composants :* composés d'anthraquinone, flavonosides, acide tartrique, sels, mucilage, huile essentielle, résine, traces de tanin. *Effet :* purgatif, diminue les résorbtions intestinales.	Cueillir les feuilles de juin à décembre, tout de suite après la maturation des fruits. Effeuiller les folioles. Sécher au soleil.
	Composants : voir feuille (ci-dessus). *Effet :* purgatif plus léger que la feuille.	Cueillir les gousses selon leur degré de maturité. Sécher au soleil.
SENEÇON **213**	*Composants :* fuchisenecine, rutine (flavonol), huile essentielle. *Effet :* styptique.	Cueillir la plante à la floraison (juillet-août). Sécher à l'ombre.
SERENOA **214**	*Composants :* huile essentielle, huile grasse aux acides caprique, caprylique et laurique, acides gras, carotène, tanin, sitostérol, sucre inversé, substances estrogènes. *Effet :* calmant, diurétique.	Cueillir les fruits brun-rouge quand ils sont mûrs. Sécher à l'ombre.
SOPHORA	*Composants* : rutine (glucoside de flavone). *Effet :* fortifie les capillaires, styptique.	Cueillir les boutons de fleur en été (juillet-août). Sécher à l'ombre.
SOUCI COMMUN **40**	*Composant :* principes amers, un peu d'huile essentielle. Saponine, carotènes, pigments, xanthophylle, glucosides de flavone, alcool-triterpène, acides, mucilage. *Effet :* cicatrisant, anti-inflammatoire, favorise la sécrétion biliaire.	Cueillir les inflorescences entières ou seulement les pétales de juin à septembre. Sécher délicatement à l'ombre au-dessous de 35°. Eviter la chaleur artificielle.
	Composants : voir fleur (ci-dessus). *Effet :* voir fleur	Cueillir à la floraison (juillet-septembre). Sécher à l'ombre au-dessous de 35°.
STRAMOINE **77**	*Composants :* yoscyamine, scopolamine, atropine (alcaloïdes). tanin, traces d'huile essentielle, acides. *Effet* : antispasmodique, calmant, anesthésique inhibiteur des sécrétions	Cueillir les feuilles à la floraison (juillet-septembre), de préférence tôt le matin, Sécher au soleil ou à la chaleur artificielle (jusqu'à 60°).

Plante	Composants et effet	Récolte et conservation
	Composants : mêmes alcaloïdes que la feuille (ci-dessus) plus une huile grasse. *Effet :* voir feuille.	Ramasser les graines noires et mûres au début de l'automne, dès que les capsules commencent à éclater.
STROPHANTUS **220**	*Composants :* k-strophantine, mélange glycolisé (glycol k-strophanthoside, k-strophanthine-beta, coumarine, etc.). trigonelline (alcaloïde). choline, huile grasse. enzyme, saponine, résine, mucilage. *Effet :* stimule le cœur, diurétique.	Cueillir les fruits encore fermés au moment où ils commencent à mûrir. Retirer la peau et faire sécher jusqu'à ce que les capsules éclatent. Retirer les graines, les dégager des aiguilles.
SUREAU NOIR **204**	*Composants :* composés de rutine de flavone isoquercitrine, Kampferol, etc., glucoside hydrocyanique, sambunigrine. tanins, huiles essentielles, *Effet :* diaphorétique, fortifie et accroît les résistances naturelles.	Cueillir les ombelles en fleur en juin-juillet. Sécher délicatement à l'ombre au-dessous de 40°. Faire tomber les petites fleurs avec un peigne ou avec les doigts.
	Composants : sucre inversé, acides de fruit, tanin, vitamine C. pigments anthocyaniques, traces d'huile essentielle. *Effet :* laxatif, diurétique, diaphorétique.	Récolter les baies mûres à l'automne (septembre). Sécher à l'ombre ou à la chaleur artificielle.
TANAISIE COMMUNE **56**	*Composants :* huile essentielle (souvent au thuyone), tanacetine I et II (principes amers). glucosides, résine. graisse, sucre, carotènes. *Effet* : apéritif, digestif, vermifuge.	Cueillir les fleurs de juin à septembre. Sécher à l'ombre au-dessous de 35°.
THE DE JAVA **157**	*Composants :* saponine, sapophonine, huile essentielle, glucosides à principe amer, orthosiphonine, beaucoup de sels de potassium, urée, acides organiques. *Effet :* diurétique, antispasmodique léger, accroît la sécrétion et la circulation de la bile. hypotenseur.	Cueillir les feuilles et l'extrémité des tiges pendant la floraison (juillet-août) sur des plants sur le point de fleurir ou en tout début de floraison. Sécher à l'ombre.
THYM **226**	*Composants :* huile essentielle au thymol et carvacrol, cymol. linalol, bornéol, tanin, principe amer, flavonosides, acides triterpéniques. *Effet :* antispasmodique; calme les toux irritantes, désinfectant, digestif.	Cueillir les branches en fleur de juin à août, par temps sec et ensoleillé. Sécher à l'ombre au-dessous de 35°.
	Composants : voir tige (ci-dessus). *Effet :* voir tige.	Cueillir les branches entières avant la floraison (mai). Sécher à l'ombre au-dessous de 35°. Faire tomber les petites feuilles après le séchage.
TILLEUL A GRANDES FEUILLES ET TILLEUL DES BOIS **227**	*Composants :* huile essentielle au farnésol, mucilage, flavones, hespéridine, etc., coumarine (fraxoside), vanilline, acides carboxyliques. *Effet :* diaphorétique, sédatif léger.	Cueillir les fleurs au début de la floraison, en été (juin-juillet), par temps sec. Sécher délicatement à l'ombre au-dessous de 35°.
TREFLE D'EAU **150**	*Composants :* principes amers, ményanthine, alcaloïdes, tanin, pectine, saponine, traces d'huile essentielle, huile grasse, flavones. *Effets :* stimule les glandes digestives, cholérétique.	Cueillir les feuilles de mai à juin, pendant la floraison, Sécher rapidement à l'ombre.
TRILLIUM **229**	*Composants :* trilline et trillarine (glucosides), tanin, résine, traces d'huile essentielle, huile grasse, saponine, amidon. *Effet :* astringent, styptique.	Déterrer le rhizome à la fin de l'été (août) ou après la chute des feuilles (octobre). Sécher à l'ombre ou au soleil.
TUSSILAGE **232**	*Composants :* mucilage, rutine et taraxanthine (pigment) arnidiol et faradiol (phytostérols), tanin, huile essentielle. *Effet* : expectorant, dissout le mucus, calme l'irritation.	Cueillir les fleurs avant la complète floraison (fin février-avril). Sécher délicatement à l'ombre.
	Composants : mucilage, beaucoup de tanin, glucoside (principe amer), inuline, sitostérol, salpêtre. *Effet* : expectorant, dissout le mucus, astringent, anti-inflammatoire.	Cueillir les feuilles au début de l'été (mai-juin). Sécher à l'ombre. Les feuilles fraîches peuvent s'utiliser jusqu'en automne.

Plante		Composants et effet	Récolte et conservation
USNEE **236**		*Composants :* acide fumarique amer. *Effet :* accroît la résistance naturelle aux infections, stimule l'appétit.	Récolte possible tout au long de l'année. Sécher dans un endroit chaud.
VALERIANE OFFICINALE **238**		*Composants :* huile essentielle, valepotriates (composés de valériane), alcaloïdes. *Effet :* réduit la tension nerveuse, relaxe les muscles, arrête les spasmes.	Déterrer à l'automne (septembre-octobre). Bien laver les racines, les peigner avec un gros peigne et les sécher à l'ombre.
VARECH **96**		*Composants :* iode, mucilage, sucre, bromine. *Effet* : stimulant de l'activité thyroïdienne.	Récolte possible tout au long de l'année. Sécher délicatement.
VERGE D'OR **218**		*Composants :* saponine, huile essentielle, principe amer, catéchine (tanin), flavonosides, acides. *Effet* : stimule les sécrétions rénales, hydragogue, anti-inflammatoire, cicatrisant.	Cueillir à la floraison (juillet-octobre), de préférence sur des plants où les fleurs ne sont pas encore épanouies. Sécher à l'ombre au-dessous de 40°.
VERGERETTE DU CANADA **85**		*Composants :* Huile essentielle avec tanin, flavone, acide gallique. *Effet* : contracte les muqueuses.	Cueillir à la floraison (juin-octobre). Sécher rapidement à l'ombre.
VERVEINE CITRONNELLE **12**		*Composants :* huile essentielle au citral, limonène, dipentène, linalol, etc. *Effet :* digestif, antispasmodique léger, calmant.	Cueillir les feuilles et les extrémités florales à la floraison, par temps ensoleillé (juillet-août). Sécher à l'ombre au-dessous de 35°.
VIGNE **246**		*Composants :* tanin, inosite. acides organiques, choline, sels minéraux, composés de borine, glucoside de flavone. *Effet* : stimule la fonction hépatique, stimule le métabolisme, astringent.	Cueillir les feuilles non traitées tout au long de l'été. Sécher à l'ombre.
		Composants : acides tartrique et malique, sels minéraux, dextrose, fructose, pectine, tanin, glucoside de flavone, pigment, vitamine A, B, C. *Effet :* laxatif, diurétique, tonique.	Cueillir les grappes mûres (septembre-octobre). Utiliser frais, en jus.
VIOLETTE ODORANTE **242**		*Composants :* saponine, huile essentielle au salicylate de méthyle. *Effet :* dissout le mucus, expectorant.	Déterrer le rhizome à la fin de l'été (août-septembre). Sécher à l'ombre.
		Composants : saponine, traces d'huile essentielle au salicylate de méthyle, mucilage. *Effet :* voir rhizome.	Cueillir les feuilles et les fleurs au printemps (mars-avril). Sécher à l'ombre.
VIORNE **241**		*Composants :* amentoflavone, scopolétine et aesculétine (coumarines), arbutine, acides olaénolique et ursolique, stérol. *Effet :* antispasmodique, calmant.	Recueillir l'écorce des jeunes et des vieilles branches au printemps et en été. Sécher à l'ombre. Récolter l'écorce du tronc et des racines en automne après la chute des feuilles. Déterrer les plants, retirer l'écorce et la sécher à l'ombre.

L'héritage de la médecine traditionnelle

L'arbre de la connaissance du bien et du mal symbolise la force et le pouvoir des plantes : « car le jour ou tu en mangeras, tu mourras certainement. » (Génèse 2 : 17)

Les plantes ont toujours été essentielles dans l'alimentation de l'homme. Elles ont également pourvu bien d'autres nécessités, notamment thérapeutiques. Pendant des millénaires, les seuls remèdes connus furent d'origine végétale et cet usage n'a pas entièrement disparu. Dans les campagnes, chez les minorités ethniques de nos sociétés modernes, ce type de médecine est encore très pratiqué, représentant pour les plus défavorisés un complément ou une alternative au médecin souvent inaccessible. Elle est également très florissante dans les cultures aborigènes pour qui les plantes sont le seul moyen de se soigner.
Nous devons beaucoup cette tradition qui fut la source de toutes nos connaissances concernant les herbes médicinales. Ce riche savoir, accumulé au cours des siècles, est l'origine d'une discipline scientifique toute récente : l'ethnopharmacologie ou étude critique des médecines traditionnelles. Si l'identification des plantes pharmacologiquement actives et de leurs dérivés est encore loin d'être exhaustive, elle est néanmoins fort étendue. La science cependant a encore énormément à apprendre des guérisseur et autres praticiens de thérapeutiques populaires. Il ne faut surtout pas laisser s'éteindre cette riche source de savoir!
Les cultures aborigènes encore vivantes aujourd'hui (que ce soit en Afrique, en Asie ou ailleurs) sont en train de disparaître et avec elles toute une connaissance et toute une pratique des plantes médicinales. Il est encore temps d'étudier ces traditions qui, par le passé, ont apporté d'importantes contributions la pharmacologie et peuvent encore beaucoup lui apprendre.

Les sociétés préhistoriques

Les matériaux archéologiques d'origine végétale qui ont pu être recueillis dans différentes parties du globe permettent de penser qu'après la nourriture, la construction et le textile, les plantes médicinales ont eu une importance primordiale.
En Irak, des découvertes faites sur le site de Shanidar semblent indiquer que les hommes de Néanderthal de cette localité possédaient déjà une pharmacopée rudimentaire. D'après des pollens recueillis dans des fouilles, on a pu identifier huit espèces de plantes, dont sept sont toujours utilisées en médecine traditionnelle dans cette region (et dans d'autres régions d'Asie). Dans ces sépultures vieilles de 60 000 ans, on a retrouvé des restes d'achilée *(Achillea)*, de rose trémière *(Althea)*, de séneçon *(Senecio)*, de muscaris

Des fouilles effectuées à Shanidar en Irak, laissent à penser que des peuples préhistoriques d'il y a 60 000 ans avaient une certaine connaissance des plantes médicinales, ce qui nous obligerait à réestimer les capacités intellectuelles des hommes de Néanderthal.

(Muscari), de centaurée *(Centaurea)* et d'éphèdre *(Ephedra)*. Ralph Solecki, directeur des fouilles, pense que le fait d'avoir trouvé tant de plantes aux propriétés médicinales reconnues conduit à réévaluer l'étendue de l'intelligence des Néanderthaliens et à reconnaître qu'ils possédaient peut-être des connaissances déjà précises sur les propriétés thérapeutiques de leur flore environnante.

Des tombes péruviennes, précédant de deux mille ans l'apogée de l'Empire Inca (il y a environ deux mille cinq cents ans), renfermaient des sacs remplis de feuilles de coca et de lliptu (chaux utilisée comme additif à la chique de coca). Des feuilles de cette même plante découvertes dans des momies inca vieilles de quinze cents ans ont été examinées et on y a décelé la présence persistante d'alcaloïdes. La pratique de chiquer la coca était très répandue en Amérique préhispanique, de la Colombie du Nord aux Andes, en passant par les régions adjacentes de l'Amazonie jusqu'au versant est des Andes argentines. Tout comme aujourd'hui, on utilisait la coca pour ses effets narcotiques et stimulants. Elle avait également de nombreux usages thérapeutiques. Cependant, pour tous les hallucinogènes et narcotiques sacrés, il est difficile de séparer les rôles proprement psychotropes de l'usage médical (dans le sens aborigène de « médecine »).

Le Code d'Hammourabi (1 700 av. J-C.). un des plus anciens documents écrits, mentionne des plantes médicinales.

Au Mexique, à Coahuila, des fouilles entreprises dans des abris sous roche couvrant huit mille années d'occupation humaine, ont révélé des haricots à mescal, des peyotls et des graines de marronnier mexicain. Toutes ces plantes, peut-être utilisées comme remèdes par les anciens habitants, renferment des principes actifs. Le peyotl, aujourd'hui très employé comme hallucinogène, a sans doute joué un rôle rituel depuis les temps les plus reculés. Il est toujours très apprécié des Indiens du Mexique pour son action cicatrisante sur les coupures, blessures et contusions. Récemment, on lui a découvert des propriétés antibiotiques. Des alcaloïdes étaient toujours présents dans les peyotls séchés datant de 810-1070 et provenant de ce site. Il s'agit là, très vraisemblablement, du plus ancien matériau végétal jamais examiné chimiquement.

Les cultures de l'Antiquité

Les sources babyloniennes, égyptiennes, indiennes, chinoises, grecques ou romaines les plus anciennes mentionnent toutes des plantes médicinales.

Des idéogrammes sumériens datant de 2500 avant J.-C. énumèrent divers remèdes d'origine végétale, dont l'opium appelé « plante de joie ». La pharmacopée assyrienne comptait au moins deux cent cinquante espèces de végétaux.

Le document le plus ancien et le plus complet qui nous soit parvenu est le Code d'Hammourabi, roi de Babylone de 1728 à 1686 avant J.-C. De nombreuses stèles et pierres gravées demeurées intactes ont été déchiffrées. Plusieurs plantes médicinales y sont mentionnées, entre autres la réglisse, la casse, la jusquiame et des menthes.

Les Mésopotamiens ont consigné par écrit le nom de quelque deux cent cinquante végétaux à usage thérapeutique, dont le pavot, la belladone, la mandragore, la jusquiame, le chanvre, le safran, le thym, l'ail, l'oignon, la réglisse, la casse, l'asafoetida et la myrrhe.

A Karnak, en Égypte, des bas-reliefs montrent des herbes médicinales rapportées de Syrie au cours d'une expédition organisée par Thothemes II en 1500 avant J.-C. Les premiers documents écrits sur ce sujet ont été réalisés par les Égyptiens sur des rouleaux de papyrus, ancêtre du papier, faits avec la moelle d'un roseau du Nil. Le papyrus d'Ebers du 16° siècle

Sur ce bas relief d'Échet-Aton (XIVe siècle av. J-C.) on peut voir une reine égyptienne tenant une fleur de mandragore *(Mandragora officinarum),* plante que l'on croyait pourvue de nombreuses propriétés médicinales qui n'ont pas été jusqu'à présent confirmées par la science.

avant J.-C. est une compilation de textes plus anciens. Ce célèbre document énumère toute une série de remèdes, huit cent soixante-dix-sept exactement. Parmi les substances mentionnées on retrouve le chanvre, l'opium, l'encens, la myrrhe, l'aloès, le genièvre, les graines de lin, l'huile de ricin, le fenouil, la casse, le séné, le thym et le henné. De nombreuses préparations étaient faites à base de gommes et de résines végétales.

Il semble bien que les anciens Égyptiens connaissaient les antibiotiques : sur les plaies ulcérées ils appliquaient des cataplasmes de boue, vraisemblablement riche en actinomycètes, qui se développent dans la terre, produisant des substances antibiotiques. Le pain moisi était utilisé pour activer la cicatrisation, et il devait sans doute son efficacité à des champignons ou moisissures. Si la médecine moderne avait pris au sérieux de telles pratiques, il n'aurait pas été nécessaire d'attendre jusqu'aux années 1930 pour découvrir, de manière presque fortuite, les propriétés bactéricides des antibiotiques.

En Inde, médecine naturelle, superstition et métaphysique étaient étroitement imbriquées. Malheureusement, les documents les plus anciens ne remontent qu'à des traditions vieilles de trois mille cinq cents ans. Transmises oralement, de génération en génération, elles furent officiellement consignées par écrit dans les poèmes sacrés ou *Védas*. Le *Rig Véda,* par exemple, comprend des poèmes adressés au plus grand des remèdes, au Dieu Soma (récemment identifié comme *l'Amanita muscaria,* champignon hallucinogène) qui soulageait la douleur, décuplait l'énergie vitale et donnait des hallucinations.

Le *Chakra Samitha,* ouvrage plus tardif, mentionne plus de cinq cents remèdes d'origine végétale; ils dépassent donc en nombre ceux la pharmacopée égyptienne. Plusieurs préparations décrites dans ces textes furent adoptées plus tard par l'Égypte, puis la Grèce, pour aboutir enfin à la médecine populaire européenne.

Des plantes médicinales sont souvent citées dans les védas. On y signale entre autres la *Rauvolfia,* utilisée en Inde depuis près de quatre mille ans pour soigner les morsures de serpent, les troubles mentaux, l'épilepsie et d'autres maladies. Depuis une quarantaine d'années, cette même plante a créé une véritable révolution dans la médecine occidentale qui l'emploie comme hypotenseur et tranquillisant. C'est grâce à des chercheurs indiens travaillant sur la pharmacopée traditionnelle de leur pays que l'on a pu isoler la *réserpine,* principal alcaloïde de la *Rauvolfia*.

Le *Cannabis,* surtout connu aujourd'hui pour ses propriétés narcotiques, a une longue histoire thérapeutique. Des recherches récentes semblent indiquer que certains de ses cinquan-

Le silphion (représenté sur une pièce datant de 480 av. J-C.), espèce aujourd'hui totalement disparue, était très apprécié des anciens Grecs à la fois comme épice et comme plante médicinale. Il s'agissait d'un ombellifère, sans doute du genre *Thapsia.*

Indra, une des principales divinités védiques de l'inde ancienne, tire son extraordinaire pouvoir du *Soma.* Cette boisson, louée dans le *Rig Veda* comme hallucinogène et remède universel était peut-être un extrait d'Amanite tue-mouches *(Amanita muscaria).*

Miniature persanne du XIVe siècle : femme fumant du hashish (tiré du *Cannabis)* dans un hookah. Vers 2500 av. J-C. les Chinois utilisaient déjà des plantes médicinales.

te composants cannabinoliques (ou leurs équivalents semi-synthétiques) pourront jouer un rôle très important en médecine occidentale. Un des plus anciens cultigènes, le chanvre est utilisé de 5 manières différentes. En Chine, son usage thérapeutique est vieux de quatre mille huit cents ans, en Inde il date de trois mille cinq cents ans. Ces deux civilisations mentionnent ses propriétés curatives. L'Europe du Moyen Age le comptait parmi ses remèdes, et aux Etats-Unis en 1937, il entra officiellement dans la pharmacopée comme tranquilisant.
Il y a cinq mille ans, les Chinois utilisaient déjà pour soigner les troubles pulmonaires, une étrange liane du désert, sans feuilles, connue sous le nom de *ma-huang.* Le plus vieux traité de médecine chinoise, le *Pen Tsao* de Shen Nung, écrit vers 2900 avant J.-C. représentait la somme des usages et connaissances accumulés sur les plantes au cours des siècles. Mentionnant quelque trois cent soixante-cinq remèdes, il signalait les vertus du *ma huang :* en infusion, il améliorait la fonction urinaire, la circulation, faisait baisser la fièvre et calmait la toux. Il était particulièrement efficace pour traiter les maladies pulmonaires. L'alacaloïde éphedrine en fut isolé pour la première fois en 1880, mais ce n'est qu'en 1920 que des travaux pharmacologiques établirent ses propriétés à soulager l'asthme, le rhume des foins et le rhume tout court.

Les Chinois employaient couramment la rhubarbe comme laxatif léger, et la *Dichroa febrifuga* comme fébrifuge. L'huile de ricin, le camphre et le *cannabis* ou *ta-ma* étaient également importants dans leur pharmacopée. La chirurgie était peu pratiquée en Chine ancienne, mais au 3e siècle avant J.-C. Hua Tua aurait employé, dit-on, un mélange d'aconit et de chanvre pour endormir les patients devant subir une trépanation.

La lèpre a toujours terrorisé les hommes. On la considérait comme une maladie incurable et mortelle. Mais dès deux mille cinq cents ans avant J.-C., les Chinois et un peu plus tard les Indiens signalaient dans leur pharmacopée traditionnelle les vertus de l'huile de *Chaulmoogra.* C'est seulement en 1920 qu'un botaniste ayant pénétré à l'intérieur de la Chine l'identifia comme le produit de diverses espèces *d'Hydnocarpus.* La découverte de cette huile qui permettait de guérir la lèpre à ses débuts représente la première victoire remportée sur cette terrible maladie.

Bien qu'il ne s'agisse pas d'un document ethnobotanique, la Bible mentionne parfois des plantes médicinales.

La trentaine de végétaux cités comprend l'ail, l'oignon, le poireau, le laurier-rose, le cumin, l'olivier sauvage, le galbanum, le laurier, le mandragore, les menthes et les orties. Les Juifs, semble-t-il, utilisaient moins

Sur le tableau à droite, le vieux sage que nous voyons au premier plan offre un fruit à un enfant. Derrière lui est suspendue une petite gourde remplie d'un médicament.

les plantes que les autres peuples du Proche-Orient, nonobstant leur long séjour en Égypte et à Babylone.
La botanique médicale doit énormément à quatre sages de la Grèce antique. Hippocrate (fin du Vè - début du IVe siècle avant J.-C.), père de la médecine moderne, signala entre trois cents et quatre cents plantes thérapeutiques (peu de chose à côté de ce que connaissaient les Égyptiens). Il pensait aussi que, dans une large mesure, le corps humain se guérissait de lui même et qu'il suffisait de l'y aider un peu avec quelques remèdes et un régime adéquat. Il fut un des seuls *à* ne pas associer la démonologie aux propriétés thérapeutiques des végétaux. Aristote (384-322 avant J.-C.) signala les propriétés et les vertus connues des herbes médicinales de son époque. Théophraste (?-287 avant J.-C.), avant tout botaniste, décrivit de nombreuses plantes grecques et étrangères, mentionnant leurs divers usages. Pendant près de vingt siècles, son *Enquête sur les plantes* influença profondément les progrès de la botanique et de la médecine. Mais sans l'ombre d'un doute, le plus important de ces quatre hommes fut Dioscoride (1er siècle avant J.-C.). Son *De Materia Medica* donna le ton pour tous les grands ouvrages du Moyen Age traitant de végétaux et fut le prototype de nos pharmacopées modernes. Son influence fut toute puissante : jusqu'à la Renaissance cet ouvrage représenta l'autorité infaillible à la fois en médecine et en botanique. La version la plus ancienne, transcrite vers 512, est connue sous le nom de *Codex Juliana*. Une bonne partie des traditions phytothérapeutiques européennes est issue des écrits de Dioscoride.
Rome, contrairement à la Grèce, ne contribua pas beaucoup à la botanique médicale. Pline l'Ancien, dans son *Histoire Naturelle* (1er siècle), ne présente pas d'idées originales.
Le grand intérêt de son ouvrage est qu'il est composé d'une compilation d'environ deux mille traités écrits par quelque trois cent vingt-six Grecs et cent quarante-six Romains. Bien des pratiques de médecine traditionnelle mentionnées par Pline se retrouvent aujourd'hui dans le folklore d'Europe et d'Asie.

Les cultures du Moyen Age

Le Moyen Age hérita des connaissances antiques sur les plantes médicinales, savoir dont une partie s'est transmise jusqu'à nos jours. Les pratiques thérapeutiques européennes les plus anciennes faisaient déjà usage de Solanées comme la belladone, la jusquiame et la mandragore, actives par leurs alcaloïdes tropanes. Elles jouèrent aussi un grand rôle en sorcellerie; c'est sans doute pourquoi ces précieux végétaux ne furent acceptés dans la Pharmacopée de Londres qu'en 1809.
Au pays de Galles en Angleterre, dès le 10e siècle, on utilisait la digitale, remède cardiaque des plus connus. Ses propriétés cardio-toniques furent démontrées en 1775 par le Dr Withering qui découvrit son étonnant pouvoir de soigner les oedèmes après avoir constaté le résultat d'un traitement prescrit par des paysannes du Shropshire. Pour d'autres usages, cette plante faisait déjà partie de la Pharmacopée de Londres depuis 1650. Une des plus étonnantes contributions de la pharmacopée traditionnelle à la médecine moderne concerne l'Ergot de Seigle. Depuis l'Antiquité les médecins d'Asie connaissaient ce champignon parasite du seigle (et

ARISTOTE

THEOPHRASTE

DIOSCORIDE

Aristote, Théophraste et Dioscoride perpétuèrent la tradition médicale grecque. Jusqu'à la Renaissance, Dioscoride (1er s. av. J-C.) exerça une très grande influence sur la médecine européenne.

Pour les gens du Moyen Age, l'aspect d'une plante était primordial. Les racines de mandragore *(Mandragora officinarium)* ressemblent un peu à un corps humain, et cette ressemblance était souvent très exagérée dans les dessins, comme le montre cette gravure sur bois datant de 1498.

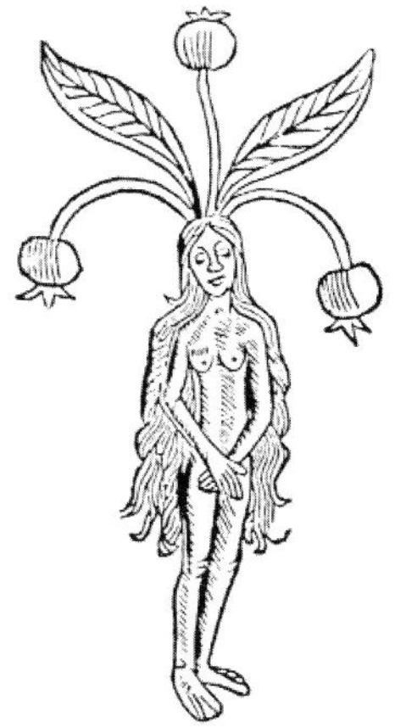

Cette planche tirée d'un herbier de 1485 nous montre tous les grands botanistes depuis l'Antiquité jusqu'au Moyen Age, rassemblés autour du grec Dioscoride, au centre. Assis au premier plan, on peut voir le romain Pline (à gauche) et un médecin arabe (à droite).

d'autres céréales); en Europe médiévale les sages-femmes l'utilisaient pour les accouchements difficiles. L'Ergot était parfois accidentellement moulu avec le grain et cette farine pouvait empoisonner des villes entières, faisant de nombreuses victimes : les uns en mourraient, certains souffraient d'hallucinations et d'autres étaient atteints de folie permanente.

Aujourd'hui, les alcaloïdes tirés de l'Ergot servent à détendre les muscles lisses, aidant ainsi à l'accouchement; puissants vaso-constricteurs, ils arrêtent les hémorragies post-parturiales; on les emploie aussi dans le traitement des migraines. Il n'est pas impossible qu'à cause de ses propriétés hallucinogènes l'Ergot ait été utilisé en Grèce antique au cours des Mystères d'Eleusis.

Pline cristallisa une idée dont l'origine est très vraisemblablement grecque, mais que l'on retrouve sous diverses formes dans les cultures du monde entier : 1. la nature est utile à l'homme; 2. les plantes furent créées pour satisfaire les besoins de l'homme; 3. par conséquent toutes les plantes dont l'utilité n'est pas immédiatement apparente (nourriture, fibres, combustible) doivent posséder des vertus thérapeutiques.

Ces idées se développèrent et au Moyen Age elles furent formulées par Paracelse dans la célèbre Doctrine des Signatures. Ce médecin suisse vécut de 1443 à 1541.

Les végétaux, disait-il, avaient été créés pour le plus grand bien de l'homme; chacun avait été doté par le

ERGOT DE SEIGLE   BELLADONNE

Deux plantes très utilisées par les médecins du Moyen age, toutes deux riches en alcaloïdes tropanes.

Créateur d'un signe reconnaissable, permettant d'identifier l'usage auquel il était destiné. Une feuille en forme de cœur, par exemple, était un remède cardiaque. En Europe, de nombreux noms vernaculaires doivent leur origine à la Doctrine des Signatures : Pas d'Ane, Barbe de Capucin, Langue de Chien, Herbe à la Cuillère, etc.

L'empreinte de Dioscoride et d'autres auteurs de l'Antiquité classique ne commença à s'estomper que vers 1470. A cette époque les botanistes se mirent à examiner eux-mêmes les plantes, à en donner des descriptions originales et des illustrations : ce furent les premiers livres de botanique. Au début il ne s'agissait que de versions à peine modifiées des écrits de Dioscoride. Mais vers 1670 la botanique commença à se séparer de la médecine, pour le plus grand bien de ces deux sciences. Il ne fallut pas longtemps pour que la Doctrine des Signatures soit complètement discréditée. Mais la réputation ainsi

Au Moyen Age, on appelait « Feu de saint Antoine » la très violente réaction causée par l'ingestion d'ergot *(C/av/ceps purpurea)* accidentellement moulu avec la farine de seigle. Cette « peste » se manifestait par des empoisonnements en masse, parfois des hallucinations et une folie permanente. Ce tableau du XVIIe s. nous montre saint Antoine entouré des tentations et des calamités.

acquise par certaines plantes, sur un laps de temps aussi long, ne disparut pas facilement et l'on en retrouve encore des vestiges aujourd'hui. Au cours des siècles, par tâtonnement, bien des végétaux qui ne portaient aucune signature devinrent célèbres pour leurs effets thérapeutiques. Certains d'entre eux, comme la digitale, ont subi avec succès l'examen impartial de la chimie et de la pharmacologie modernes.

Les sociétés proto-historiques du présent

L'Afrique fut très probablement le berceau de l'humanité. Sa flore tropicale est très riche et la plupart de ses habitants vivent encore dans des sociétés dites primitives. Les travaux ethnobotaniques sur ce continent sont très rares. Quelques publications récentes traitant des plantes toxiques et médicinales des régions du sud, de l'est et de l'ouest, montrent bien que des recherches méthodiques sur certains de ces végétaux pourraient déboucher sur d'importantes découvertes médicales.

Une grande contribution africaine à la médecine moderne est la physostigmine, alcaloïde présent dans la fève de Calabar du Nigéria. Cette graine extrêmement toxique,

On tire de la digitale *(Digitalis purpurea)* un remède pour le cœur : encore une contribution du monde végétal à la médecine moderne.

produite par une liane de la forêt, était administrée comme jugement de Dieu à un accusé pour s'assurer de son innocence ou de sa culpabilité. Ces mêmes graines avaient également des usages thérapeutiques. La physostigmine est une des meilleures armes de l'ophtalmologie qui l'utilise pour dilater les pupilles et traiter le glaucome.

Une autre contribution non négligeable eut pour origine plusieurs espèces de *Strophantus*. Les indigènes les utilisaient en médecine traditionnelle, mais aussi pour préparer du poison à flèches. Elles contiennent toutes de puissants glucosides qui agissent sur le muscle cardiaque, dont l'oubaïne, administrée en cas de crise ou d'œdème pulmonaire. Une certaine espèce fournit des glucosides servant au traitement d'urgence des crises aigues d'asthme cardiaque. Le célèbre explorateur anglais David Livingstone fut le premier à noter la toxicité et l'activité d'une espèce de *Strophantus*, le Kombé.

Une espèce africaine de *Rauvolfia* a en partie remplacé l'espèce indienne pour la production de réserpine. Elle était depuis longtemps utilisée par la médecine indigène pour soigner les morsures de serpent, la lèpre, la jaunisse, les maladies vénériennes, les rhumatismes et les maladies de peau. On l'appréciait également comme fébrifuge, purgatif, émétique, abortif et somnifère.

La flore d'Amérique a été prodigue en plantes d'intérêt économique et médicinal, aujourd'hui répandues dans le monde entier. L'Amérique du Nord a fourni à la médecine moderne un certain nombre de végétaux aux vertus thérapeutiques déjà connues des Indiens.

Les premiers missionnaires espagnols sur la côte pacifique apprirent des indigènes les vertus d'une écorce employée comme purgatif. Ils l'appelèrent Cascara Sagrada ou « Ecorce sacrée ». Elle est encore l'un des éléments majeurs de la Pharmacopée des Etats-Unis. Les Indiens d'Amérique du Nord nous ont aussi donné deux plantes d'une grande importance le faux hellébore et le *Podophyllum*.

Ce dernier fut très utilisé par la médecine indigène : les Cherokees soignaient la surdité avec le jus de son rhizome, les Iroquois se suicidaient en le mangeant cru. En dépit de sa toxicité, il était apprécié comme émétique, purgatif et vermifuge. Les premiers Européens s'empressèrent de l'adopter pour traiter toutes sortes de

Quatre plantes utilisées par des populations aborigènes

La tribu de Tasaday, découverte par des ethnologues en 1966. se compose de 27 personnes vivant comme à l'âge de Pierre dans des grottes des forêts tropicales des Philippines. Dans leur isolement, elles ont pu préserver des coutumes depuis longtemps disparues ailleurs dans le monde. Elles représentent un précieux témoignage sur la vie des cultures mésolithiques et néolithiques. Parfois, ces communautés anachroniques sont une bonne source d'information sur les plantes médicinales qui sont leur seul recours thérapeutique.

maladies dont la typhoïde, la dysenterie et l'hépatite. La plante fournit également une résine considérée aujourd'hui comme des plus efficaces dans le traitement des verrues vénériennes. D'autres espèces aux mêmes composants chimiques étaient connues en Asie.

Un autre végétal très toxique mais apprécié des Iroquois pour son efficacité à traiter le catharre nasal est le faux hellébore ou *Veratrum viride.* Les pionniers s'en servirent comme médicament universel. Récemment, on en a isolé des alcaloïdes qui (souvent mêlés à la réserpine) permettent de soigner l'hypertension.

FÈVE DE CALABAR
Phytostigma venesonum

FAUX HELLÉBORE
Veratrum viride

STROPHANTUS
Strophantus kombé

Le « tabac indien » ou lobélia, fumé par les indigènes d'Amérique du Nord pour traiter les troubles pulmonaires, est aujourd'hui la source de composants alcaloïdes entrant dans les préparations destinées à aider ceux qui désirent s'arrêter de fumer. De nombreuses ethnies du Nouveau Monde, conquises puis en grande partie détruites par les Européens, en savaient mille fois plus que ces derniers sur les plantes médicinales et leurs usages. On a récemment découvert dans la bibliothèque du Vatican un ouvrage datant de 1552 le « Manuscrit de Badianus ». Il s'agit là d'un des premiers traités botaniques sur les plantes d'Amérique. Il comprend de nombreuses illustrations en couleurs; l'auteur, un Indien du Mexique, y décrit les vertus thérapeutiques de près de deux cents espèces. En 1856, Monardes, médecin espagnol, rédigea un important ouvrage sur des herbes médicinales du Mexique qu'il avait lui-même expérimentées sur ses malades. Bien avant, le roi d'Espagne avait envoyé le Dr Francisco Hernandez, son médecin personnel, étudier les plantes des Aztèques. Son *Histoire naturelle de la Nouvelle-Espagne* est

Plantes médicinales tirées du *Manuscrit Badianus.* Ecrit en 1552 par un Indien du Mexique, il s'agit là du premier ouvrage sur les plantes du Nouveau Monde.

un travail encyclopédique dans lequel il traite de mille deux cents plantes avec beaucoup de détails. Les descriptions sont souvent accompagnées d'une illustration permettant d'identifier les plantes sans l'ombre d'un doute. La racine séchée et la résine du jalap ou volubilis était la source d'un puissant purgatif encore employé de nos jours. La salsepareille, grâce à ses propriétés diurétiques, était fort efficace dans le traitement des maladies de la vessie et des reins. La poudre de tabac soignait les maux de tête, la léthargie, les vertiges et les rhumes. Notons que le tabac fut tout d'abord introduit en Europe comme médicament et que, jusqu'au siècle dernier, il était encore utilisé comme tel. L'ecclésiastique Sahagûn, qui écrivit *l'Historia de las Cosas de Nueva Espagna,* ouvrage concernant tous les aspects de la vie au Mexique, consacra plusieurs pages à la médecine indigène, mentionnant les propriétés de divers produits végétaux du pays.

Les Mexicains développèrent à un degré tout à fait extraordinaire l'usage de « super-remèdes » sous la forme de plantes hallucinogènes consommées au cours de rites magiques ou religieux. Parmi les très nombreuses espèces psychotropes connues au Mexique, trois groupes sont considérés comme particulièrement « divins ». Ce sont le Peyotl, les Téonancatl et l'Ololiuqui. Absorbés au cours de rituels thérapeutiques, ils contiennent tous des composés chimiques utiles en médecine : la mescaline du Peyotl et la psilocybine de quelque deux douzaines de champignons sacrés (les Téonanacati des anciens Aztèques) sont utilisées en psychiatrie moderne. Les alcaloïdes comme l'ergoline (chimiquement apparentés au LSD) du volubilis ou Ololiuqui, identiques à ceux de l'ergot de seigle utilisé par les sages-femmes d'Europe, sont employés en obstétrique. Ces ergolines font se contracter les muscles lisses et ont un effet vaso-constricteur, vertus des plus utiles en gynécologie. Leur usage hallucinogène fut d'une très grande importance au Mexique.

L'Amérique du Sud est la région du monde la plus riche en poison de flèches ou curare. Presque toutes les tribus et tous les guérisseurs en ont une

Les quatre photos de gauche représentent (de gauche à droite) : un chef Sioux d'Amérique du Nord en train de cueillir des plantes médicinales. Un shamane Huichol du Mexique (ouest de la Sierra Madre) tenant dans ses bras un nouveau-né. Un shamane Karagass de Sibérie battant un tambour en peau de cerf après avoir absorbé de l'amanite tue-mouches pour se mettre en transe. Un sorcier masqué de NiokaKakese (ancien Congo belge) au cours d'une danse rituelle. Il tient un panier de graines sèches et une corne d'antilope pleine de poudre.

formule spéciale où rentrent un grand nombre de plantes et dont l'élément actif principal appartient généralement au genre *Strychnos* ou à des espèces de Manispermacées. C'est à partir d'extraits de ces dernières que les alcaloïdes (particulièrement la tubocurarine) ont acquis leur importance thérapeutique.

Au Venezuela, un shamane soigne la maladie en aspirant l'esprit ou « projectile de la maladie » envoyé, pense-t-on, par un pouvoir mystérieux.

La tubocurarine est un puissant relaxant musculaire. Ses composants actifs sont toujours extraits à partir du curare, pâte brunâtre préparée par les Indiens de l'ouest de l'Amazonie. On a réussi à la synthétiser, mais ce produit est inférieur à l'alcaloïde naturel. Nous voyons ici l'exemple d'un important médicament issu directement de la médecine indigène.

C'est en étudiant la toxicologie de ces ethnies qu'on le découvrit; ces populations continuent à en être les seuls producteurs.

Les anciens péruviens n'ayant pas laissé de documents écrits nous ne savons pas grand-chose de leur pharmacopée. Leur flore est très riche en plantes médicinales mais malheureusement nous ignorons presque tout de leur usage traditionnel. Les Incas avaient de nombreux médecins : les *hampicamayoc, oquetlupuc* ou *sircac,* détenteurs de la médecine et de la chirurgie, et les *colla-huaya* ou apothicaires ambulants qui distribuaient les remèdes.

Le plus célèbre médicament péruvien fut la coca. Elle était utilisée comme analgésique, anorexique et stimulant. Autrefois réservée, semble-t-il, aux nobles et aux prêtres, son usage

A gauche : La coca, célèbre remède péruvien, fut utilisée comme analgésique, anorexique et stimulant, peut-être aussi comme anesthésique. Son principe actif, la cocaïne, est une substance très importante pour la médecine moderne.

devint libre peu avant la conquête. Il semblerait même (mais ce n'est pas encore prouvé) que les Incas utilisaient des cataplasmes de coca mâchée pour soulager la douleur au cours de trépanations, opération qu'ils pratiquaient couramment. Son principe actif est la cocaïne, très importante en médecine moderne, plus particulièrement en ophtalmologie.

Aujourd'hui encore, les Indiens des Andes boivent des infusions de coca pour soigner les maladies courantes et les affections gastriques. Les anciens péruviens utilisaient aussi trois sortes de daturas et l'ipéca. Les Incas avaient des purgatifs très forts les fruits de *l'Huillcautari* et la racine de *Huachanca* qui était également un abortif efficace. Les feuilles de *Mactellu* soignaient les infections oculaires. Mais la plante péruvienne de toute première importance pour la médecine occidentale fut un type d'arbre regroupant plusieurs espèces de *Cinchona,* dont l'écorce contient de la quinine. Les Indiens de l'Equateur l'utilisaient comme fébrifuge et dans les années 1600 ils la firent connaître aux jésuites. Ces derniers décidèrent de l'exploiter et depuis lors on l'appela « écorce des Jésuites ». Pendant près de deux siècles, elle fut récoltée sur des arbres sauvages puis les Hollandais réussirent à introduire et cultiver ces plantes dans leurs colonies d'Asie,.Aujourd'hui, en dépit d'autres produits luttant contre la malaria d'origine synthétique, la quinine demeure un des plus importants remèdes végétaux. Elle a sans doute sauvé plus de vies que n'importe quel autre médicament.

La quinine, tirée de l'écorce du Cinchona (quinquina) est un des plus précieux cadeaux que le Pérou fit à la médecine. Les Indiens de l'Equateur l'utilisaient pour faire tomber la fièvre; les jésuites tentèrent de cultiver ces arbres, introduits plus tard en Asie par les Hollandais et les Anglais.

Ces quelques plantes médicinales ne représentent qu'une petite partie de toutes celles dont nous devons la découverte aux sociétés dites primitives ou proto-historiques. Des dizaines de médicaments modernes sont directement issus des croyances et des pratiques thérapeutiques d'hommes « non civilisés ». Peut-on encore douter des richesses qui se cachent dans les savoirs traditionnels des peuples du monde ?

Bien interprétée, une évaluation critique et sérieuse de l'usage traditionnel des plantes pourrait mettre à la disposition de la science un grand réservoir d'idées nouvelles. C'est un travail immense : à titre d'exemple, un chercheur a noté plus de 700 espèces inutilisées médicinalement dans le nord-ouest de l'Amazonie, région encore peu explorée.

Le nombre impressionnant de médicaments modernes tirés de végétaux employés à titre thérapeutique par les sociétés proto-historiques devrait convaincre les scientifiques

du bien-fondé des recherches ethnopharmacologiques. Ceux qui se méfient encore de la valeur accordée à l'étude de la médecine traditionnelle sont nombreux.
Récemment, une évaluation analytique de la médecine aztèque nous apprend que si la magie et la religion étaient fort importantes dans le traitement des maladies, elles reposaient sur des données empiriques qui n'ont pas reçu l'attention qu'elle méritaient. Des vingt-cinq plantes étudiées au cours de ce travail, 16 s'avéraient avoir les effets signalés par les indigènes, 4 pouvaient vraisemblablement être actives et 5, d'après nos connaissances chimiques actuelles, n'avaient pas les effets attendus. On pourrait donc dire que 80 % des végétaux analysés étaient des remèdes efficaces. Bien entendu, pour s'assurer de la véracité d'un tel pourcentage, d'autres recherches sont nécessaires. Quoi qu'il en soit, il est aujourd'hui clair que si les éléments magiques et religieux étaient importants en médecine aztèque, une bonne base de connaissances empiriques en assurait l'efficacité.

Les techniques de base de l'herboristerie

Les premiers hommes étaient très proches de la nature, vivant en contact quotidien avec les plantes et les animaux de la forêt, des coteaux et des vallées où ils s'étaient installés. Ils ont dû être très attentifs au comportement animal et aux propriétés des végétaux. La science a confirmé que certains usages traditionnels des herbes médicinales remontent à cette lointaine époque. Nos ancêtres ne connaissaient rien de la chimie et de la pharmacologie, ils dépendaient entièrement de leur pouvoir d'observation et de leur intuition, aptitudes que nous avons en grande partie perdues. L'ère technologique dans laquelle nous vivons nous a considérablement éloignés de la nature.

La connaissance des plantes médicinales fut souvent acquise par une observation minutieuse du comportement animal. Les chats et les chiens, par exemple, soignent leurs problèmes digestifs en mangeant de l'herbe. Les brebis malades recherchent l'achillée; un sanglier qui s'est accidentellement empoisonné à la jusquiame absorbe des racines fraîches de carline comme antidote et les souris font provision de menthe poivrée pour se soigner pendant l'hiver. Aux premiers jours du printemps, les ours affamés se jettent sur « l'ail des ours ». Les fourmis plantent du thym sur toutes leurs fourmilières. Les chamois blessés se roulent dans le plantain des Alpes. Les hirondelles utilisent le suc de la chélidoine pour ouvrir les yeux de leurs petits et les choucas éloignent les fourmis de leurs nids avec des feuilles de tomate. Le bétail souffrant de rhumatismes se couche dans des colonies de renoncules et les lézards mordus par des serpents se guérissent avec de la camomille.

Ce savoir intuitif et hérité, permettant de reconnaître la plante qui peut soulager d'un mal ou d'un autre, est un des aspects les plus fascinants de la nature et c'est en imitant les animaux que l'homme a appris à utiliser les vertus thérapeutiques offertes par le royaume végétal.

Plus tard, développant une approche plus sophistiquée, il se mit à rechercher dans les plantes certains traits distinctifs de forme ou de couleur, offrant une ressemblance avec les organes humains. Des feuilles en

Les chats mangent de l'herbe pour stimuler leur digestion. Quelques minutes après l'avoir avalée ils régurgitent plumes, poils et autres substances non digestibles.

forme de cœur par exemple, ou de couleur rouge, devaient indiquer l'usage médicinal d'un végétal. Tout en adhérant littéralement à cette Doctrine des Signatures, les êtres humains réussirent, par tâtonnement, à accumuler de vastes connaissances basées sur leurs propres observations et surtout sur leur expérience. Ainsi, tout d'abord en observant les animaux, puis l'aspect et le parfum des plantes, et finalement par évidence empirique, ils apprirent à utiliser les végétaux non seulement pour s'alimenter, mais aussi pour se soigner.

Au début, les herbes ont dû être absorbées telles quelles, on avalait simplement une feuille, un peu d'écorce, une fleur ou une racine, chacun jugeant de la dose qui lui convenait.

La santé de nos ancêtres dépendait surtout de leur alimentation naturellement variée. Au printemps, ils pensaient que l'ail des ours, le cresson et le pissenlit conféraient de la vitalité

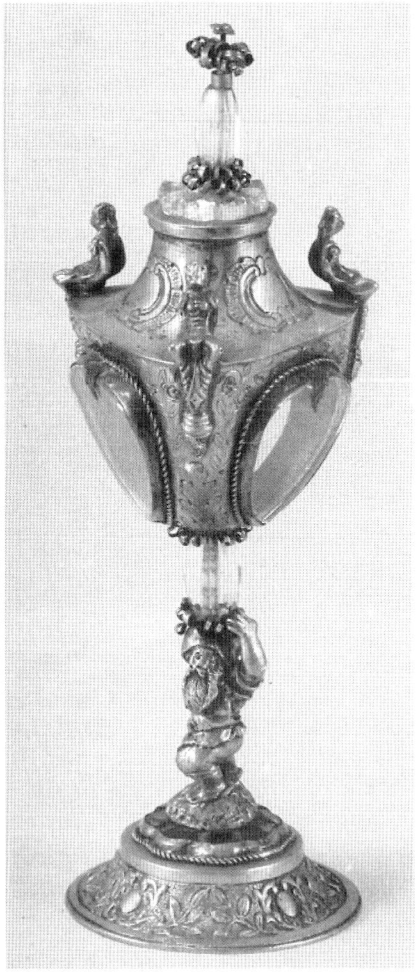

Le soi-disant « verre à radiations ». Ce cristal de roche haut de 21 cm, monté en argent, émet des rayons et l'on croyait qu'il empêchait les maladies des yeux Musée historique de la Pharmacie, Bâle, Suisse.

et une certaine résistance à la maladie. En juin ils mangeaient du fenouil et des haricots, en juillet de la bourrache, de la guimauve et de la mélisse. Puis en août, c'était la marjolaine, le thym et le gaillet. L'automne apportait une quantité de baies canneberges, myrtilles, cynorrhodons, sureau, mûres, cenelles et sorbes. A travers, le cycle saisonnier, l'organisme était rafraîchi de façon toute naturelle et c'est peu souvent que des remèdes plus précis s'avéraient nécessaires.

C'est en s'éloignant progressivement de la nature que l'homme est devenu vulnérable aux maladies qui développèrent alors des caractéristiques propres. La chaîne très complexe de causes à effets serait difficile à expliquer ici, même brièvement. Quoi qu'il en soit, sa santé commença à se détériorer et il se mit à rechercher, avec une sorte de frénésie, les plantes qui pourraient le soulager de ses maux. Pendant des millénaires, elles constituèrent les seuls remèdes de l'humanité. Il apprit à les préparer de différentes manières.

Tout d'abord, et avec juste raison, il les absorba crues, leur forme naturelle étant sans aucun doute la plus simple et la meilleure. Dans les végétaux frais, les enzymes, vitamines et autres principes actifs sont parfaitement conservés.

Nous avons toujours gardé la coutume de consommer certaines plantes crues. Les pissenlits en salade activent la sécrétion biliaire et tonifient l'organisme, les capucines fraîches seraient l'équivalent naturel de la pénicilline, les orties sont un vieux remède contre l'anémie, le cresson soigne les troubles glandulaires, l'ail des ours est bon pour l'hypertension, le lierre écrasé nous évite les inflammations des reins et de la vessie. Pour préparer de telles salades de santé, il suffit d'ajouter une poignée d'herbes hachées à des feuilles de laitue ou de chicorée, assaisonnées d'huile et de vinaigre.

Progressivement, pour de nombreuses raisons, des opérations plus complexes vinrent remplacer ces simples préparations. Le désir de conserver les plantes pour les utiliser plus complètement eut un rôle important dans cette transformation. Avec le temps, la préparation des remèdes devint une science. Un des principaux novateurs dans cette voie fut Galien (130-200) médecin personnel de Marc Aurèle, considéré comme le Père de la Pharmacologie. Aujourd'hui le terme galénique s'applique encore aux teintures, extraits, pommades, mélanges, pilules et autres composés à base de végétaux

Ces cures et remèdes découverts par les premiers hommes et développés au cours des siècles sont un des dons les plus précieux de la nature. Vous trouverez dans cet ouvrage les recettes détaillées de diverses préparations destinées à soigner les maladies bénignes.

La cueillette

La plupart des plantes médicinales poussent à l'état sauvage et il est étonnant d'observer comment chaque espèce a sa place particulière dans la nature de manière à ce qu'elle puisse développer ses principes actifs dans les meilleures conditions. Si durant des siècles nous avons cultivé la sauge, le romarin, le tilleul et bien d'autres plantes, c'est que nous désirions avoir ces précieux végétaux sous la main.

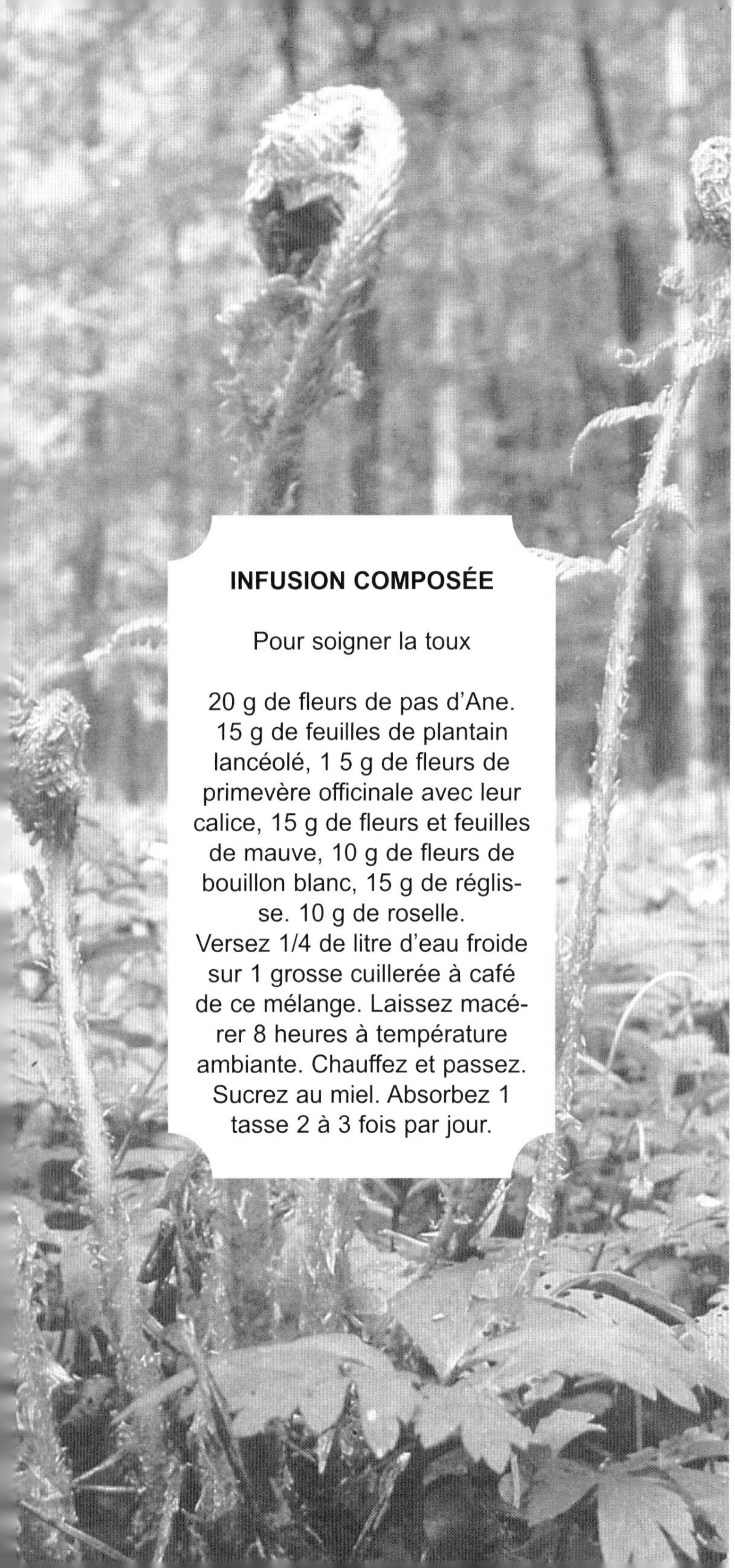

INFUSION COMPOSÉE

Pour soigner la toux

20 g de fleurs de pas d'Ane. 15 g de feuilles de plantain lancéolé, 1 5 g de fleurs de primevère officinale avec leur calice, 15 g de fleurs et feuilles de mauve, 10 g de fleurs de bouillon blanc, 15 g de réglisse. 10 g de roselle.
Versez 1/4 de litre d'eau froide sur 1 grosse cuillerée à café de ce mélange. Laissez macérer 8 heures à température ambiante. Chauffez et passez. Sucrez au miel. Absorbez 1 tasse 2 à 3 fois par jour.

Si vous décidez de ramasser vous-même vos plantes, observez si pos sible les règles suivantes
Evitez à tout prix les terrains ayant reçu des engrais ou des insecticides. Ne faites pas de cueillette le long des routes ou des chemins, cherchez plutôt les endroits isolés, loin des contaminations chimiques.
II est très difficile de savoir si une plante a été épargnée par ce type de pollution, exercez donc une grande prudence, Si vous avez un jardin, essayez de les cultiver vous-même. Mais la plus sûre garantie consiste encore à aller les acheter chez un herboriste qualifié qui se procure des produits correctement cultivés et conservés, Vous en trouverez également en pharmacie.
Voici quelques autres règles à observer pour la cueillette : Approchez et manipulez les plantes avec délicatesse. Avant d'en cueillir une assurez-vous, en consultant une flore, de son habitat, sa floraison, sa couleur, sa forme, ses dimensions, son odeur et tous autres détails permettant de l'identifier. Ne ramassez que celles dont vous êtes sûr. Il est facile par exemple de confondre la grande gentiane avec une espèce d'hellébore particulièrement toxique.
La saison de cueillette est aussi très importante. Dans l'ensemble, rejetez les plantes qui sont trop sèches ou trop mouillées (par la pluie ou la rosée). Choisissez un jour clair et ensoleillé et évitez les heures du matin et du soir. Ne prenez que les spécimens sains.
Méfiez-vous de ceux qui portent des moisissures, ou de ceux qui sont attaqués par des parasites ou des escargots. Séparez la plante des herbes, des pierres, de la terre et des feuilles qui l'entourent. Ne la lavez pas (exception faite des racines).

Les tisanes

Grâce aux plantes sèches, vous pouvez faire provision de tisanes pour toute l'année. Ainsi conservés, les végétaux retiennent toutes leurs propriétés et cette méthode naturelle permet d'éviter les fermentations. Champignons et bactéries ne peuvent les abîmer puisqu'ils ont besoin d'un certain taux d'humidité pour se développer, 40 à 50 pour cent pour les bactéries et 15 à 20 pour cent pour les moisissures. Il ne faut pas cependant que les herbes soient totalement sèches, correctement traitées elles devraient conserver environ 10% d'humidité.

Le séchage

Étalez les plantes fraîches sur un drap de coton ou de lin, ou sur un treillis de nylon tendu sur un cadre. Vous pouvez aussi les suspendre en bouquet dans un grenier. Evitez les sols en béton. Protégez-les de l'humidité, des insectes et des rongeurs. Après les avoir soigneusement triées et nettoyées, lavez-les rapidement, coupez-les en long et hachez-les en petits morceaux d'environ 1 mm. Celles qui dégagent une forte odeur (la livèche par exemple) doivent sécher à part. Les fleurs (pavots, bouillon blanc,

millepertuis, arnica, etc.) sèchent rapidement à l'ombre. Par contre les racines et les écorces peuvent être exposées au soleil. Ne manipulez pas trop les herbes une fois qu'elles sont sèches et ne les mélangez pas à des fraîches.

Emmagasinage

Mettez les herbes dans des bocaux en verre ou dans d'autres récipients à couvercle. Ne les tassez pas.
Fermez ensuite les bocaux et conservez-les dans une pièce sèche, tiède, à l'abri de la poussière. Chaque bocal doit porter une étiquette avec la date de cueillette. Vous devrez renouveler votre stock les ans, Utilisez les restes pour les bains. Assurez-vous que les plantes sont au sec et à l'abri de la lumière.

Macérations, décoctions et infusions

Les méthodes de préparation diffèrent selon le type de plante. Celles qui renferment des huiles essentielles et du mucilage devraient être infusées dans de l'eau froide (macération). Faites tremper une cuillerée à café de plante sèche dans une tasse pleine d'eau pendant au moins 12 heures, à température ambiante. Il suffit ensuite de faire chauffer le mélange, de le passer et de le sucrer au miel.
La décoction convient aux plantes dont il est difficile d'extraire les principes actifs. Placez-en une cuillerée à café dans une casserole en émail (et non pas en métal). Versez par-dessus le contenu d'une tasse d'eau froide et faites bouillir deux à trois minutes sur feu doux, Le liquide une fois passé, vous pourrez le sucrer de miel. Les décoctions ne devraient se prendre que sur avis médical.
L'infusion est la manière la plus courante de préparer les tisanes. Placez une cuillerée à café de la plante désirée dans une tasse tiédie. Versez de l'eau bouillante par-dessus. Couvrez et laissez infuser cinq à dix minutes. Passez et sucrez au miel.

Quelques conseils sur la manière d'utiliser les tisanes

Prenez-en deux ou trois fois par jour, toujours après les repas, à raison d'une cuillerée à café de plante sèche pour une tasse d'eau (pour les enfants diminuez la dose de moitié). Absorbées avant les repas, elles dilueraient les sucs gastriques gênant ainsi la digestion. Si le malade est fiévreux, faites lui boire la tisane tiède. Le miel est préférable au sucre pour agrémenter une infusion. Ne poursuivez pas le traitement trop longtemps, mais ne l'arrêtez pas non plus trop tôt. En règle générale, une cure de tisane se poursuit tous les jours pendant un ou deux mois, sauf si des symptômes inattendus apparaissent.

Les tisanes classiques

Voici quelques-unes des plantes les plus couramment employées

Absinthe : indigestion
Racine d'Angélique : flatulence
Achillée : flatulence, indigestion
Alchémille : troubles menstruels
Ansérine : diarrhée, indigestion
Fleurs d'aubépine : tension nerveuse
Fleurs de bouillon blanc : toux, inflammations
Feuilles de bouleau : problèmes de vessie
Camomille : indigestion, rhumes
Centaurée : brûlures d'estomac
Cynorrhodons : rhumes, troubles de la vessie
Graines de fenouil : flatulence, toux
Racine de gentiane : indigestion, anorexie
Fleurs de lavande : maux de tête, nervosité
Feuilles de mélisse : maux de tête, insomnies

La provision de plantes médicinales doit être rangée dans un endroit chaud et sec à l'abri de la lumière. Il faut les renouveler chaque année, une longue conservation réduit leurs vertus thérapeutiques.

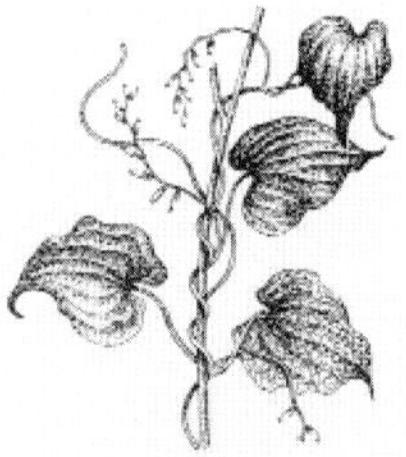

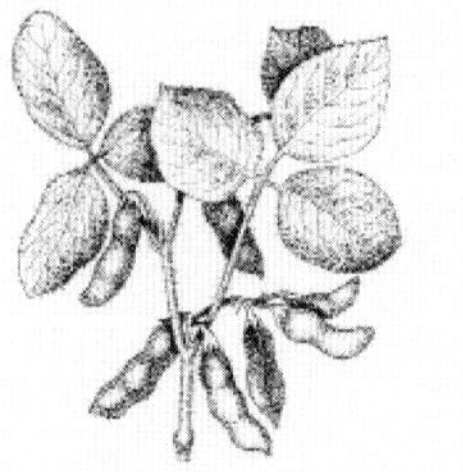

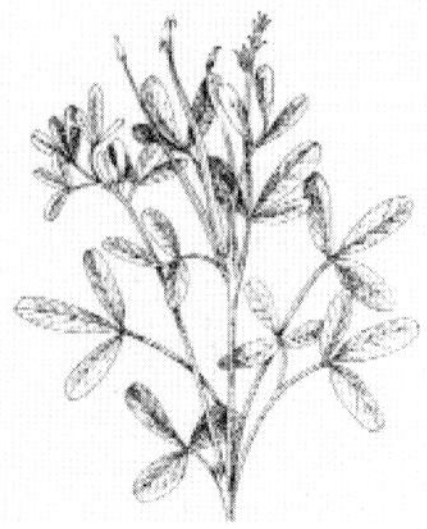

HERBES EN APPLICATION EXTERNE

Prenez les feuilles intérieures d'un chou vert frais, lavez-les bien et égouttez-les. Tapez-les légèrement pour les assouplir et posez-les sur la peau. Main tenez-tes en place avec un bandage. Durée de l'application 1 heure. Renouvelez le traitement 2 ou 3 fois par jour. Ces applications de feuilles de chou soulagent les douleurs névralgiques et rhumatismales. Elles accélèrent la cicatrisation des plaies enflammées.

BAIN D'HERBES

Effet stimulant et tonifiant pour la circulation et les nerfs. 20 g de romarin, 20 g de fleurs de lavande, 10 g d'origan haché. Versez 1 litre d'eau sur le mélange. Couvrez et laissez macérer 1/2 heure. Passez ensuite le liquide et versez-le dans l'eau du bain portée à 35-37°. Après le bain, reposez-vous 1/2 heure ou 1 heure. Son effet étant stimulant, évitez de le prendre le soir.

Feuilles de menthe : flatulence, nausées
Fleurs de millepertuis : problèmes digestifs
Feuilles d'ortie : troubles de la vessie
Ortie blanche : troubles de la vessie
Fleurs de pas d'âne : rhumes, toux
Feuilles de plantain : rhumes
Prêles : circulation du sang, vessie
Fleurs de primevère officinale : maux de tête, insomnies
Raisin des ours : troubles de la vessie
Feuilles de romarin : circulation, troubles cardiaques d'origine nerveuse
Anicle : bronchite, maux de gorge
Feuilles de sauge : maux de gorge, toux
Fleurs de souci : indigestion, vésicule biliaire
Fleurs de sureau : refroidissements, fièvre
Thym : rhumes, indigestion Tilleul : rhumes
Racine de valériane : dyspepsie, maux de tête d'origine nerveuse.

Tisanes composées

Des règles bien définies régissent la composition de mélanges. Tout comme pour une ordonnance médicale, il faut bien connaître les compatibilités chimiques et botaniques des différents végétaux afin de mélanger les bons ingrédients dans des proportions correctes. Chaque formule comprend le remède de base et un adjuvant qui le complémente ou l'assiste. On ajoute parfois un correctif ou plante destinée à donner à la tisane un aspect plus agréable, ce sont le plus souvent des fleurs comme celles de bouillon blanc (Verbascum thapsiflora) de bleuet (Centaurea cyanus) de Monarda didyma ou de souci (Calendula officinalis).

Applications externes

Certaines plantes s'appliquent directement sur la peau ou les plaies, leurs huiles essentielles pénètrent et stimulent les tissus. Feuilles ou racines fraîches sont nettoyées, puis écrasées et placées sur la peau en une seule couche.
Au bout de vingt minutes, retirez-les et renouvelez l'application. Elle peut se prolonger toute une nuit.

Sachets d'herbes

Si vous ne pouvez vous procurer des plantes fraîches pour application externe, utilisez des feuilles ou racines sèches. Il suffit de les mettre dans un petit sachet de gaze ou de coton. Trempez-le dans l'eau chaude et appliquez-le sur la région à traiter. Couvrez alors le sachet d'un morceau de lainage ou de flanelle et laissez en place de vingt à trente minutes,

Bains

Les substances naturelles contenues dans les herbes que vous ajoutez à un bain nettoient et stimulent la peau. Prenez une poignée de la plante désirée et faites-la bouillir quelques instants dans un litre d'eau. Passez le liquide et versez-le dans l'eau du bain avec quelques pincées de gros sel marin. Vous pouvez aussi la mettre dans un petit sac que vous placerez dans le fond de la baignoire. Ces bains ont des actions fort différentes le romarin est tonique, la lavande rafraîchissante, la valériane et le tilleul sont calmants, la camomille nettoie, l'aubépine stimule la circulation et le thym est bon pour les nerfs. Selon l'effet désiré (sédatif ou stimulant) prenez ces bains le matin ou le soir.

Pommades et onguents

Les principes actifs des plantes sous forme de pommade agissent sur la peau pendant de longues périodes, accélérant ainsi la cicatrisation, tout particulièrement des plaies, contusions et effusions. Autrefois c'était le saindoux qui servait de base aux pommades. Il fut remplacé par le beurre et finalement par la vaseline. Faites bouillir une ou deux cuillerées à soupe d'herbes dans deux cents grammes de vaseline. Mélangez bien et passez. Une fois la pommade refroidie, mettez-la en bocal.
Les compresses dont l'effet est comparable aux pommades ont l'avantage d'exercer une action thérapeutique par la chaleur. Faites bouillir une ou deux cuillerées à soupe de plantes dans l'équivalent d'une tasse d'eau (20-30 cl). Trempez un morceau de coton hydrophile ou de gaze dans ce liquide et appliquez-le à chaud sur la région à traiter. Couvrez la compresse d'un morceau de lainage (vous pouvez aussi l'entourer d'un bandage pour la maintenir en place). Retirez-la lorsqu'elle a refroidi et répétez l'opération. Le coton ou le tissu doivent être très propres (au besoin utilisez des compresses stériles achetées en pharmacie.

Huiles

L'huile de millepertuis est une bonne lotion solaire. Mettez une poignée de fleurs et de feuilles fraîches ou sèches dans de l'huile d'olive et laissez macérer au soleil pendant 2 ou 3 semaines, Filtrez et retirez tout le liquide qui a pu s'accumuler à la surface. Conservez ces huiles dans des bouteilles ou des bocaux en verre brun.

Extraits

La fabrication d'extraits est un travail de pharmacien. Il en existe trois types différents :
Dans les extraits *liquides,* le volume du fluide est égal à la quantité de plante sèche utilisée.
Les *extraits épais* sont des extraits fluides que l'on a fait évaporer jusqu'à ce qu'ils aient une consistance crémeuse.
Les *extraits secs* sont des extraits fluides que l'on a totalement évaporés, le résidu étant ensuite séché et réduit en poudre. En phytothérapie, des extraits à différents degrés de concentration sont mélangés pour certains remèdes composés comme les élixirs, les essences et les esprits.

HUILE DE MILLEPERTUIS

Ecrasez 125 g de fleurs fraîches à peine épanouies, dans une cuillérée à café d'huile d'olive, mélangez et laissez macérer 3 à 5 jours à découvert dans un endroit tiède. Fermez et laissez le bocal au soleil 3 à 6 semaines, passez l'huile devenue rouge vif, et retirez le liquide aqueux qui s'accumule à la surface. Conservez dans une bouteille bien fermée, à l'abri de la lumière. Prise par voie interne, cette huile soulage les maux d'estomac. Par voie externe, elle soulage la douleur et accélère la cicatrisation des brulûres et des plaies.

Les *élixirs* furent inventés par les alchimistes grecs. Ils utilisaient du *xerion* poudre minérale très fine et espéraient changer les métaux vils en or. Le nom islamique de ce procédé était *al-iksir,* signifiant substance en poudre très fine. Vers la fin du Moyen Age ce terme s'appliqua à la matière sublime, c'est-à-dire la plus complètement raffinée. Bien plus tard, *Elixir* désigna une essence pouvant prolonger la vie, et finalement il devint le nom de tout liquide clair et sucré, souvent hydro-alcoolique, servant de véhicule à certains principes médicinaux.

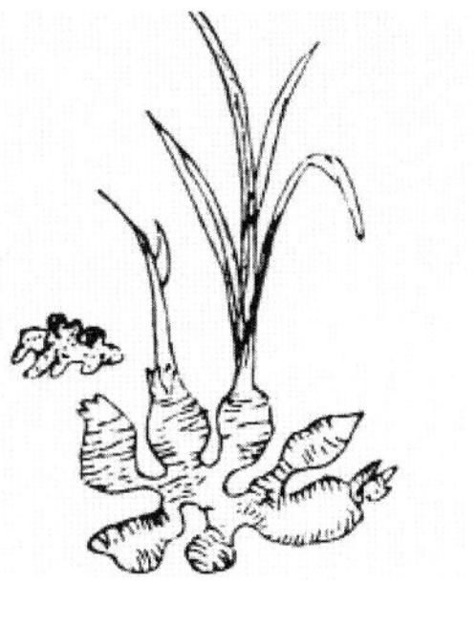

Le terme essence s'emploie pour des préparations diverses à base d'ex-traits végétaux. Les *esprits* sont des solutions alcooliques de substances volatiles.

POMMADE AU SOUCI

1 poignée (70 g) de fleurs de souci toutes fraîches, 200 g de vaseline. Faites fondre la vaseline à feu doux et ajoutez les fleurs. Portez le mélange à ébullition et remuez bien. Passez-le dans une mousseline en pressant bien. Laissez refroidir. Cette pommade est recommandée pour les petits problèmes de peau, les plaies, et les blessures lentes à cicatriser

TEINTURE D'ARNICA

Versez 1/2 litre d'alcool à 70° sur 50 g d'arnica séché ou 25 g de fleurs d'arnica fraîches. Mettez le mélange dans une bouteille transparente bouchée, que vous laisserez au soleil. Au bout de 10 à 14 jours, passez le liquide dans une mousseline. Le lendemain, passez-le dans un filtre en papier. La teinture d'arnica s'emploie en gargarismes pour soigner les inflammations de la bouche et de la gorge ou en compresses sur les bleus, les plaies saignantes, les foulures ou les blessures lentes à cicatriser.

Teintures

Ce sont des solutions alcooliques contenant, en concentrations assez faibles, les principes actifs de substances non raffinées. Leur préparation est un procédé technique nécessitant une macération puis une percolation, réalisées en pharmacie ou en laboratoire (vous pouvez parfois préparer vos propres teintures).
Prenez quinze à vingt gouttes de teinture dans quelques cuillerées d'eau, trois fois par jour, une demi-heure avant les repas.

Poudres

Pour un usage interne, réduisez les feuilles ou les racines en poudre à l'aide d'un mortier. Prenez-en une pincée (environ 1 g) avec un peu d'eau, trois fois par jour, avant ou après les repas. Pour un usage externe, mélangez les plantes en poudre avec de l'huile ou de la vaseline puis appliquez sur la peau pour traiter les plaies, inflammations, contusions, etc.

Sirops

Les médicaments sous forme de sirop sont surtout destinés aux enfants ou aux personnes ayant un palais particulièrement délicat. Les extraits de plantes ont souvent un goût amer et le fait de les mélanger avec du sucre les rend plus agréables à avaler.
Mettez 100 g d'herbes fraîches ou sèches dans un litre d'eau. Faites bouillir une minute et laissez macérer deux ou trois jours. Filtrez en pressant bien pour extraire tout le jus et ajoutez un demi-kg de sucre par litre.
Les sirops sont particulièrement recommandés pour le traitement des toux, des muqueuses congestionnées et du catarrhe bronchique.

Vins

Les plantes fraîches dont on extrait les principes actifs dans du vin servent à la fois de remèdes spécifiques et de tonique. Le vin est un excellent agent conservateur. Faites macérer pendant une ou deux semaines une poignée de plantes fraîches ou sèches dans un litre de bon vin rouge ou blanc, de porto, de xérès ou de malaga. Filtrez et mettez en bouteilles.
Posologie : un petit verre trois fois par jour, une demi-heure avant les repas.

Jus

Pressez les plantes fraîches, soit à la main, soit mécaniquement. Les jus d'orties, d'ail des ours, de pissenlit, de mélisse, de genièvre et de prêle sont riches en vitamines et sels minéraux mais se conservent mal. Il faut donc les préparer juste avant de les boire.
Posologie : une cuillerée à café de jus

dans quelques cuillerées d'eau, trois fois par jour, une demi-heure avant les repas.

Bains de vapeur pour le visage

Pour conclure, citons quelques usages cosmétiques à base de plantes médicinales. Certaines, comme la camomille, l'achillée, le souci, le millepertuis, les prêles et le romarin, sont très bonnes pour la peau. Selon la plante utilisée, le visage est nettoyé, adouci, raffermi ou rafraîchi. Mettez une poignée de l'herbe choisie dans une casserole en émail. Portez à ébullition et retirez tout de suite du feu. Mettez votre visage au-dessus de la vapeur, en vous entourant la tête et les épaules d'une serviette éponge, comme pour une inhalation. Lorsque la vapeur a cessé de se former, faites réchauffer le liquide. Rincez-vous ensuite à l'eau froide. Un traitement par semaine devrait suffire.

**BAIN DE VAPEUR
À LA MENTHE POIVRÉE**
(pour le visage)

Versez 1 ou 2 litres d'eau bouillante sur 1 poignée de feuilles de menthe poivrée placées dans le fond d'une bassine. Mettez votre visage directement au-dessus de la vapeur et couvrez votre tête avec une serviette éponge comme pour une inhalation. Au bout de 5 à 10 minutes, dès que la vapeur diminue, réchauffez le liquide et recommencez l'opération. Passez-vous ensuite le visage à l'eau fraîche. Ces inhalations soignent aussi rhumes et maux de gorges, elles ont sur les peaux grasses un effet toniques et astringent.

Masques

Si vous n'aimez pas le bain de vapeur, faites-vous un masque. Mettez à bouillir une ou deux cuillerées à soupe d'herbes dans une tasse (20-30 cl) d'eau. Passez le liquide. Trempez un morceau de coton hydrophile ou une gaze et placez-le, encore chaud, sur le visage. Dès que la compresse a refroidi, renouvelez l'opération. Rincez-vous à l'eau froide.

**COMPRESSE
DE SOUCI**

Versez 1/2 litre d'eau bouillante sur 1 ou 2 cuillerées à café de souci (feuilles tiges et fleurs). Laissez infuser 15 minutes. Appliquez en compresse tiède, pendant 1 heure, plusieurs fois par jour. Lorsqu'elle commence à sécher, tremper-la de nouveau dans le liquide, Pour les bleus, les contusions et les plaies lentes à cicatriser.

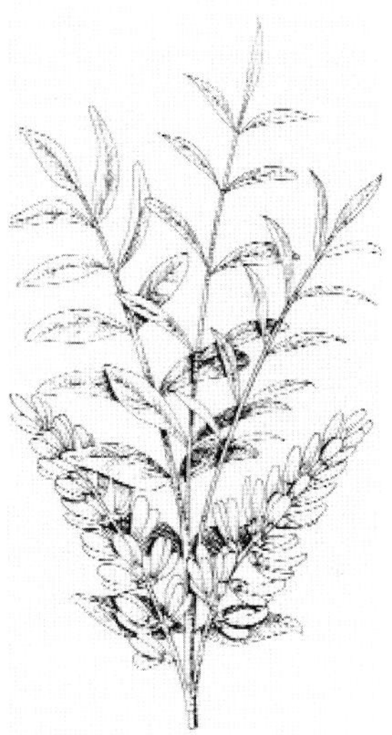

**VIN
DE CYNORRHODONS**

Prenez 1 litre de cynorrhodons mûrs. Coupez-les en deux et retirez les graines. Écrasez la chair et ajoutez 500 g de sucre. Versez par-dessus 3 litres de vin blanc. Laissez macérer une semaine dans un bocal bien fermé. Filtrez le liquide et mettez-le en bouteille. Un petit verre tous les jours apporte de la vitamine C et soigne les troubles de la vessie.

Lexique Français/Latin

Cette liste comprend les noms français les plus courants des 24 plantes traitées dans cet ouvrage. Pour chaque plante nous indiquons le numéro du lexique et le nom latin.

Absinthe	28	Artemisia absinthium
Achillée	1	Achillea millefolium
Aconit Napel	2	Aconitum napellus
Acore vrai	3	Acorus calamus
Adonide du printemps	4	Adonis vernalis
Agar-Agar	103	Gelidium amansii
Agripaume cardiaque	13	Leonurus cardiada
Aigremoine commune	6	Agrimonia eupatoria
Ail	9	Allium sativum
Ail des ours	10	Allium ursinum
Alchemille alpine	8	Alchernilla vulgaris
Alchemille commune	8	A. alpina
Aloès	11	Aloe ferox
Amandier	183	Prunus dulcis var. amara
Anémone pulsatille	187	Pulsatilla vulgaris
Aneth odorant	15	Anethum graveolens
Angélique archangélique	16	Angelica archangelica
Anis vert	169	Pimpinella anisum
Ansérine	180	Potentilla anserina
Anthyllide vulnéraire	19	Anthyllis vulneraria
Apocynum	20	Apocynum cannabinum
Aralia	21	Aralia racemosa
Arbre aux mille écus	108	Ginkgo biloba
Aréquier	24	Areca catechu
Argousier faux-nerprun	122	Hippophau rahmnnides
Aristoloche commune	25	Aristolachia clematitis
Armoise commune	29	Artemisia vulgaris
Arnica	27	Arnica montana
Artichaut	74	Cynara scolymus
Asaret	30	Asarum europaeum
Asclépiade	31	Asclepias tuberosa
Aspérule odorante	100	Galium odoratum
Aubépine	70	c. monogyna
Aubépine épineuse	70	Crataegus oxyacantha
Avoine	33	Avena sativa

Bardane commune	22	Arctium lappa
Belladone	32	Atropa belladonna
Benotte commune	107	Geum urbanum
Bigaradier	61	Citrus aurantium
Boldo	164	Peumus boldus
Boucage Saxifrage	170	Pimpinella saxifraga
Bouillon blanc (grand)	240	Verbascum phlomoides
Bouleau blanc	36	Betula pendula
Bouleau pubescent	36	Betula pubescens
Bourdaine	190	Rhamnus frangula
Bouse-à-Pasteur	41	Capsella bursa-pastoris
Bryone dioique	39	Bryonia dioica
Buche	34	Barosma betulina
Bugrane épineuse	155	Ononis spinosa
Busserole officinale	23	Arctostaphylos uva-ursi

Café	65	Coffea arabica
Camomille romaine	17	Anthemis nobilis
Camomille (petite)	146	Matricaria chamomilla
Cannelle	60	Cinnamomum zeylanicum
Capucine	230	Tropaeolum majus
Carline acaule	45	Carlina acaulis
Carvi officinal	46	Carum Carvi
Cascara Sagrada	191	Rhamnus purshiana
Cassissier	193	Ribes nigrum
Ceanothus	49	Ceanothus americanus
Centaurée (petite)	50	Centaurium umbellataum
Cereus	212	Selenicereus grandiflorus
Chanvre sauvage	99	Galeopsis ochroleuca
Chardon béni	63	Cnicus benedictus
Chardon-Marie	215	Silybum marianum
Châtaignier	48	Castanea sativa
Chélidoine	53	Chelidonium majus
Chêne-rouvre	188	Quercus robur
Chicorée sauvage	57	Cichorium intybus
Chiendent (petit)	7	Agropyron repens
Chionanthus	54	Chionanthus virginicus
Churata	222	Swertia chirata
Chou potager	38	Brassica oleracea var. capitata

Cimifuga	58	Cimicifuga racemosa
Citrouille	71	Cucurbita pepo
Coca	86	Erythroxylum coca
Cochlearia officinal	64	Cochlearia officinalis
Cognassier commun	73	Cydonia oblonga
Cola	66	Cola acuminata
Colchique d'automne	67	Colchicum autumnale
Consoude (grande)	223	Symphytum officinale
Corydale bulbeuse	69	Corydalis cava
Coton	110	Gossypium herbaceum
Courge	71	Cucurbita pepo
Cresson du fontaine	152	Nasturtium officinale
Curcuma	72	Curcuma longa
Cynoglosse officinal	75	Cynoglossum officinale

Damiana	231	Turnera diffusa
Dent de lion	224	Taraxacum officinale
Digitale pourpre	78	Digitalis purpurea
Douce-amère	217	Solanum dulcamara
Droséra feuilles grandes	80	Drosera rotundifolia

Eglantier	195	Rosa canina
Ephédra	83	Ephedra sinica
Epine-Vinette	35	Berberis vulgaris
Ergot de seigle	62	Claviceps purpurea
Eschscholtzia de Californie	87	Eschscholzia californica
Eucalyptus	88	Eucalyptus globulus
Eupatoire	6	Agrimonia eupatoria
Eupatoire chanvrine	89	Eupatorium cannabinum
Euphraise officinale	90	Euphrasia rosikoviana

Faux hellébore	239	Veratrum viride
Faux jasmin	104	Gelsemium sempervirens
Fenouil	93	Foeniculum vulgare
Fenugrec	228	Trigonella foenumgraecum
Fève de Calabar	166	Physostigma venenosum
Figuier	91	Ficus carica
Flouve odorante	18	Anthoxantum odoratum
Fougère mâle	81	Dryopteris filix-mas
Fraisier sauvage	94	Fragaria vesca
Frêne	95	Fraxinus excelsior
Fumeterre officinale	97	Fumaria oficinalis

Gaiac	112	Guaiacum officinale
Gaillet jaune	101	Galium verum
Galéga official	98	Galega officinalis
Galeopsis blanc-jaunâtre	99	Galeopsis ochroleuca
Garance	19	Rubia tinctorum
Gattilier	245	Vitex agnus-castus
Gaulthérie du Canada	102	Gaulthéria procumbens
Genêt balais	78	Cytisus scoparius
Genévrier commun	132	Juniperus communis
Gentiane jaune et gentiane(Grande)	105	Gentiana lutea
Géranium herbe-à-Robert	105	Geranium Robertianum
Germandrée petit-chêne	225	Teucrium chamaedrys
Gingembre	247	Zingiber officinale
Ginkgo	108	Ginkgo biloba
Ginseng	158	Panax ginseng
Gratiole	111	Gratiola officinalis